Über die Psychologie der BÖRSE

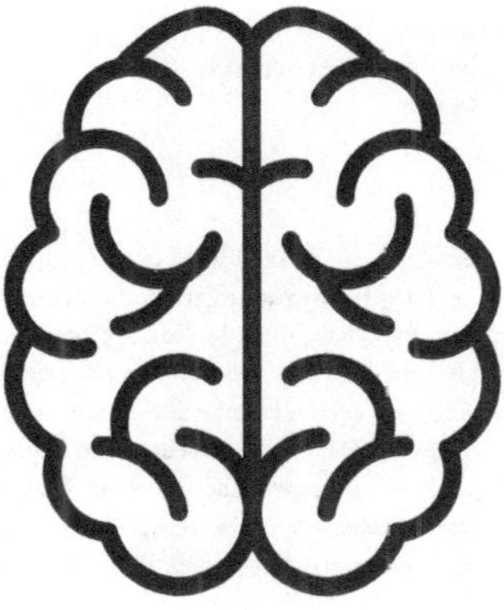

20 zeitlose Lektionen über Börsenpsychologie – So wirst Du ein besserer (und entspannterer) Anleger

JESSICA SCHWARZER

DEUTSCHER
WIRTSCHAFTSBUCH
VERLAG

Bibliografische Information der Deutschen Nationalbibliothek
Die Deutsche Nationalbibliothek verzeichnet diese Publikation in der Deutschen Nationalbibliografie; detaillierte bibliografische Daten sind im Internet über
dnb.dnb.de abrufbar.

Wir freuen uns auf eure Anregungen und Fragen
info@deutscherwirtschaftsbuchverlag.com

Wichtiger Hinweis
Die im Buch veröffentlichten Empfehlungen wurden von Verfasser und Verlag erarbeitet und geprüft. Der Inhalt dieses Buches beruht ausschließlich auf den persönlichen Erfahrungen des Autors und erhebt keinen wissenschaftlichen Anspruch. Die benutzten Begrifflichkeiten sind wertfrei. Eine Garantie kann dennoch nicht übernommen werden.
Ebenso ist die Haftung des Verfassers bzw. des Verlages und seiner Beauftragten für Personen-, Sach- und Vermögensschäden ausgeschlossen.

1. Auflage 2026

Christoph-Rodt-Straße 11, 86476 Neuburg an der Kammel
www.deutscherwirtschaftsbuchverlag.com

Auch wenn eine gendergerechte Sprache wünschenswert ist, gibt es aus Sicht des Verlages bisher keine befriedigende, gut lesbare Lösung. Der leichten Lesbarkeit zuliebe haben wir des Öfteren von der Doppelung männlicher und weiblicher Formen Abstand genommen. Selbstverständlich liegt es uns fern, dadurch einen Teil der Bevölkerung zu diskriminieren.

Redaktion: Judith Engst
Korrektorat: Anke Schenker
Satz: inpunkt|wlo, Wilnsdorf (www.inpunktwo.de)
Cover- und Umschlaggestaltung: www.b3k-design.de, © 2026 Andrea Schneider & diceindustries
Illustration: Gordon Johnson/Pixabay
Druck: GGP Media GmbH, Pößneck
Printed in Germany

ISBN Print: 978-3- 69066-118-8
ISBN E-Book (PDF): 978-3-69066-120-1
ISBN E-Book (EPUB, Mobi): 978-3-69066-119-5

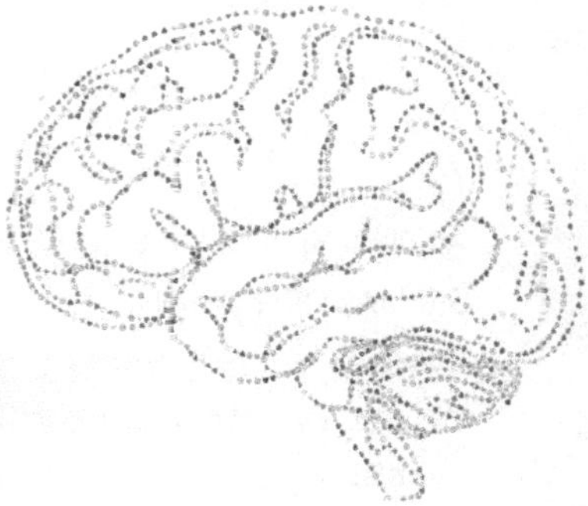

Inhalt

01 DER GRÖSSTE FEIND DES ANLEGERS SCHAUT IHM JEDEN MORGEN AUS DEM SPIEGEL ENTGEGEN – EINE KURZE EINFÜHRUNG IN DAS THEMA »BEHAVIORAL FINANCE« 7

Die moderne Kapitalmarkttheorie hatte den Menschen vergessen 10

Schubladen, Schablonen und Harmoniesucht 14

»Die Börse besteht zu 90 Prozent aus Emotionen« 15

Das irrationale Verhalten der Anleger hat System 20

02 KEINE ANGST VOR DER BÖRSE – EINE ANLEITUNG FÜR EIN BESSERES »MONEY MINDSET« 25

Weg mit falschen Glaubenssätzen, Vorurteilen und Ausreden 28

Meine finanzielle Kindheit – ein großer Spaß 30

Meine erste Aktie und der Beginn einer großen Leidenschaft... 36

03 DAS PROBLEM MIT DER AUFSCHIEBERITIS – KEINE AUSREDEN MEHR! 43

Unser Gehirn giert nach der schnellen Belohnung 45

Das Problem mit der Aufschieberitis 49

Ein kleines Vermögen mit vergleichsweise geringer Sparrate... 51

04 DIE BÖRSE IST KEIN CASINO – SPIELER TUMMELN SICH DORT TROTZDEM 55

Das große Zocken um die Jahrtausendwende 58

Mein erster Crash: das Platzen der Internetblase 60

Spekulieren ist nichts Schlechtes 68

05 AKTIEN SIND NUR ETWAS FÜR REICHE? IM GEGENTEIL: SIE MACHEN REICH 73
Die reichsten Menschen der Welt sind Gründer und Aktionäre ... 74
Warren Buffett wurde mit Aktieninvestments superreich 76
Der Börsenboom lässt die Vermögen steigen 78
In 20 Jahren zur ersten Million 80

06 DENN SIE WISSEN NICHT, WAS SIE TUN – ODER: ERKENNEN SIE IHR RISIKOPROFIL 83
Sicherheitsorientiert, ausgewogen, chancenorientiert 86
Mit der eigenen Risikokapazität zur Aktienquote 88
»100 minus Lebensalter gleich Aktienquote« – das ist Blödsinn 90

07 FRAUEN SIND DIE BESSEREN INVESTOREN – SIE MACHEN INTUITIV VIELES RICHTIG 93
Frauen sind risikobewusst, nicht risikoscheu 94
Frauen sind in turbulenten Börsenzeiten weniger emotional .. 96
Mangelnde finanzielle Bildung, wenige Aktionärinnen 97

08 GIER UND PANIK – WENN SICH DIE HEFTIGSTEN ALLER EMOTIONEN ZEIGEN 101
Die Gier als Massenphänomen 102
Zu viel Testosteron führte zur Finanzkrise 2008 105
Anleger in der hedonistischen Tretmühle 108
»The Sky is the Limit« 111

09 WENN DIE KURSE ACHTERBAHN FAHREN – UND DIE EMOTIONEN AUCH 119
Die alten Grundsätze des Börsenhandels 121
Nach der Internetblase platzt die Immobilienblase 124
Der schnellste und heftigste Crash aller Zeiten 129
Politische Börsen haben kurze Beine 132

10 IRRATIONALES HANDELN FÜHRT ZU ECHTEN VERLUSTEN – MEIN PERSÖNLICHER WIRECARD-SKANDAL 137
Wenn der Besitztums-Effekt uns in die Irre führt 143

Die gefährliche Harmoniesucht 146
Breite Risikostreuung für mehr Rationalität 148

11 SEI GIERIG, WENN ALLE ÄNGSTLICH SIND, SEI ÄNGSTLICH, WENN ALLE GIERIG SIND – EMOTIONEN DER ANDEREN NUTZEN 151
Mein Umgang mit starken Schwankungen 154
Aus der Sentiment-Analyse die richtigen Schlüsse ziehen 157
Gier und Angst oder Bulle und Bär 159

12 LANGFRISTIGES DEPOT, SPIELGELD-DEPOT & CO. – DER TRICK MIT DER MENTALEN BUCHFÜHRUNG 163
Mentale Buchführung ganz praktisch 165
Das Spielgeld-Depot für die riskanteren Investments 166
Zwei Depots für die bessere Übersicht 169
Musterdepots führen uns in die Irre 170

13 BÖRSENGEWINNE SIND WIE EIN DROGENRAUSCH – BLOSS NICHT SÜCHTIG WERDEN! 173
Glücksspiel, Sportwetten und Börsenspekulationen 175
Störung der Impulskontrolle 180

14 VERLIEBE DICH NIEMALS IN EINE AKTIE – ABER ANLEGER HABEN IMMER FAVORITEN 183
Oft trifft die Verliebtheit auch Branchen und Länder 184
Privatanleger neigen zum Klumpenrisiko 187

15 TIME, NOT TIMING – DIE BÖRSE IST EIN MARATHON, KEIN SPRINT 193
Mit der Anlagedauer schwindet das Verlustrisiko 195
Exponentielles Wachstum nutzen 199
Die Medien befeuern das schlechte Image der Börse 203

16 GEWINNE FEIERN, VERLUSTE VERDRÄNGEN? – FEHLER SOLLTEN WIR UNS EINGESTEHEN 207
Gewinneraktien verkaufen, Nieten halten 210
Falsche Anker, abnehmende Sensitivität 212
Greife nie in ein fallendes Messer 215

17 KEINE STRATEGIE FUNKTIONIERT IMMER – ABER OHNE GEHT ES NICHT **219**
Klare Investment-Regeln festlegen 220
Raum für Irrtümer 222

18 SICHERE HÄFEN GIBT ES (LEIDER) NICHT – WARUM GOLD, SPARBUCH, BUNDESANLEIHEN UND IMMOBILIEN NICHT OHNE RISIKO SIND **225**
Gold als Versicherung für den Krisenfall 226
Bitcoin ist ganz sicher nicht das neue Gold 233
Immobilien sind auch kein Allheilmittel 236
Supersichere Anleihen sind nicht immer ein sicherer Hafen... 237

19 SO WERDEN WIR BESSERE ANLEGER – NICHT KOMPLETT RATIONAL, ABER KONTROLLIERT **239**
Erst denken, dann ordern! 241
Realistische Ziele statt utopischer Renditeerwartungen 242
Treue und ein bisschen Sturheit zahlen sich aus. 244
Alte Börsenweisheiten in einer neuen Welt 247

20 WEG MIT ALTEN VORURTEILEN – GELD MACHT DOCH GLÜCKLICH! **249**
Niemand will fremdbestimmt leben 251
Sorgenfrei, zufrieden, glücklich 252

21 LITERATUR UND QUELLEN **255**
Literatur 255
Quellen 255
Anmerkungen 256

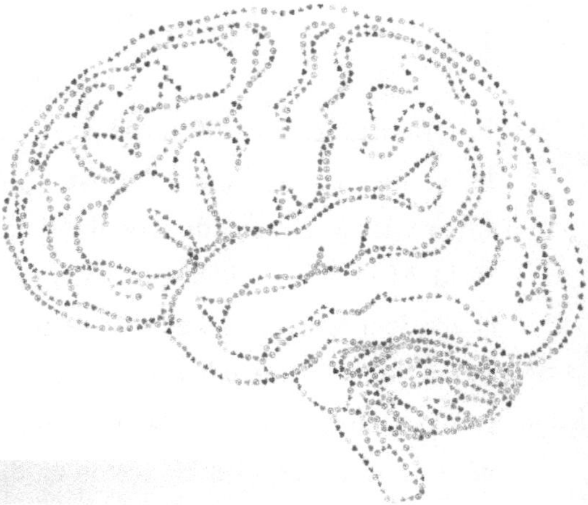

01

Der größte Feind des Anlegers schaut ihm jeden Morgen aus dem Spiegel entgegen – eine kurze Einführung in das Thema »Behavioral Finance«

Die Börse, das ist eine Geschichte von Übertreibungen, Obsessionen und Irrtümern. Gier, Harmoniesucht, selektive Wahrnehmung, auch Selbstbetrug und vor allem Angst, manchmal sogar Panik bestimmen unsere Anlageentscheidungen. Psychologie pur! »Der größte Feind des Anlegers schaut ihm jeden Morgen aus dem Spiegel entgegen«, sagte einst Benjamin Graham, Wirtschaftsprofessor und Lehrmeister von Superinvestor Warren Buffett. Treffender kann man es kaum sagen: Wir lassen uns an der Börse von

Emotionen, selektiver Wahrnehmung und Selbstbetrug leiten und leider auch oft in die Irre führen. Unsere Emotionen bestimmen unsere Anlageentscheidungen. Und das kostet leider oft Geld, viel Geld. Muss das wirklich sein? Oder geht es besser?

Ich würde sagen: Ja, es geht besser. Wir müssen unser emotionales Handeln nur erkennen, dann können wir emotionale Fallstricke meiden. Damit ist schon viel gewonnen – oder eben weniger verloren. Denn Fehler kosten an der Börse unweigerlich Geld. Natürlich können wir es niemals vermeiden, falschzuliegen, auf die »falschen« Aktien, den »schlechteren« Fonds oder eines der irrsinnigen Themen-Investments gesetzt zu haben. Das gehört an der Börse dazu. Wir müssen es aber nicht noch schlimmer machen, indem wir unseren Gefühlen freien Lauf lassen. Abschalten können wir unsere Emotionen leider nicht, aber wir können sie kontrollieren. Und das ist viel wert.

Als Privatanlegerin und später dann als Finanzjournalistin habe ich mich viel mit Investmentstrategien, mit den Kennzahlen von Aktien, Fonds und börsengehandelten Indexfonds (Exchange Traded Funds, kurz: ETFs) auseinandergesetzt. Ich war immer schon ein Fan von André Kostolany, habe die Bücher des Börsenaltmeisters verschlungen. Auch der legendäre Superinvestor Warren Buffett hat mich fasziniert und tut es heute noch. Beide sind bekannt für ihre markigen Sprüche. Viele davon gelten heute als Börsenweisheiten. Oft sind sie schon Jahre oder im Fall von Kosto Jahrzehnte alt. In einer Artikelserie für das *Handelsblatt* habe ich sie vor Jahren auf ihre Aktualität getestet. Später wurden aus dieser Serie sogar zwei Bücher. Viele dieser Sprüche – Grahams »größter Feind des Anlegers« gehörte übrigens auch dazu – warnen uns im Grunde vor emotionalen Fallstricken. Und so habe ich die Börsenpsychologie für mich entdeckt.

Es war ein echter Lernprozess! Das dürfen Sie mir glauben. Ich habe dabei wirklich extrem viel über mich als Anlegerin gelernt. Ich habe mich »erwischt«, ich habe an mir gezweifelt, ich habe mich über mich selbst geärgert. Es gibt viele Situationen, in denen ich sehr emotional gehandelt habe – mal gierig, mal ängstlich. Und das war selten eine gute Entscheidung. Aber wenn man so wie ich in meinen ersten Jahren als Börsianerin zwar sehr begeistert ist, aber komplett ohne Strategie unterwegs ist, dann muss das wohl passieren. Auch das ist eine Erkenntnis. Ich habe Verliereraktien zu lange behalten, Gewinner zu früh verkauft. Ein weitverbreitetes Phänomen übrigens. Ich habe gezockt, bin viel zu große Risiken eingegangen. Viele Fehler hätten sich verhindern lassen, wenn ich überlegter, kontrollierter und vor allem »strategischer« – im Sinne von: mit Strategie – gehandelt hätte. Habe ich aber nicht. Heute ist das anders. Gier und Panik, selektive Wahrnehmung und Selbstbetrug habe ich heute sehr viel besser unter Kontrolle. Und das tut meinem Depot, meinem langfristigen Vermögensaufbau, sehr gut. Trotzdem lasse ich mich immer noch ab und zu von der Gier packen.

Von Emotionen und emotionalem Handeln kann sich leider niemand freimachen, kein erfahrener Anleger, kein Vermögensverwalter, kein Fondsmanager und selbst extrem erfolgreiche Investoren wie Warren Buffett nicht. Die Profis haben ihre Emotionen nur (hoffentlich) sehr viel besser im Griff als die Privatanleger. Sie verfolgen schließlich sehr klare Regeln und tauschen sich in Investmentkomitees regelmäßig mit den Kollegen aus. Doch auch sie spüren die Stimmungen an den Märkten, auch sie lassen sich davon beeinflussen. Das ist nur menschlich, wenngleich es auch nicht immer gut für die Rendite ist.

Die moderne Kapitalmarkttheorie hatte den Menschen vergessen

Denn auch für sie gilt: Es gibt keinen Anleger aus Fleisch und Blut, den seine Emotionen nicht in seinem Handeln beeinflussen. Wir sind keine Roboter. Wissenschaftler haben das allerdings viele Jahrzehnte lang ignoriert. Sie sind in ihren Theorien und Modellen davon ausgegangen, dass Anleger einen kühlen Kopf bewahren. Mit der Wirklichkeit und dem, was an der Börse Tag für Tag passiert, hat das aber wenig zu tun. Das war vor ein paar Jahrzehnten schon so und erst recht heute, wo alle Informationen in Echtzeit für jeden zur Verfügung stehen. Die moderne Kapitalmarkttheorie hatte den Menschen vergessen.

»Homo oeconomicus« hieß das Fabelwesen, mit dem sie in ihren Theorien und Modellen arbeiteten. Der »Homo oeconomicus« argumentiert und handelt streng logisch, er nimmt alle Informationen völlig unvoreingenommen auf und strebt permanent nach Gewinnmaximierung bei minimalem Einsatz von Zeit, Arbeit und Kapital. Emotionen wie Gier oder Angst sind ihm völlig fremd. Eigentlich perfekt, um an der Börse immer die richtigen Entscheidungen zu treffen und ihnen treu zu bleiben. Mit diesem Fabelwesen haben wir aber nicht besonders viel gemein. So ticken wir Menschen nicht. Weder sind die Finanzmärkte ein Hort der Rationalität, noch sind Anleger kühle Rechner.

Im Gegensatz zum »Homo oeconomicus« bewegen wir uns in einem Spannungsfeld zwischen unmittelbarer Befriedigung unserer Wünsche und unseren langfristigen Zielen. Leider ist unser Gehirn auf die schnelle Belohnung programmiert; eine Belohnung erst in Jahrzehnten zu bekommen, ist wenig reizvoll, wenn wir ehrlich sind. Wir denken lieber in Minuten, Stunden oder Tagen, wenn es sein muss noch in Monaten, aber sicherlich ungern in Jahren oder Jahrzehnten. Mögen wir auch die besten Vorsätze haben, etwa für das Alter zu sparen und ganz langfristig zu investieren. Wir kippen diese Vorsätze leider immer wieder über Bord, wenn auch nicht gleich bei nächstbester Gelegenheit. Aber das Spannungsfeld ist nun mal da. Beispielsweise wenn wir uns in eine teure Armbanduhr verlieben. Dann vergessen wir unsere ehernen Ziele und greifen die Rücklage fürs Alter an – schließlich haben wir ja noch so lange Zeit, uns um unsere Altersvorsorge zu kümmern. Es kann also doch eigentlich nicht so schlimm sein, ein paar Aktien oder Fonds- beziehungsweise ETF-Anteile zu verkaufen oder das Sparkonto leer zu räumen. Wir verstoßen immer wieder gegen die Gesetze der Logik und ändern ständig unsere Vorlieben und Ziele. Das würde dem »Homo oeconomicus« niemals passieren. Er ist streng rational, wie ein Roboter, jede Emotion ist ihm fremd. Das wäre auch für uns nicht das Schlechteste: Die Armbanduhr macht uns in der Regel nur kurzfristig wirklich glücklich. So ist es oft, wenn wir uns unsere Wünsche erfüllen. Das Glücksgefühl flaut schnell ab. Kurz ist die Freude über die Uhr, aber lang ist die Reue, wenn das Geld im Alter nicht reicht.

Wir sind nicht rational, behalten nicht immer einen kühlen Kopf. Das haben zum Glück auch die Wissenschaftler irgendwann erkannt und einen ganz neuen Forschungszweig geschaffen: die »Behavioral Finance«, die verhaltensorientierte Finanzmarkttheorie. Verhalten gleich Emotionen – die Psychologie kam ins Spiel. Ihren Ursprung hat die »Behavioral Finance« in der zweiten Hälfte der 1970er-Jahre. Vor allem durch Veröffentlichung der »Prospekttheorie« von Daniel Kahneman und Amos Tversky, die uns noch einige Mal begegnen wird, wurde sie bekannter und relevanter. Dieses Schlüsselwerk aus dem Jahr 1979 war eine klare Abkehr von den traditionellen Annahmen des rationalen Investorenmodells. Denn der neue

Wissenschaftsbereich beschäftigt sich damit, wie psychologische und emotionale Faktoren das Anlageverhalten beeinflussen.

Zweifel, Zuversicht, Gier, Hochmut, Schreck, Hoffnung, Ratlosigkeit, Angst, Panik, Reue und Abscheu – wir durchlaufen bei der Geldanlage eine Vielzahl von Gemütszuständen. Es ist ein sich wiederholender Zyklus. Es sind immer wieder die gleichen Gedanken, die gleichen Reaktionen, die gleichen Fehler. Eigentlich wissen wir das auch, zumindest als erfahrene Anleger, als Profis sowieso. Doch warum spielt uns unser Gehirn immer wieder diese Streiche? Warum tappen wir immer wieder in Psychofallen? Die »Behavioral Finance« gibt Antworten. Und darum sollten wir uns, nein: müssen wir uns mit Börsenpsychologie auseinandersetzen.

Es gibt leider keine strikte Wissenschaft darüber, wie man erfolgreich Geld anlegt. Investieren ist ein »Soft Skill«. Es kommt mehr auf das persönliche Verhalten an als auf das eigene Wissen. Klingt verrückt? Denn natürlich gibt es die goldenen Regeln der erfolgreichen Geldanlage: langfristig investieren, das Risiko breit streuen, auf die Kosten achten und der eigenen Strategie treu bleiben. Leider kommen uns dabei aber immer wieder unsere Emotionen dazwischen. Deshalb ist dieser »Soft Skill« wohl mit Psychologie zu übersetzen. Wenn wir unsere Emotionen unter Kontrolle haben, werden wir bessere Anlegerinnen und Anleger. Davon bin ich fest überzeugt. Dieser »Soft Skill« wird aber oft stark unterschätzt. Ich werde Ihnen von vielen emotionalen Fallstricken berichten, über die auch ich früher regelmäßig gestolpert bin. Seit ich mich mit Börsenpsychologie beschäftige, passiert mir das nur noch sehr, sehr selten. Aber immer noch manchmal. Ich bin eben auch nur ein Mensch (und kein Roboter).

Wenn es um das Investieren geht, dann werden uns jede Menge Formeln vorgelegt. Als sei jede Finanzentscheidung vor allem ein mathematisches Problem und leicht zu lösen. Fallen die Zinsen, tut das der Wirtschaft und damit den Aktien gut. Aber wehe, die Bewertungen sind zu hoch, dann wird es eine Korrektur geben (müssen). Überhaupt – der Zusammenhang zwischen Geldpolitik und Bewertungen. Und mit Blick auf Anleihen? Steigen die Zinsen und damit die Renditen, fallen die Kurse an den Rentenmärkten und umgekehrt. Ach so, und eigentlich laufen entweder Aktien oder Anleihen gut. Es gibt jede Menge historische Zusammenhänge, Daten, Fakten, Formeln. Die sind auch nicht schlecht oder gar falsch, aber sie stimmen eben nicht immer. Denn es sind Menschen im Spiel. Über Mathematik oder auch Physik lässt sich eigentlich nicht streiten. Sie folgen klaren Gesetzen. Bei der Geldanlage und eigentlich insgesamt der Finanzwirtschaft sieht es aber anders aus. Menschliches Verhalten entscheidet, wie sich die Märkte entwickeln. Der Mensch entscheidet über das Auf und Ab der Kurse, keine Formel. Wie Anleger A handelt, mag aus seiner Sicht absolut erfolgreich sein, auf Anleger B mag es aber verrückt und damit völlig irrational wirken. Manche Turbulenzen und Crash lassen sich deshalb auch weniger aus finanztechnischer Sicht verstehen, sondern vielmehr aus psychologischer und mitunter auch aus historischer Sicht.

Wir können noch so viel über die Börse, ihre Funktionsweise, über Strategien, Chancen und Risiken wissen, aber wenn wir unsere Emotionen nicht erkennen und besser kontrollieren, werden wir immer wieder Fehler machen. Nehmen Sie gerne mich als Beispiel; von meinen Fehlern werde ich auf den kommenden Seiten immer wieder berichten, und wichtiger noch: von dem, was ich aus meinen Fehlern gelernt habe. Doch von welchen Fehlern reden wir überhaupt? Beispielsweise von unserem Umgang mit Gewinnen und Verlusten. Wir verkaufen Gewinneraktien zu früh, halten aber an Nieten zu lange fest. Kommt Ihnen das bekannt vor? Mir auf jeden

Fall. Einen Gewinn einzustreichen, tut gut und ist verlockender, als die Aktie im Depot zu belassen. Und eine Niete zu verkaufen, bedeutet, dass wir uns eine Fehlentscheidung eingestehen müssen. Aus dem Buchgewinn wird ein realer Gewinn. Wir können uns nicht mehr vormachen, dass alles wieder gut wird.

Schubladen, Schablonen und Harmoniesucht

Ein weiteres Problem, das zu vielen Fehlern führt: Wir denken in Schubladen und Schablonen. Experten nennen das Heuristiken. Es sind im Grunde einfache Faustregeln, auf die das Gehirn zurückgreift, um Entscheidungswege abzukürzen. Das kann mal gut sein, oft ist es aber auch schlecht. Wir neigen beispielsweise dazu, uns an bestimmten Werten zu orientieren. Das können Allzeithochs sein oder runde Zahlen. Das nennt sich Verankerungsheuristik. Wir werfen quasi den Anker, nur fällt es uns schwer, ihn irgendwann wieder einzuholen. Heuristiken können auch Glaubenssätze oder Vorurteile sein wie »Die Börse ist ein Casino«.

Und dann ist da noch unsere Harmoniesucht. Wenn unsere Einstellungen, Gedanken, Meinungen, Absichten, Motive und Wahrnehmungen nicht mehr miteinander vereinbar sind, fühlt sich das nicht gut an. Experten sprechen von kognitiver Dissonanz. Übersetzt auf unser Leben als Anlegerin und Anleger: Was ist, wenn es an der Börse völlig anders läuft als erwartet? Wenn unsere Prognosen so gar nicht mehr stimmen wollen? Kognitive Dissonanz ist ein äußerst unbeliebter Störfaktor. Natürlich sucht unser Gehirn sofort nach Techniken und Strategien, um ihn abzuschwächen oder sogar zu beseitigen. Wir relativieren Informationen, deuten sie um oder ignorieren sie gleich ganz.

Es wird interpretiert, wegdiskutiert und verdrängt. Denn eine Fehlentscheidung wollen wir uns auf keinen Fall eingestehen. Bei der Geldanlage führt das dazu, dass wir Kursbewegungen fehldeuten. Eine rationale Betrachtung der aktuellen Lage wäre ratsamer. Aber wir sind eben Menschen, hochemotional noch dazu.

Aber es ist nun mal so, dass es für jede finanzielle Entscheidung Gründe gibt, und die können ganz unterschiedlich sein. Das können die aktuell verfügbaren Informationen sein, die Art und Weise, wie wir die Welt sehen, wie wir glauben, dass sie funktioniert. Experten sprechen von einem mentalen Modell. Die verfügbaren Informationen können falsch sein, nicht vollständig, oder wir interpretieren sie schlicht falsch, wobei unser mentales Modell ins Spiel kommt. Mitunter lassen wir uns von vermeintlichen Experten auf Social Media manipulieren. Oder wir haben schlicht keine Ahnung, was wir tun. Eine finanzielle Entscheidung kann im Nachhinein komplett falsch sein. Ich habe Wirecard-Aktien gekauft, als die Gerüchte um falsche Bilanzen schon ziemlich laut waren. Ich hatte meine Gründe, zu denen wir später noch kommen. Sie waren falsch, aber das habe ich damals natürlich anders gesehen. So ist das eben: Jede unserer finanziellen Entscheidungen erscheint uns im Moment, in dem wir sie fällen, richtig und sinnvoll. Das Problem: Wir legen uns dabei Geschichten zurecht, was wir tun und warum wir es tun. Und diese Geschichten ergeben sich aus unseren Erfahrungen. Ein weiterer psychologischer Fallstrick, leider.

»Die Börse besteht zu 90 Prozent aus Emotionen«

Besonders gefährlich wird es, wenn die Kurse an der Börse kräftig Achterbahn fahren. Dann kochen die Emotionen hoch. Oder sind es nicht eigentlich die Emotionen, die die Turbulenzen überhaupt auslösen? Es gibt unzählige Studien, die zeigen, wie stark Gier und Angst die Börsenkurse Achterbahn fahren lassen. Oder um es mit André Kostolany zu sagen: »Die Börse besteht zu 90 Prozent aus Emotionen.« Zumindest kurzfristig; langfristig setzen sich die Fakten, also die restlichen 10 Prozent, durch. Kurzfristig aber kochen die Emotionen hoch und die Notierungen schlagen entsprechend heftig in die eine oder andere Richtung aus.

Bei der Geldanlage durchleben oder besser: erleiden wir viele Gemütszustände. Wir zweifeln, wir sind zuversichtlich, mal gierig, sogar hochmütig, dann sind wir verschreckt und ratlos, vielleicht auch hoffnungsvoll oder aber ängstlich und panisch. Oder wir empfinden Reue und Abscheu. Wenn wir ehrlich sind, durchleben wir immer wieder die gleichen Emotionen, haben die gleichen Gedanken, die gleichen Reaktionen und machen leider auch die gleichen Fehler. Es ist auch völlig egal, ob es um eine einzelne Aktie geht, eine Branche oder gleich den ganzen Markt. Wir sind hochemotional. Es gibt viele Grafiken, die das Auf und Ab an der Börse eindrucksvoll zeigen – ganz kurzfristig und sehr langfristig über Jahrzehnte. Aber vermitteln sie uns auch, welches Gefühl es ist, das Ersparte oder doch einen größeren Teil davon zumindest zwischenzeitlich zu verlieren? Wie sich eine Rally anfühlt, können wir uns schon eher vorstellen. Aber so ein Chart und viele andere Grafiken sind schon recht nüchtern. Bis auf eine Grafik, sie zeigt unsere Emotionen sensationell gut. Und Sie werden sich wiedererkennen, ganz sicher!

Wenn Sie schon ein anderes meiner Bücher gelesen haben, wird Ihnen die Grafik bekannt vorkommen. Börsenpsychologie ist immer ein mehr oder weniger großes Thema. Und diese Grafik ist einfach klasse, weil sie so einfach beschreibt, wie wir Anleger uns verhalten, wenn wir uns von unseren Emotionen (ver-)leiten lassen. Auch wenn noch immer gilt, dass das Erleben etwas anderes ist, als bloß eine Grafik zu betrachten. Solange wir nicht am eigenen Leib die Folgen dieses Auf und Abs gespürt haben, wird das Verständnis davon wohl nicht allzu tief gehen. Aber es ist ein Anfang. Auch ein Anfang, das eigene Verhalten zu hinterfragen.

Das typische Anlegerverhalten: Investoren zwischen Gier und Panik (Quelle: Eigene Abbildung)

Seien wir ehrlich, das haben wir doch alle schon mal so oder so ähnlich erlebt, oder? Oder sogar mehrmals, wie ich. Auch heute noch habe ich diese Gedanken, aber zum Glück handle ich weniger emotional als früher. Diese Grafik zeigt also im Grunde mein früheres Anlageverhalten. Kennen Sie das nicht auch? Wenn die Kurse nach einem Crash oder einer längeren Baisse langsam zu steigen beginnen, zweifeln Sie noch. Ob das wirklich das Ende der Schwächephase ist, eine nachhaltige Erholung? Sie beobachten lieber erst einmal in Ruhe, was passiert, bevor Sie eine Order aufgeben. Selbst wenn der Trend anhält, sind Sie noch nicht überzeugt. Anstatt einzusteigen, warten Sie lieber auf einen Rücksetzer. Schließlich wollen Sie nicht zu teuer kaufen. Wenn die Konsolidierung aber nicht kommt und die Aktienkurse sich weiter erholen, werden Sie immer nervöser. Verpassen Sie etwa gerade den Trend? Das darf nicht passieren. Also greifen Sie doch endlich beherzt zu; leider oft zu spät. Wenn die Kurse dann wider Erwarten noch mal nachgeben – egal, ob nur ein bisschen oder doch ein bisschen stärker –, fühlen Sie sich ziemlich unwohl.

Ein Gefühl, das Sie nicht mögen. Deshalb deuten Sie den Rücksetzer lieber schnell um. Nun sehen Sie eine Chance, Ihre Position zu einem günstigeren Preis auszubauen und so Ihren durchschnittlichen Einstiegskurs zu minimieren. Vielleicht kaufen Sie in der Abwärtsbewegung sogar mehr als einmal nach. Sie machen sich etwas vor, verharmlosen den Kursrutsch. Eine Zeit lang mag das auch funktionieren. Schließlich wird das Unwohlsein aber zu groß und Sie überdenken vielleicht Ihre Position, wollen die Aktie verkaufen, sobald sie wieder auf den Einstandskurs geklettert ist. Doch irgendwann sind Ihre Verluste zu groß geworden. Die Zweifel an Ihrem Investment wachsen. Im fortdauernden Absturz bilden Sie sich immer wieder ein, dass der absolute Tiefststand erreicht ist und es nun bald wieder aufwärts geht. Doch es läuft leider anders. Irgendwann können Sie die Verluste nicht mehr ertragen und verkaufen. Gier und Panik, Zweifel und Hoffnung führen dazu, dass Sie zu teuer gekauft haben, aber zu billig verkauft haben. Dabei sollten Sie es doch eigentlich genau andersherum machen.

Mir ist das so unendlich oft passiert. Ich könnte Seiten damit füllen. Selbst nachdem ich mich vor ein paar Jahren für mein Buch *Gierig. Verliebt. Panisch* sehr intensiv mit Börsenpsychologie beschäftigt hatte, war ich nicht immun. Meine Emotionen haben mir Fallen gestellt und ich bin gestolpert. Nicht mehr so oft wie früher, aber trotzdem ist es passiert. Selbsterkenntnis hilft, eine Strategie und klare Regeln helfen. Aber wir werden unsere Emotionen niemals komplett ausschalten können. Deshalb packen mich immer noch von Zeit zu Zeit Gier und Panik. Allerdings ist es eher die Gier als die Panik. Denn Angst und Panik habe ich zu beherrschen gelernt. Ob das irgendwann auch mit meiner Gier gelingt? Zum Glück habe ich ein Spielgeld-Depot, aber dazu später mehr.

Diese Grafik sagt auf jeden Fall viel darüber aus, wie wir das Auf und Ab an den Märkten wahrnehmen, wie wir reagieren. Wir nehmen einen Crash in Wellen wahr, ähnlich läuft die mediale Beobachtung dieses Phänomens übrigens in der Regel – vom Staunen über das Leugnen bis zu verzweifelten Erklärungsversuchen und schließlich die Kapitulation. Wirklich glücklich macht uns diese Kapitulation aber auch nicht. Wenn dann die Börsenkurse wieder steigen, geht das Drama von Neuem los. Dummerweise glauben wir auch dieses Mal wieder nicht, dass die Erholung begonnen hat, dass sie vielleicht sogar nachhaltig ist. Irgendwann lassen wir uns mitreißen von der guten Stimmung an den Märkten – natürlich wieder zu spät. Wenn dann die ersten Fundamentaldaten die steigenden Preise untermauern und die Aussichten günstig sind, werden wir so richtig zuversichtlich. Doch in dieser Euphorie übersehen wir, dass der nächste Rücksetzer droht. Nicht umsonst lautet eine alte Börsenweisheit: Steigen die Kurse, kommen die Privatanleger. Fallen die Kurse, gehen die Privatanleger. Es sind zwei Extreme, die Angst vor Verlusten und die Gier nach Gewinnen. Kein Anleger und keine Anlegerin kann sich davon befreien. Mal ist das eine Gefühl stärker, mal das andere. Hinter jeder Gier steckt ein bisschen Angst und hinter jeder Panik ein bisschen Hoffnung.

Das irrationale Verhalten der Anleger hat System

Rational ist das nicht, oder? Aber hochemotional! Mehr Mensch als »Homo oeconomicus« – leider. Erste Gewinne lassen uns hochmütig, mitunter sogar gierig werden, bis uns ein starker Kurseinbruch einen kräftigen Schrecken einjagt. Die Hoffnung, dass es sich bei der Bewegung nur um eine Korrektur handelt, lässt uns investiert bleiben. Weitere Verluste machen uns erst ratlos, und wenn dann die ersten negativen Fundamentaldaten nicht mehr zu leugnen sind, werden wir immer ängstlicher. Die Aussicht auf ein finanzielles Desaster kann schließlich Panik auslösen, sodass wir in einer Hauruck-Aktion unser Depot leer räumen. Wie oft ist mir das passiert, als ich noch überwiegend in Einzelaktien investiert habe. Übrig bleiben Reue und Abscheu vor dem Markt im Allgemeinen oder vor dem spezifischen Segment, in dem wir Geld verloren haben. Unsere eigenen Fehler hinterfragen wir erst mal nicht.

Dummerweise ist es ein immer wiederkehrender Zyklus: Wir stolpern immer wieder über die gleichen emotionalen Fallstricke, treffen die gleichen Fehlentscheidungen. Eigentlich wissen wir es doch besser, oder? Zumindest als erfahrenere Anleger, die schon einiges an der Börse erlebt haben, wissen wir eigentlich, dass wir rationaler handeln sollten. Doch warum spielt uns unsere Psyche immer wieder diese Streiche? Warum tappen wir immer wieder in emotionale Stolperfallen? Die »Behavioral Finance« gibt Antworten auf die Fragen. Sie hilft uns auf unserem Weg zu mehr Selbsterkenntnis. Und Selbsterkenntnis ist ja bekanntlich der erste Schritt zur Besserung.

Leider gibt es keine typische Anlegerin und keinen typischen Anleger. Wir reagieren nicht gleich, weder psychisch noch physisch. Der eine kann kaum noch schlafen, wenn es an den Börsen knallt, die andere bleibt relativ gelassen. Wieder eine andere wird fast schon panisch. Auch nehmen wir Informationen unterschiedlich wahr, verarbeiten sie anders und fällen Entscheidungen aus ganz unterschiedlichen Gründen. Trotzdem kommt es an der Börse zu massenpsychologischen Effekten, weil sich die Marktteilnehmer von der Stimmung anderer anstecken lassen. So entstehen irrationale Übertreibungen nach oben oder nach unten. Das irrationale Verhalten der Anleger ist nicht zufällig, sondern es hat System. Wir sind also nicht ausnahmsweise mal kurz irrational, sondern unser emotionales Handeln hat Methode. Es ist nicht das Ziel der »Behavioral Finance«, uns ständig unsere Fehler und unsere Irrationalität vorzuhalten. Vielmehr wollen die Wissenschaftler uns die Erkenntnisse der verhaltensorientierten Ökonomie näherbringen und uns helfen, bessere Entscheidungen zu treffen – und das nicht nur an der Börse. Das will auch ich mit diesem Buch.

Selbsterkenntnis heißt, zu verstehen, warum wir handeln, wie wir handeln. Es heißt, zu verstehen, was an den Märkten vorgeht und was sie bewegt. Warum entstehen Blasen? Warum platzen sie? Es geht darum, unsere Fehler zu erkennen und in der Zukunft zu verhindern. Oder um es mit Napoleon Bonaparte zu sagen: »Ein Genie ist jemand, der Durchschnittliches vollbringt, während alle um ihn herum den Kopf verlieren.« Denn genau das passiert. Wir verlieren den Kopf. Unsere Urteile sind oft völlig verzerrt, aus ganz verschiedenen Gründen. Mal folgen wir unserem Bauchgefühl, ohne es zu hinterfragen. Mal lassen wir uns von anderen mitreißen. Immer wieder nehmen wir Chancen und Risiken falsch wahr. Es sind übrigens nicht nur die Anfänger an der Börse, die in diese und andere Fallen tappen. Studien belegen, dass sich vor allem erfahrene und besonders vermögende Geldanleger irrational verhalten, weil sie sich völlig selbst überschätzen. Das ist ein weitverbreitetes Phänomen. Manager überschätzen ihre Führungskompetenz oder Analysten ihr Wissen über ihr Fachgebiet. Warum sollte es Privatanlegern also anders ergehen?

Kommt Ihnen das alles bekannt vor oder zumindest einiges davon? Haben Sie das gute oder auch ungute Gefühl, dass auch Sie eine bessere Anlegerin oder ein besserer Anleger werden könnten, wenn Sie emotionale Fallstricke erkennen, bevor sie darüber stolpern? Die genannten sind nur einige Beispiele dafür, wie und warum uns unsere Psyche an der Börse oft teure Streiche spielt. Wir werden unsere Emotionen niemals abschalten können, aber wir können lernen, sie zu erkennen und sie zu kontrollieren. Meine Lieblings-Börsenweisheit stammt von einem österreichischen Kabarettisten. »Beim Denken ans Vermögen leidet oft das Denkvermögen«, sagte Karl Farkas einst. Klingt launig, aber als leidenschaftliche Aktionärin finde ich sie eigentlich so gar nicht lustig. Sie ist für mich eher eine Warnung, eine Warnung vor mir selbst, vor meinen Emotionen. Wenn es um Geld geht, dann ist es nämlich schnell vorbei mit dem rationalen Handeln. Vor allem an der Börse kochen die Emotionen oft hoch. Anlegerinnen und Anleger kostet es leider oft Geld, wenn sie sich von Panik und Gier, von Herdentrieb und wilden Spekulationen mitreißen lassen. Und wer grundsätzlich extrem ängstlich ist und sich gar nicht erst an die Börse traut, sich überhaupt nicht um seine Finanzen und den langfristigen Vermögensaufbau kümmert, macht den teuersten Fehler. Natürlich sind Gier und Panik – und alle Emotionen zwischen diesen beiden Extremen – kein guter Ratgeber an der Börse. Emotionen sind immer ein schlechter Ratgeber.

Das Problem: Die Börse, das sind Emotionen pur. Oder fast pur. Der amerikanische Wirtschaftswissenschaftler und Nobelpreisträger Robert Shiller stellte bereits in den 1980er-Jahren fest, dass 80 Prozent aller Kursschwankungen fundamental nicht erklärbar sind. Durchaus zu begründen sind sie aber mit dem großen Einfluss von Emotionen auf das Anlageverhalten. Der Experte für »Behavioral Finance« wusste, dass wir niemals frei von Emotionen sind, niemals frei von Emotionen handeln. Und deshalb sollten wir uns mit Börsenpsychologie beschäftigen. Denn vor allem kurzfristig bestimmen Emotionen die Entwicklung der Märkte eher als die Fakten. Und darum sollten wir uns der emotionalen Fallstricke bewusst sein, über die wir als Anlegerinnen und Anleger immer wieder stolpern.

Apropos Emotionen, apropos Leidenschaft. Es ist wirklich nicht so dahingesagt, dass ich meine große Leidenschaft zu meinem Beruf gemacht habe. Ich bin wirklich leidenschaftliche Aktionärin, leidenschaftliche Börsianerin (es gibt ja noch andere Anlageklassen als Aktien) und genauso leidenschaftliche Finanzjournalistin. Mich begeistert das Auf und Ab an der Börse noch immer. Quasi live zu bewundern ist das in meinen Videos über die Börse. Als ich im Sommer 2024 mit Manuel Koch von Inside Wirtschaft auf dem Parkett an der New Yorker Wall Street stand, habe ich bei den ersten Sätzen fast gezittert, so heftig ging mein Puls. Gegrinst habe ich wie ein Honigkuchenpferd – zu bewundern auf meinen Social-Media-Accounts. Es ist schon was ganz, ganz Besonderes, auf dem legendären Parkett der Wall Street zu stehen. Anfang der 2000er-Jahre hatte ich schon mal das Vergnügen, Markus Koch (der »andere« Koch) zu einer N-TV-Schalte an die Wall Street zu begleiten. Das war auch irre aufregend, zumal damals auf dem Parkett noch viel mehr los war und wir nach Börsenschluss knöcheltief in Orderzetteln standen. Das ist heute anders, aber meine Faszination ist noch immer groß, und dort selber vor der Kamera zu stehen, das war wirklich ein Erlebnis. Übrigens war meine Aufregung auch im Sommer 2025 noch groß. Es ist eben die Wall Street! Dort zu stehen, das sind für mich Emotionen pur. Aber überhaupt geht es bei der Geldanlage, und erst recht an der Börse, oft um Emotionen – deshalb dieses Buch.

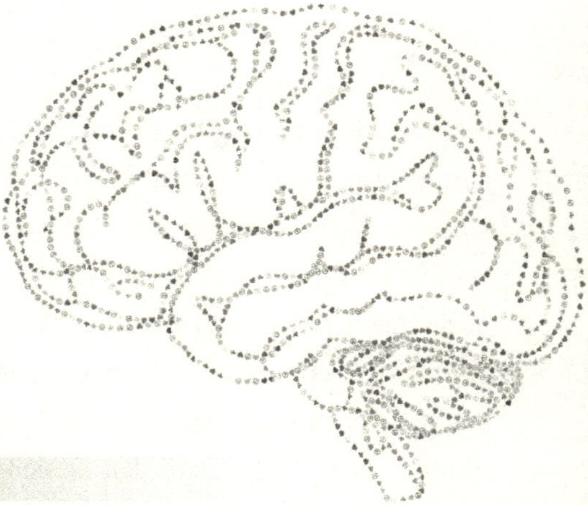

02

Keine Angst vor der Börse – eine Anleitung für ein besseres »Money Mindset«

Die Deutschen und die Börse, das ist keine Liebesbeziehung. Im Gegenteil. Viele Bundesbürger haben geradezu Angst vor der Börse. Angst ist natürlich eine sehr starke Emotion. Und es ist auch nicht so, dass sie gleich zitternd auf der Couch sitzen, wenn die *ARD Börse* vor der *Tagesschau* läuft. Sie sitzen auch nicht zitternd vor ihrem Bankberater, wenn er zu einem Aktieninvestment rät. Aber sie haben ein mulmiges Gefühl, manche spüren wahrscheinlich sogar eine richtige Abneigung und, ja, viele haben auch Angst um ihr Geld. Sie haben Angst vor Schwankungen, obwohl Aktien ja nach unten und vor allem auch nach oben schwanken können. Und obwohl es an der Börse mehr gute als schlechte Tage gibt, Aktien bei breiter Risikostreuung langfristig Renditen von bis zu 8 Prozent pro Jahr abwerfen – im Schnitt wohlgemerkt. Es kann auch verdammt schlechte Börsenjahre geben, aber eben auch extrem gute. Unter dem Strich stimmt die Rendite. Aber dazu später mehr.

Zu dieser Angst der Deutschen vor der Börse und vor Verlusten passt ihre Liebe zu jeglicher Sparanlage. Ob Tagesgeld, Festgeld, ja sogar das gute alte Sparbuch und sogar das Girokonto, wo Unsummen liegen – damit fühlen sie sich wohl. Denn die Deutschen legen bei ihrer Geldanlage viel Wert auf Sicherheit. Nur bieten solche Sparformen nur vermeintliche Sicherheit. Warum vermeintlich? Weil wir mit bloßem Sparen in der Regel Geld verlieren. Wie kann das sein, wenn doch 10.000 Euro auf dem Konto auch 10.000 Euro bleiben? Plus Zinsen sogar, vorausgesetzt, wir heben nichts ab. Die Inflation ist schuld! Wenn die Inflation höher ist als der Zinssatz, den wir für unser Erspartes bekommen, dann verlieren wir unter dem Strich Geld. Zwar fehlt nichts auf dem Konto, aber die Kaufkraft schwindet. Was das bedeutet, haben wir alle in Zeiten der extrem hohen Inflation vor einiger Zeit erlebt. Plötzlich kostet der Einkauf deutlich mehr, obwohl das Gleiche wie immer im Einkaufswagen landet. Mit dem Kaufkraftverlust ist es dann ähnlich. Oder andersherum: War der Einkaufswagen noch kurze Zeit früher für 50 Euro sehr üppig gefüllt, war er nun ziemlich leer. So läuft das auch mit dem langfristigen Kaufkraftverlust. Sie werden später, in vielen Jahren, weniger für 100 Euro bekommen als heute. Oder ein anderes Bild: Als ich Kind war, kostete eine Kugel Eis 20 oder 30 Pfennig – Pfennig, nicht Cent! Heute bekommt man sie in einer deutschen Großstadt selten unter 1 Euro. Das ist Inflation, das ist Kaufkraftverlust.

Oder im Wirtschaftsdeutsch: Das ist ein negativer Realzins. Wenn die Inflation höher ist als der Zinssatz, dann wächst Ihr reales

Vermögen nicht. Im Gegenteil. Es schrumpft. Das verdrängen viele Sparerinnen und Sparer, oder vielleicht sind sie sich der Bedeutung auch nicht bewusst. Ein negativer Realzins von 0,5 oder 1,0 Prozent macht sich erst mal kaum bemerkbar, aber auf lange Sicht, beispielsweise mit Blick auf unsere Altersvorsorge, eben doch. Ein Realzins von minus 0,5 Prozent klingt mickrig, richtet aber trotzdem Schaden an. Nehmen wir an, Sie haben 10.000 Euro gespart und fassen sie zehn Jahre lang nicht an. Im Jahr 2035 wäre die Kaufkraft auf 9.513,48 Euro geschrumpft. Nach 20 Jahren wäre der Schaden sogar noch größer, die Kaufkraft läge nur noch bei 9.050,63 Euro. Bei einem negativen Realzins von 1 Prozent wären es nur noch 9.052,87 Euro beziehungsweise 8.195,44 Euro. Mit cleverem Vermögensaufbau, mit Vermögensaufbau überhaupt, hat das nichts zu tun. Dass unser Geld auf Sparbuch, Tages- oder Festgeldkonto also sicher ist, stimmt nicht. Trotzdem sind viele Menschen davon überzeugt.

An der Börse aber könnten wir positive Realrenditen erzielen. Nur halten viele Vorurteile die fleißigen Sparer davon ab. Überhaupt schleppen wir so viele falsche Glaubenssätze mit uns herum, haben so viele Vorurteile und – so ehrlich muss ich sein – Ausreden, warum wir uns gerade jetzt nicht um unser Geld kümmern können, warum wir das Thema Finanzen meiden. Die Börse – ein Casino? Der böse Kapitalismus? Die extrem komplizierte Geldanlage? Da geht es dann auch ziemlich bald um unsere Einstellung zum Geld, um unser »Money Mindset«. Das gilt es zu überdenken. Unser Verhältnis zum Geld ist sehr ambivalent. Einerseits wollen wir es haben, der eine mehr, der andere weniger. Andererseits ist es aber auch ein verbotenes Thema. Wir sprechen nicht offen über Geld. Die Bedeutung von Geld ist vielschichtig und auch sehr individuell. Für jeden Menschen bedeutet es etwas anderes, abhängig von seinen sozialen Prägungen, seinen verinnerlichten Glaubenssätzen und seiner Lebenssituation. Es ist ein falsches »Money Mindset«, das viele da mit sich rumschleppen. Und selbst wer an der Börse investiert, macht vermeidbare Fehler, oder nennen wir es »Unsinn«. Oft sind es unsere Emotionen, die uns dabei eine Falle stellen. All die psychologischen Fallstricke, über die wir alle nur allzu oft stolpern. Und wenn dann auch noch das »Money Mindset« nicht stimmt oder doch zumindest überdacht und nachjustiert gehört, dann kann es schnell teuer werden.

Weg mit falschen Glaubenssätzen, Vorurteilen und Ausreden

Es ist schon verrückt, mit welchen Glaubenssätzen viele unterwegs sind. Geld verdirbt den Charakter. Die Börse ist gefährlich. Aktien sind nur etwas für Reiche. Überhaupt ist Geldanlage furchtbar kompliziert. Alles schon mal gehört? Vielleicht sogar gedacht? Diese Glaubenssätze wieder loszuwerden, eine positivere Einstellung zu Finanzen, zur Geldanlage und erst recht zur Börse zu bekommen, ist manchmal gar nicht so einfach. Wen wundert es auch, ist doch ein Bonmot, mit dem wir alle aufgewachsen sind: »Über Geld spricht man nicht.« Was für ein Unsinn! Wir müssen über Geld reden. Aber dann bitte vernünftig. Weg mit all den Vorurteilen. Auch damit werde ich in diesem Buch übrigens aufräumen. Doch eins vorweg: Geld kann den Charakter verderben, muss es aber nicht. Denken Sie nur an all die spendierfreudigen Milliardäre. Die Börse ist nicht gefährlich, wenn wir ein paar Grundregeln beachten, nämlich langfristig anzulegen und das Risiko breit zu streuen. Aktien sind nicht nur etwas für Reiche. Im Gegenteil. Schon mit ganz kleinen Summen können Sie loslegen und Stück für Stück ein kleineres oder größeres

Vermögen aufbauen. Und kompliziert muss Geldanlage auch nicht sein. Darf ich Ihnen an dieser Stelle mein Buch *Erfolgreich investieren mit den besten Börsenstrategien* ans Herz legen?

Was ich wirklich nicht mehr hören kann: Ich habe kein Geld. Mir ist Geld nicht wichtig. Um meine Finanzen kümmert sich jemand anderes, wahlweise Partner oder Partnerin, vielleicht die Eltern oder ein Berater, damit will ich nichts zu tun haben. Natürlich gibt es Menschen, die wirklich keinen Euro übrig haben, um ihn zu sparen oder gar zu investieren. Ich wage aber, zu behaupten, dass das auf viele eben nicht zutrifft, wenn sie mal genau hinschauen. Ein Kassensturz und das Führen des guten alten Haushaltbuchs beweisen meistens das Gegenteil. 10, 25 oder 50 Euro haben die meisten im Monat »übrig«, das sind nämlich die Mindestraten für einen ETF- oder Fondssparplan. Ein herrlicher Einstieg in die Börse, aber dazu komme ich noch.

Wenn ich mir überlege, wie viel Geld ich früher für das belegte Brötchen vom Bäcker ausgegeben habe, nur weil ich zu faul war, mir morgens Frühstück zu machen ... Ich hätte mir deutlich höhere Sparraten für meinen ETF-Sparplan leisten können. Bis zu 4 Euro habe ich Morgen für Morgen bei meinem Lieblingsbäcker gelassen, je nachdem, worauf meine Wahl fiel. Selbst wenn es nur drei Tage pro Woche gewesen wären, und es waren eher fünf, waren das fast 50 Euro, aber eben eher mehr. Da gab es ganz sicherlich Sparpotenzial. Weitere Ideen? Der überdimensionierte Handyvertrag, Abos, die nicht genutzt werden, überteuerte Versicherungspolicen – es gibt da so einiges. Aber das ist nicht Thema dieses Buches. Das Vorurteil, kein Geld zu haben, sollten wir aber noch mal überdenken.

Noch wichtiger ist es aber, über unsere Glaubenssätze nachzudenken. Sie sitzen tief in uns fest und sind nicht immer so leicht zu entkräften, zu ändern, neu zu »programmieren«. Es ist immer auch eine Frage, wie wir sozialisiert wurden. Wie war der Umgang mit Geld in unserer Familie? Wie haben wir den Umgang mit Geld gelernt? Wurden wir zur fleißigen Sparerin oder zum fleißigen Sparer erzogen oder ging die finanzielle Erziehung einen Schritt weiter?

Meine finanzielle Kindheit – ein großer Spaß

Mich hat Geld schon als Kind fasziniert. Warum? Das kann ich gar nicht genau sagen. Ich habe gerne mit meinem Kaufladen gespielt, wobei mir die Kasse am meisten Spaß gemacht hat. Ich habe gerne gespart und war sehr stolz auf mein knallrotes Sparbuch, auf das ich regelmäßig etwas eingezahlt habe. Während meiner Grundschulzeit gab es eine Aktion der Stadtsparkasse Düsseldorf: Man bekam ein DIN-A5-großes Heft, in das man Marken einkleben konnte. Zehn auf die erste Seite, zehn auf die zweite Seite und so weiter. War eine von beiden Seiten beklebt, trennte man das Blatt heraus und konnte den Gegenwert dieser »Sparmarken« auf das Sparbuch einzahlen. Es gab Marken für 10 Pfennig, für 50 Pfennig und für 1 Mark, wenn ich mich richtig erinnere. Ich war ganz wild auf die teuersten Marken, habe meine Eltern, Großeltern, Tanten, überhaupt jeden angeschnorrt, damit ich Geld für weitere Marken hatte. Die hat übrigens mein Lehrer in der Pause verkauft. Ein solches Modell kann man sich heute gar nicht mehr vorstellen. Mir hat es irre viel Spaß gemacht, und ich war sehr stolz, wenn ich alleine zur Stadtsparkasse lief und das Geld einzahlte. Überhaupt war das kleine rote Buch mein ganzer Stolz. Ich war immer eine der ersten, die sich am ersten Banktag des neuen Jahres die Zinsen gutschreiben ließ, glaube ich.

Zinsen haben mich überhaupt sehr fasziniert. Ich war nie gut in Mathe, aber was der Zinseszins-Effekt ist, muss ich intuitiv schon sehr früh verstanden haben. Als ich elf oder zwölf Jahre alt war, muss ich spitzbekommen haben, dass verschiedene Banken und Sparkassen unterschiedliche Zinssätze für das Ersparte bieten. Das Internet gab es damals noch nicht, also bin ich von Bank zu Bank geradelt und habe die Konditionen verglichen. Meine Mutter musste dann mit mir los und die entsprechenden Konten, Sparbriefe und Ähnliches eröffnen. Es ging natürlich nur um Minibeträge, aber ich wollte wohl schon damals das Beste für mein Geld. Oder ich war einfach gierig. Wer weiß? Ich habe Geburtstags- oder Weihnachtsgeld und das Taschengeld gespart. Mehr als ein paar Hundert Mark kamen da nie zusammen. Was für ein Kind natürlich eine dicke Summe ist. Irgendwann habe ich auch angefangen, Geld als Babysitterin zu verdienen, dann ging es schneller, die Summen wurden größer. Meine Mutter hatte übrigens irgendwann genug von den ewig neuen Bankverbindungen, die ich ja nur mit ihrer Unterschrift bekommen konnte. Also hatte sie einen neuen Tipp für mich: Zinsen kann man auch verhandeln. Unser Berater bei der Stadtsparkasse hat ganz schön gestaunt, als ich mit meinem Ordner voller Zinsangebote der Konkurrenz angeradelt kam. Aber er hat das Spielchen mitgemacht. Ob die Bank auf 300 Mark nun 6,2 oder 6,4 Prozent Zinsen zahlt, macht dann wohl keinen Unterschied. Zumindest nicht für ein Geldhaus; für mich war das schon ein Unterschied.

Ich hatte immer ein gutes Verhältnis zum Geld. Glaubenssätze wie »Geld verdirbt den Charakter« oder »Geld ist schmutzig« spielten in meiner Kindheit und Jugend nie eine Rolle. Im Gegenteil. Ich habe sehr früh gelernt, mit Geld umzugehen, und dabei ging es nicht nur ums Sparen mit den besten Zinsen. Ich habe verhältnismäßig viel Taschengeld bekommen, aber damit musste ich auch alle Schulhefte, Stifte, Radiergummis, sogar manche Schulbücher bezahlen. Und wenn es unbedingt die dritte oder vierte

Jeans der gerade angesagtesten Marke sein sollte, dann musste ich auch die selber bezahlen. So habe ich sehr früh gelernt, richtig zu budgetieren. Wenn am letzten Tag des Monats kein Geld mehr für ein Eis da war, habe ich es in der Regel aber trotzdem bekommen. Aber ich wusste eben, dass ich eigentlich nicht mit meinem Budget ausgekommen war. Vielleicht ist mein Girokonto in den vergangenen Jahren und Jahrzehnten deshalb fast nie ins Minus gerutscht oder nur mal ganz kurz. Vielleicht habe ich auch deshalb intuitiv immer einen Notgroschen gehabt. Noch bevor ich überhaupt wusste, was das ist.

Auch der weitverbreitete Glaubenssatz »Über Geld spricht man nicht« war nie meiner. Wahrscheinlich war es nur folgerichtig, dass ich Journalistin geworden bin. »Karla Kolumna«, die rasende Reporterin von Benjamin Blümchen – Sie erinnern sich sicher an den sprechenden Elefanten –, hatte es mir irgendwie angetan. Und deshalb wollte ich immer schon Journalistin werden. Es wurde die »Karla Kolumna der Börse«, wie Robert Halver von der Baader Bank mal in einer Videobotschaft zu meinem Geburtstag formulierte. Ich schreibe nicht nur wahnsinnig gerne über Finanzen, ich rede auch supergerne darüber. Und das tue ich nicht nur als Journalistin oder Buchautorin, sondern auch privat. Wenn ich sage, dass ich leidenschaftliche Aktionärin bin, dann kommt das von Herzen. Auch dass ich diese Leidenschaft zu meinem Beruf gemacht habe, ist nicht nur so dahingesagt.

Viele haben es aber anders gelernt, anders vorgelebt bekommen. Falsche Glaubenssätze rund um das Thema Geld blockieren uns. Sie verhindern, dass wir uns um unsere Finanzen und unseren Vermögensaufbau aktiv kümmern. Gute Glaubenssätze hingegen können richtig motivierend sein. Für mich ist Geld gut, es macht mich unabhängig, es macht mich finanziell frei. Es ermöglicht mir, so zu leben, wie ich es möchte. Ich kann mir Dinge leisten, und damit meine ich nicht nur einen tollen Urlaub. Ich konnte es mir leisten, mich relativ entspannt – also ohne Geldsorgen – selbstständig zu machen. Ich kann es mir leisten, im Sommer etwas weniger zu arbeiten, viel Golf zu spielen und dieses Buch zu schreiben. Ich war immer aufgeschlossen, wenn es um mein Geld ging – vom Taschengeld über meine persönlichen Zinsvergleiche, für die ich mit dem Fahrrad von Bank zu Bank geradelt bin, bis zu meiner ersten Aktie und all dem, was danach kam. Wie ist es bei Ihnen?

Grundsätzlich haben Kinder übrigens erst mal ein recht emotionsloses Verhältnis zu Geld. Sie betrachten es vor allem als etwas, mit dem man sich gewünschte Dinge kaufen kann. Sie machen sich keine Gedanken darüber, ob Geld gut oder schlecht ist. Das sieht bei Erwachsenen wenig überraschend ganz anders aus. Von Wissenschaftlern gefragt, ob Geld gut oder schlecht ist, zeigten sich recht klare Vorstellungen. Allerdings unterscheiden sich die Ansichten je nach Gruppe (Lau, Sing: »Money: What It Means to Children and Adults«, Social Behavior and Personality, 1998). Vor allem Studenten haben eine negative Einstellung. Sie halten Geld für sehr viel weniger gut, interessant und überraschenderweise auch weniger wirksam als beispielsweise Geschäftsleute. Kinder hingegen haben noch keine ethische Haltung zum Thema Geld entwickelt. Es ist einfach da. Und sie wissen, dass man es braucht, um sich etwas kaufen zu können. Damit ist es etwas Nützliches und etwas Erstrebenswertes.

Die meisten Kinder lernen schon sehr früh, zu sparen. Wenn sie noch sehr jung sind, geht es darum, das Sparschwein zu füllen, Münzen zu stapeln und zu zählen. Das hat dann eher etwas Haptisches. An das Gefühl, ein Sparschwein zu leeren und den Inhalt zu zählen, kann ich mich auch noch sehr gut erinnern. In den ersten Schuljahren lernen sie dann, auf ein bestimmtes Ziel hin zu sparen.

Kindern ist sehr früh bewusst, dass Sparen grundsätzlich etwas Sinnvolles ist. Jetzt können Sie gerne Einspruch erheben! Denn natürlich gibt es auch Kinder, die das nicht lernen. Weil es ihnen einfach nicht vorgelebt wird. Oder es gibt Kinder, die spätestens im Teenageralter so überhaupt nicht mehr mit Geld umgehen können. Aber würden diese Kinder grundsätzlich sagen, dass Sparen nicht sinnvoll ist? Ich wage es zu bezweifeln. Und selbst diejenigen, die sagen, Sparen lohnt sich nicht mehr, wissen doch im Grunde, dass das nicht stimmt und nur eine der vielen Ausreden ist, zu denen wir gleich noch kommen.

Natürlich hat auch nicht jedes Kind Spaß daran, zu sparen. Wenn sie ein Ziel haben, einen Wunsch, dann ist die Motivation sicherlich größer. Wenn das Ziel aber zu groß ist, dann werden sie wohl irgendwann frustriert aufgeben und das Geld vielleicht sogar für irgendeinen Mist verplempern. Es ist nicht so einfach, Kindern das »gute« Sparen und Budgetieren zu vermitteln. Es ist ja auch wirklich nicht so reizvoll, immer einen gewissen Anteil aller Geldgeschenke oder des Taschengeldes zur Seite zu legen. Mich hat das zwar immer fasziniert, aber damit war ich wohl eher die Ausnahme als die Regel. In der Regel gilt, dass Kinder mit dem Konzept, einen Notgroschen aufzubauen oder für schlechte Zeiten Geld zurückzulegen, wenig anfangen können. Kinder leben im Augenblick. Die Eltern sind wenig überraschend die erste und wichtigste Informationsquelle für Kinder, wenn es um Geldfragen geht. Es gibt Eltern, die ihrem Nachwuchs sehr früh beibringen, mit Geld umzugehen. So wie meine Mutter es getan hat. Kinder lernen heute auch sehr früh, dass wir arbeiten gehen müssen, um das Geld zu verdienen, das wir zum Leben brauchen. Da hilft es sicherlich auch, dass viele Mütter heute berufstätig sind. Apropos: Offen über Geld geredet wird aber äußerst selten. Untersuchungen haben ergeben, dass selbst Teenager oder sogar Studenten nicht wissen, was ihre

Eltern verdienen und wie es um ihr Vermögen bestellt ist. Wen wundert es? Wenn doch selbst Paare nicht über Geld sprechen? Psychologen haben festgestellt, dass Ehepaare lieber über ihr Sexleben oder sogar ihre Untreue sprechen als über ihre Finanzen.[1]

Aber zurück zu unserer Sozialisierung in Finanzfragen. Die meisten Deutschen werden zu Sparern erzogen. Das war im Grunde ja auch bei mir so, aber dann ging es weiter von der Sparerin zur Aktionärin. Damit war und bin ich zwar nicht alleine, aber doch immer noch in einer Minderheit. Die Deutschen sind ein Volk von fleißigen Sparern, kein Volk von leidenschaftlichen Aktionären. Sparen ist natürlich eine gute Sache. Vor allem ist es der Anfang – erinnern Sie sich nur an meine Kindheit. Aber irgendwann sollte man den nächsten Schritt wagen und an der Börse investieren. Doch damit tun sich die Deutschen leider schwer. Das zeigen die Zahlen vom Deutschen Aktieninstitut leider Jahr für Jahr. Im Jahr 2024 besaßen 12,1 Millionen Menschen in Deutschland Aktien, Aktienfonds oder ETFs, also jeder Sechste ab 14 Jahren – ein Rückgang um 180.000.

Ist das nicht verrückt angesichts der Rally an den Märkten? Während der recht sportlichen Zinswende an den Märkten ging es 2022 zwar kräftig bergab, aber dann liefen Aktien wieder richtig gut. Viele Allzeithochs inklusive; und zwar dies- und jenseits des Atlantiks. Aber auch das kann die fleißigen Sparer nicht an die Börse locken. Im Gegenteil. Einige zogen sogar die Reißleine. Die eher mauen Aktionärszahlen zeigen einmal mehr: Die Deutschen haben leider nicht nur in Zeiten von Krisen und Crashs die Nase voll von Aktien. Sie haben generell Vorbehalte, ja sogar Angst vor dieser Anlageform. Und Angst ist eine der stärksten Emotionen überhaupt. Jemandem die Angst zu nehmen, ist gar nicht so einfach. Da helfen mitunter auch die besten Argumente, die tollsten Charts, die einfachsten Erklärungen nicht.

Meine erste Aktie und der Beginn einer großen Leidenschaft

Es gab einmal eine Zeit, da hatten die Deutschen weniger Angst vor der Börse. In den 1990er-Jahren begann in Deutschland doch glatt das zarte Pflänzchen Aktienkultur zu sprießen. Vor allem der Börsengang der Deutschen Telekom machte viele Deutsche erstmals zu Aktionären. Ob es daran lag, dass der Börsengang von dem beliebten Schauspieler Manfred Krug beworben wurde? So ein Tatort-Kommissar ist doch über jeden Zweifel erhaben, oder? Die T-Aktie war übrigens auch meine erste Aktie. Irgendwie war ich richtig stolz, investiert zu haben, erstmals an der Börse zu sein. Doch es war auch die T-Aktie, die vielen Anlegerinnen und Anlegern später gründlich die Laune verderben sollte. Mir zum Glück nicht, aber davon später mehr.

Aber der Reihe nach: Es sollte die neue, große Volksaktie werden. »Telekom. Die machen das«, so pries Krug 1996 die T-Aktie zur besten Sendezeit an. Kein Wohnzimmer war vor dem TV-Kommissar sicher, der unermüdlich für eine Beteiligung an dem ehemaligen Staatskonzern trommelte. Wenig überraschend verfehlte die Kampagne mit dem Fernsehliebling ihre Wirkung nicht. Es war ein echter Coup, der der Marketing-Abteilung da gelungen war. Die Aktie verkaufte sich im November 1996 bestens. Die Emission war sogar gleich mehrfach überzeichnet. Es gab gar nicht so viele Aktien, wie Neuaktionäre gerne gehabt hätten. Alle, die die Aktie wie ich gezeichnet hatten, bekamen nur einen Bruchteil der georderten Papiere. Der Erfolg ließ den Kurs der Aktie in die Höhe schießen – schon am ersten Handelstag kletterte sie von 28,50 D-Mark auf mehr als 33 D-Mark (umgerechnet 17,33 Euro). Ein satter Kursgewinn, über den wir Neu-Börsianer uns da freuen konnten.

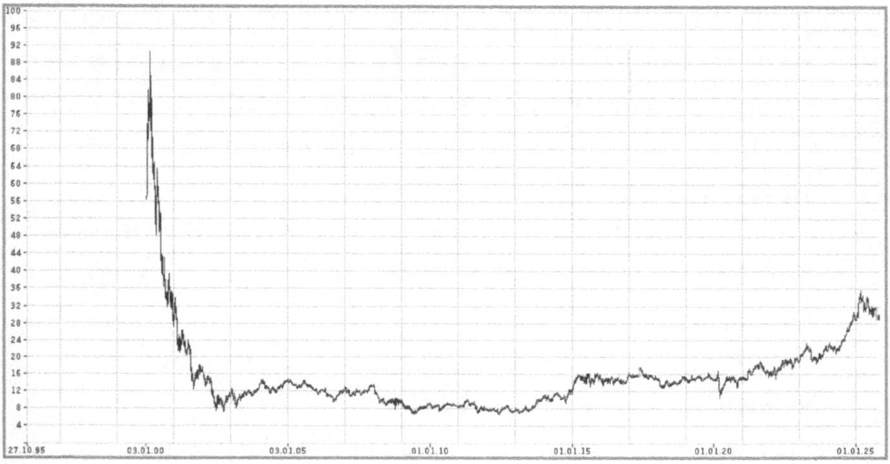

Das Drama mit der T-Aktie: Kursentwicklung seit dem Börsengang (Quelle: finanzen.net)

Das weckte natürlich die Gier derer, die nicht dabei waren. Wenig verwunderlich, dass sich auch die zweite und dritte Tranche, also Börsengang Nummer zwei und drei, schneller verkauften als so mancher Festnetz- oder Handyvertrag. Im Juni 1999 mussten die Aktionäre allerdings schon umgerechnet 39,50 Euro pro Anteilschein bezahlen und damit fast dreimal so viel wie bei der ersten Emission. Die Aktie stieg und stieg. Und die Gier der Anleger gleich mit. Ein Vierteljahr später, am 6. März 2000, erreichte die T-Aktie ihr absolutes Allzeithoch bei 103,50 Euro. Die dritte Tranche der Aktie kam im Juni 2000 auf den Markt. Der Ausgabepreis lag bei 66,50 Euro und war damit spürbar günstiger als die bereits gehandelten Papiere. Ein super Deal, oder? Es war der Höhepunkt der deutschen Aktienkultur. Immerhin 12,8 Millionen Aktionäre und Besitzer von Aktienfonds zählte das Deutsche Aktieninstitut (DAI) im Jahr 2001. Ich war damals schon nicht mehr investiert, hatte die Aktie relativ früh verkauft. Mit einem satten Gewinn. Wie viel das genau war, das weiß ich nicht mehr. Mit dem Geld habe ich dann fleißig am Neuen Markt gezockt. Das lief erst super, dann gar nicht mehr. Aber das ist eine andere Geschichte. Zurück zur T-Aktie und dem Höhepunkt der deutschen Aktienkultur. Das war leider wirklich nur ein zartes Pflänzchen, das schnell zertrampelt wurde. Mit den Aktionärszahlen ging es bald wieder kräftig abwärts. Und an diesem Abwärtstrend hat die Volksaktie aus Bonn ihren Anteil, denn vielen hat die T-Aktie mächtig die Laune verhagelt. Die Geschichte ihres langen Absturzes wurde schon oft erzählt.

Gehören Sie zu den T-Aktionären der ersten Stunde? Dann sind Sie Kummer gewöhnt – geschäftliche Fehlentscheidungen, korrigierte Immobilienwerte, viel zu teure Zukäufe, Margendruck und das schwierige US-Geschäft ließen die Aktie immer weiter absacken. Und nebenbei platzte auch noch die gigantische Börsenblase. Viele Jahre lang dümpelte das Papier unter seinem Ausgabepreis von 1996. Irgendwann im Jahr 2022 waren dann zumindest die Aktionäre der allerersten Stunde endlich im Plus. Lange hatten sie sich mit den teils üppigen Dividendenzahlungen getröstet, doch irgendwann dürfte das ihre Geduld mächtig strapaziert haben. Die Aktionäre, die die zweite Tranche gezeichnet hatten, waren im Sommer 2025 noch immer im Minus. Oder haben sie zwischenzeitlich die Reißleine gezogen? Hoffentlich, aber wahrscheinlich haben sie ihre Verluste viel zu lange verdrängt. Um unseren Umgang mit Gewinnen und Verlusten geht es später noch.

Manfred Krug bekannte später, er bedauere zutiefst, dass er für eine Aktie geworben habe, die zahllosen Privatanlegern hohe Verluste eingebracht habe. Ein schwacher Trost für diejenigen, die das Papier teuer gekauft hatten. Für die deutsche Aktienkultur war der Niedergang der T-Aktie ein harter Rückschlag: Viele frustrierte Aktionäre kehrten der Börse den Rücken. Zwischenzeitlich hatten sich fast vier Millionen Menschen von den Aktien verabschiedet. Das war fast jeder dritte ehemalige Aktionär oder Aktienfondsbesitzer. Erst seit 2017 steigen die Zahlen wieder merklich. Aber es sind sicher nicht die verprellten T-Aktionäre, die die Börse wiederentdecken. Viele Ex-Aktionäre aus Zeiten des Telekom-Börsengangs sind wohl nie an die Börse zurückgekehrt. Ihre Glaubenssätze, dass die Börse ein Casino ist, dass Aktien Teufelszeug oder doch zumindest extrem riskante Anlagen sind, scheinen wie zementiert. Studien haben immer wieder gezeigt, wie entscheidend unsere Erfahrungen für unser Risikoverhalten sind. Wer gute Börsenjahre erlebt hat, wird mit höherer Wahrscheinlichkeit zum Aktionär als derjenige, der mit fallenden Kursen aufgewachsen ist. Die Ökonomen Ulrike Malmendier und Stefan Nagel (Malmendier, Ulrike; Nagel, Stefan: *Depression Babies: Do Macroeconomic Experiences Affect Risk-Taking?*, Berkeley/Stanford, 2009) glauben deshalb, dass die »Generation T-Aktie« für die Börse verloren ist. Ihre Erfahrungen sind einfach zu schlecht, extrem schlecht sogar. Die Forscher haben außerdem belegt, dass die eigenen Erfahrungen schwerer wiegen als Bildung und Börsenwissen. Mich überrascht das nicht. Jede und jeder Einzelne hat ganz persönliche Erfahrungen, wie die Finanzwelt funktioniert. Das persönlich Erlebte prägt uns sehr viel mehr als jedes Wissen, das wir uns von anderen oder aus Büchern angeeignet haben. Deshalb haben wir auch so unterschiedliche Ansichten über Geld, über Geldanlage und die Börse. Wir haben ganz unterschiedliche Überzeugungen, Vorurteile, Erfahrungen, Ziele und Zukunftserwartungen. Mit Intelligenz oder Wissen hat das nur begrenzt zu tun, es sind unsere Erfahrungen. Wer immer nur gespart hat, nimmt eine kleine Korrektur an den Aktienmärkten anders wahr als ein Börsianer mit jahrelanger Erfahrung. Wer den Internet-Crash Anfang des Jahrtausends erlebt hat, wird den Aktiencrash in der Finanzkrise anders empfunden haben als ein Börsen-Neuling. Nicht umsonst heißt es, der erste Crash ist der Schlimmste. Weder ein Studium noch Intelligenz oder gar Einfühlungsvermögen bereiten uns wirklich darauf vor, was Angst und Panik oder auch nur Verunsicherung mit uns anstellen. Wer an der Börse extrem schlechte Erfahrungen gemacht hat wie Telekom-Aktionäre der ersten Stunde, der trägt diese emotionalen Narben erst mal mit sich herum. Wer mit seinen ersten Aktien dicke Gewinne gemacht hat, hat ganz andere Erfahrungen. Es ist immer eine Frage der Perspektive.

Wenn ich mir ansehe, wie gerade die älteren Zuhörer und Zuhörerinnen bei Vorträgen die Augen gequält verdrehen, wenn ich über die T-Aktie als meiner ersten Aktie spreche, kann ich das nur zu gut nachvollziehen. Zumal die Besucher von Börsentagen oder Finanz-Events der Börse ja nicht dauerhaft den Rücken gekehrt haben. Aber auch sie schauen aus der Wäsche, als würden die das Drama von damals noch einmal durchleben – alle damaligen Emotionen inklusive. Es sind Erfahrungen, die sich tief ins Gehirn gebohrt haben. Es sind Emotionen, die nicht schön, sondern sehr schmerzhaft waren. Und die werden wir so leicht nicht los. Aber wir sollten sie irgendwie neu bewerten, als Erfahrungen, die uns doch auch zu besseren Anlegern oder Anlegerinnen machen, oder? Passiert uns das noch mal? Ja, vielleicht. Aber ziehen wir früher die Reißleine? Hoffentlich. Sind wir wieder so naiv und – entschuldigen Sie! – rennen einem Tatort-Kommissar hinterher, der zuvor nicht durch seine Finanz- oder Börsenexpertise aufgefallen ist? Sicher nicht! Machen Sie einen Haken hinter die schlechte Erfahrung mit der T-Aktie und mit jeder anderen Aktie. Lernen Sie daraus, aber entwickeln Sie bitte keine Psychose. Niederlagen, Nieten und Verluste gehören an der Börse dazu. Wir alle machen Fehler.

Andere Länder haben übrigens viel höhere Aktionärsquoten. Das liegt aber weniger daran, dass sie das Thema emotionsloser angingen oder etwas mehr über die Börse wüssten. Es ist oft ihrem Altersvorsorge-System geschuldet – mal gibt es Staatsfonds wie in Skandinavien, mal wird die private Altersvorsorge mit Aktien gefördert. Beispiel USA: Etwas mehr als 60 Prozent der erwachsenen Amerikaner besitzen Aktien, wobei der Anteil unter Besserverdienern und Hochschulabsolventen noch deutlich höher ist und unter Geringverdienern sehr viel niedriger. Insgesamt sind die Amerikaner gegenüber Aktien deutlich aufgeschlossener. Es liegt aber auch und vor allem an einer speziellen Altersvorsorge: dem 401(k)-Programm, das erst 1978 verabschiedet wurde. Dabei handelt es sich um einen Altersvorsorgeplan, der es Arbeitnehmern ermöglicht, einen Teil ihres Einkommens steuerbegünstigt anzulegen. Die Beiträge reduzieren das zu versteuernde Einkommen, während die Erträge steuerfrei bleiben. Geld kann in verschiedene Finanzprodukte wie Fonds oder Aktien investiert werden, und Arbeitgeber können die Beiträge ihrer Mitarbeiter aufstocken. So kommt es auch, dass die Aktionärsquote in den USA so hoch ist. Seit 1998 gibt es zusätzlich den Roth-IRA (die Abkürzung steht für Individual Retirement Account). Bei dieser Variante erfolgen die Einzahlungen nach Steuern, dafür aber sind qualifizierte Auszahlungen im Ruhestand steuerfrei. In Deutschland wird die private Altersvorsorge erst seit 2022 nennenswert gefördert. Die Produkte sind teuer, weniger rentabel und vor Aktien wird – ziemlich zugespitzt formuliert – von der Politik eher gewarnt. Auf eine Aktienrente warten wir vergebens. Wir müssen es wohl bis auf Weiteres selber machen!

Meine Botschaft ist klar: Keine Angst vor der Börse! Natürlich schwanken Börsenkurse. Und wenn es abwärts geht, dann ist das nicht vergnügungssteuerpflichtig. Im Gegenteil. Es fühlt sich nicht gut an, nie. Selbst wenn wir relativ ruhig bleiben, wenn wir Rücksetzer für Zukäufe nutzen, bleibt es dabei: Kursverluste fühlen sich nicht gut an. Im Gegensatz zu Kursgewinnen. Die fühlen sich richtig gut an. Auch wenn das Gefühl mit der Zeit abstumpft. Das schauen wir uns noch genauer an. Ein guter Einstieg, um sich an die Börse heranzutasten, das Auf und Ab zu erleben und zu erleiden, sind Sparpläne. Am liebsten auf Fonds und ETFs, damit auch die Risikostreuung stimmt. Gerade für die Ängstlicheren unter Ihnen ist das ein toller Einstieg. Oder für die Ängstlicheren, die Sie kennen. Denn wenn Sie dieses Buch lesen, dann haben Sie zum Glück keine Angst vor der Börse, halten sie nicht für ein Casino, wissen aber, dass es dort hochemotional zugeht.

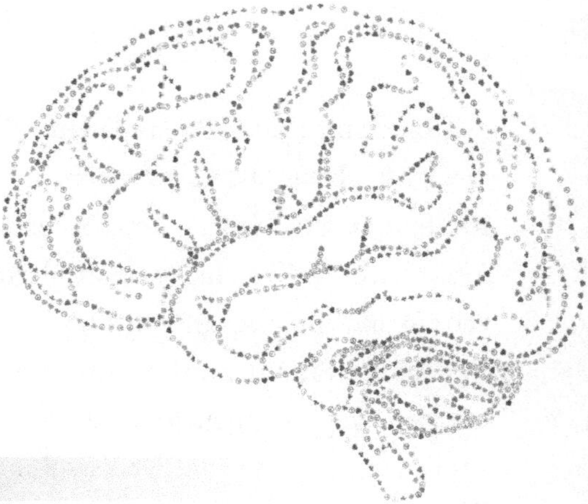

03

Das Problem mit der Aufschieberitis – keine Ausreden mehr!

Kein Geld, keine Zeit, keine Ahnung – es gibt viele Ausreden, warum Menschen mit der Geldanlage nicht anfangen, warum sie sich nicht um ihre Finanzen kümmern. »Ich habe kein Geld« ist auch eine beliebte Ausrede. Dass sie aber in den meisten Fällen nicht zählt, wissen Sie spätestens seit dem Lesen des vergangenen Kapitels. Noch einmal zur Erinnerung: Sie können mit ganz kleinen Summen an der Börse starten. Und das geht einfacher, als Sie denken. Also: Keine Angst vor der Börse. Dass Geld Ihnen wichtig sein sollte oder sogar sein muss, ist auch klar. Es geht um finanzielle Freiheit, finanzielle Unabhängigkeit und um unsere Altersvorsorge. Wer will schon Angst vor Altersarmut haben oder gar in diese hineinrutschen?

Trotzdem gehen viele das Thema nicht aktiv an. Dabei wäre es so wichtig. Denn diese Aufschieberitis kann fatal sein – mit Blick auf unseren langfristigen Vermögensaufbau, mit Blick auf unsere Altersvorsorge. Gesetzliche Rente, dazu vielleicht noch der Riester-Vertrag und ein bisschen Erspartes – das muss reichen für die Rente? Glauben Sie mir, wird es nicht! Schon heute geht es den Ruheständlern längst nicht mehr so gut wie zu Zeiten meiner Großeltern. Studien zeigen immer wieder, dass Rentnerinnen und Rentner den Gürtel enger schnallen müssen und sich große Sorgen um ihre Zukunft machen. Mehr als jeder zweite Ruheständler hat große oder zumindest teilweise große Angst vor Altersarmut. Das geht aus der repräsentativen »HDI Rentner-Studie« hervor, für die Menschen zwischen 63 und 70 Jahren befragt wurden. Mit dem Eintritt in die Rente mussten 76 Prozent der Befragten finanzielle Abstriche machen. Besonders gefährdet von Altersarmut sind anscheinend Mieter. Von ihnen verlassen sich 71 Prozent ausschließlich auf die gesetzliche Rente als Alterseinkommen. Im Durchschnitt liegt diese bei den Befragten zwischen 1.201 und 1.500 Euro monatlich. Von den zur Miete wohnenden Rentnerinnen und Rentnern gaben nur 17 Prozent an, ihren früheren Lebensstandard jetzt im Ruhestand halten zu können.

Sich auf die gesetzliche Rente zu verlassen, führt unweigerlich dazu, dass wir den Gürtel deutlich enger schnallen müssen im Alter. Zum Glück haben viele Rentner heute zusätzliche Einkommensquellen. Gut die Hälfte der Alterseinkommen der Menschen ab 65 Jahre stammen aus der gesetzlichen Rentenversicherung. Das geht aus Zahlen des Bundesministeriums für Arbeit und Soziales hervor. Die gesetzliche Rentenversicherung ist damit die wichtigste Einkommensquelle. Sie zahlt rund 53 Prozent der Alterseinkommen an Menschen ab 65. Die betriebliche Altersversorgung macht rund

7 Prozent aus. Aus den anderen Alterssicherungssystemen stammen 17 Prozent. Hinzu kommen Einkommensquellen wie beispielsweise Erwerbseinkommen, private Vorsorge, Transferleistungen und sonstige Einkünfte. Nur scheint auch das oft nicht zu reichen, wie die HDI-Studie zeigt.

Es sind aber nicht nur die heutigen Rentnerinnen und Rentner, die Angst vor Altersarmut haben. Zum Glück haben auch jüngere Generationen diese Gefahr erkannt. Das zeigt der »Altersvorsorge-Monitor 2025« von Nordlight Research und dem Institut Wirtschaft und Gesellschaft (IWG), der den Status quo der Altersvorsorge in Deutschland analysiert. Immerhin 61 Prozent der 18- bis 60-jährigen Deutschen haben derzeit eine ausgeprägte Angst vor Altersarmut, vor allem Frauen und jüngere Menschen unter 40 Jahren. Nur 5 Prozent der Bundesbürger zwischen 18 und 60 Jahren glauben, bereits ausreichend für ihr Alter vorgesorgt zu haben oder – noch schlimmer – ausreichend vorsorgen zu können. Generell erkennen die meisten aber zum Glück die Notwendigkeit privater Altersvorsorge (95 Prozent), und das ist auch ein sehr wichtiges Sparziel (80 Prozent) für sie. Für ein Drittel hat dieses Ziel sogar oberste Priorität. Die Zufriedenheit mit der bisherigen Zielerreichung ist aber gering. Nach eigener Einschätzung wären monatlich durchschnittlich rund 280 Euro mehr an Sparbeträgen erforderlich, um den eigenen Lebensstandard im Alter zu halten. Na wenn das mal reicht.

Unser Gehirn giert nach der schnellen Belohnung

Private Altersvorsorge tut Not. Ohne geht es eigentlich schon lange nicht mehr, das zeigen die zitierten Studien und die Zahlen des

Ministeriums. Doch warum schieben wir so ein wichtiges Thema auf? Warum fällt es uns so schwer, jahrelang Monat für Monat für das Alter vorzusorgen? Ein Grund ist unser Gehirn, das uns leider einen kleinen Streich spielt. Genau genommen sind es die Belohnungszentren in unserem Oberstübchen. Langfristig zu investieren und über Jahrzehnte hinweg für das Alter zu sparen, mag ein kluger Ratschlag sein, nur leider widerspricht er der Funktionsweise unseres Gehirns. Das giert nämlich nach schnellen Belohnungen. Die Dopamin-Rezeptoren in den Belohnungszentren des Gehirns wollen nicht warten.

Wissenschaftler haben das mit einem häufig wiederholten Experiment bewiesen. Wenn sie ihre Testpersonen beispielsweise vor die Wahl stellen, sie könnten entweder sofort 30 Euro bekommen oder 50 Euro in vier Wochen, entscheidet sich die Mehrheit für die geringere Summe. Sie verzichten damit auf 20 Euro, dafür erhalten sie das Geld aber sofort. Zwei Neurowissenschaftler der Universität Princeton, Samuel McClure und Jonathan Cohen, konnten mithilfe der Magnetresonanztomographie (MRT) nachweisen, dass durch die direkte Belohnung die emotionalen Zentren des limbischen Systems stärker angeregt werden als durch solche, die in ferner Zukunft liegen. Sich jetzt oder in wenigen Wochen und Monaten etwas zu gönnen, ist einfach reizvoller, als jahrzehntelang auf einen mehr oder weniger luxuriösen Ruhestand zu sparen.

Evolutionsbiologisch lässt sich dieses Phänomen übrigens gut erklären. Für unsere Jäger-und-Sammler-Vorfahren ging es ständig um das bloße Überleben. Sie lebten von Tag zu Tag, die kurzfristige Nahrungsbeschaffung war wichtiger als die langfristige Vorratshaltung. Forscher machen unsere Neigung, Belohnungen ohne Verzögerung zu wollen und dabei die Dopamin-Neuronen zum Feuern zu bringen, übrigens auch für diverse Süchte verantwortlich. Auf jeden Fall steht sie dem langfristigen Vermögensaufbau und der Altersvorsorge im Wege. Zumal sich ja viele Altersvorsorgeprodukte nur lohnen, wenn wir sehr alt werden. Eine Wette auf ein langes Leben, die hoffentlich aufgeht.

Vielleicht würde es helfen, konsequent von »Altersvorfreude« statt Altersvorsorge zu sprechen? Damit wäre das Thema positiver besetzt. Aber es geht natürlich immer noch um das Alter, eine Zeit, in der wir irgendwann gebrechlicher, vielleicht auch krank werden. Damit wollen wir uns natürlich nicht wirklich gerne auseinandersetzen. Deshalb spreche ich auch bevorzugt vom langfristigen Vermögensaufbau. Dass wir dieses Vermögen dann im Alter aufbrauchen könnten, darauf müssen wir ja nicht ständig herumreiten. Vermögen aufzubauen klingt doch ganz gut, oder? Auch wenn das Wort »langfristig« natürlich unser Belohnungssystem wenig anspricht. Ob nun »Altersvorsorge«, »Altersvorfreude« oder »langfristiger Vermögensaufbau« – unser Gehirn wird vor Begeisterung kein Dopamin-Feuerwerk entzünden.

Apropos langfristig: Eine weitere Ausrede, die leider weitverbreitet und nicht ganz ungefährlich ist: »Ich habe noch Zeit.« Das mag stimmen, wenn Sie 20 Jahre alt sind und planen, erst mit 25 Jahren mit dem Vermögensaufbau und der Altersvorsorge zu beginnen. Dann müssen Sie es aber bitte auch tun. Es immer weiter in die Zukunft zu verschieben, ist keine Lösung. Zumal die Summen, die Sie Monat für Monat aufbringen müssen, um Ihre Rentenlücke zu schließen, immer größer werden. Wollen Sie das wirklich? Wenn Sie schon älter sind, sollten Sie aber mit Blick auf Ihre Rentenlücke nicht resignieren. »Ich habe den richtigen Zeitpunkt verpasst« ist ebenfalls so ein Satz, den ich immer wieder höre. Egal, ob es um den »richtigen« Zeitpunkt geht, in Aktien zu investieren – gemeint ist damit dann meistens ein Tiefpunkt des Marktes, bevor es kräftig aufwärts geht –, oder eben um Ihre Altersvorsorge oder den langfristigen Vermögensaufbau: Der richtige Zeitpunkt ist jetzt! Man kann sich natürlich darüber ärgern, nicht früher angefangen zu haben, nicht früher eingestiegen zu sein. Aber was bringt das? Außer schlechter Laune und Sorgenfalten auf der Stirn nicht viel, oder? Anstatt also ständig mit sich selbst zu hadern, machen Sie es ab jetzt besser.

Ganz so leicht ist es nur leider nicht, zumindest nicht für jede und jeden von uns. Dann auch unser Verhältnis zur Zeit kann unsere Neigung zum Sparen (und Vorsorgen) beeinflussen. Wir denken ganz unterschiedlich über Vergangenheit, Gegenwart und Zukunft. Manche leben eher in ihren Erinnerungen, für andere zählt einzig das Hier und Jetzt und wieder andere denken vor allem an das, was noch kommt. Weniger überraschend ist, dass Menschen, die eher über die Zukunft nachdenken, statistisch gesehen eher zum Sparen neigen als andere. Ein Automatismus ist das aber nicht. Studien haben gezeigt: Wir müssen schon wissen, wie man spart. Ob unsere Neigung zum Sparen zu- oder abnimmt, hängt entscheidend davon ab, ob wir die Notwendigkeit überhaupt erkennen. Und selbst wenn uns glasklar ist, dass wir sparen müssen, beispielsweise für die Altersvorsorge, dann kommt wieder der Faktor Zeit ins Spiel. Wann ist der richtige Zeitpunkt, um zu starten? Der Ruhestand kann ja mitunter noch eine gefühlte Ewigkeit entfernt sein. Haben wir noch lange Zeit? Und verdienen wir nicht später auch besser und können dann leichter für das Alter vorsorgen? Oder machen wir uns etwas vor? Claudia Hammond hat sich dem Thema ausführlich in ihrem Buch *Time Warped* gewidmet.[2]

Das Problem mit der Aufschieberitis

Wer allerdings an Aufschieberitis leidet, hadert wahrscheinlich immer weiter, anstatt endlich anzufangen – und verliert weiter Zeit. Aufschieberitis klingt ganz witzig, oder? Ist es aber nicht. Es gibt sogar einen psychologischen Fachbegriff dafür: Prokrastination. Das Aufschieben wichtiger oder notwendiger Aufgaben ist dabei schon pathologisch. Dinge, die man eigentlich erledigen muss, schieben und schieben und schieben wir vor uns her. Bei manchen ist es nur die Bügelwäsche oder ein Vorsorgetermin beim Arzt. Die Steuererklärung schieben auch viele Menschen vor sich her, manchmal sogar jahrelang. Und die Altersvorsorge sowieso. Prokrastination hat aber nichts mit Faulheit zu tun. Sie kann unterschiedliche Ursachen haben, mitunter sind es zu hohe Ansprüche. Es kann aber auch schlichtweg Unsicherheit sein oder sogar die Schwierigkeit, zwischen Trieben und Verstand zu balancieren. Betroffene sind sich der Prokrastination übrigens sehr bewusst, was dann oft noch zusätzlich zu Unruhe oder negativen Gefühlen führt. Aber diese Aufschieberitis ist eben auch fatal, wenn es darum geht, finanzielle Freiheit und finanzielle Unabhängigkeit zu erreichen. Experten raten, kleine Schritte zu machen, um die Prokrastination zu überwinden.

Bei »kleinen Schritten« fallen mir sofort Sparpläne ein. Sie sind ein guter Einstieg an der Börse, ein Start für den langfristigen Vermögensaufbau und die Altersvorsorge. Ein Fonds- oder ETF-Sparplan ist eigentlich immer sinnvoll, weil wir regelmäßig Geld anlegen. Sie können mit ganz kleinen Summen an der Börse loslegen. Je nachdem, was Ihr Budget hergibt und was Ihre Bank oder Ihr Online-Broker anbietet, können Sie in Raten ab 25 Euro sparen. Manchmal geht es schon ab 10 Euro, eigentlich immer ab 50 Euro. Es muss auch gar nicht monatlich gespart werden. Viele Banken und Broker bieten auch Intervalle von zwei, drei oder sechs Monaten an. Mit der von der Bank vorgegebenen minimalen Sparrate können Sie Aktien, Fonds oder börsengehandelte Indexfonds (ETFs) besparen. Mehr geht natürlich immer und ist auch sinnvoll, wenn Sie Vermögen aufbauen wollen. Der Abschluss eines ETF-Sparplans ist denkbar einfach. Er ist mit wenigen Klicks angelegt. Danach passiert alles ganz automatisch. Ein perfekter Weg, um die Aufschieberitis auszutricksen. Einen Sparplan auf einen global investierenden Aktien-ETF einzurichten, ist ein sehr kleines, überschaubares Projekt und erfordert keine ausgeklügelte Finanzstrategie.

Das ist vor allem für Anfänger, aber auch für Fortgeschrittene psychologisch übrigens sehr entspannt. Denn emotionale Fallstricke gibt es so gut wie keine. Es sei denn, wir werden panisch und kündigen den Sparplan bei den nächsten Turbulenzen und räumen das Depot leer. Das sollten Sie lassen! Ansonsten gilt: Mit einem Sparplan weichen wir der Frage nach dem richtigen Timing zum Einstieg geschickt aus. Wir disziplinieren uns quasi selbst, und die Zeit arbeitet für uns. Egal, ob es an der Börse gerade aufwärts oder abwärts geht. Egal, ob wir tendenziell gerade eher gierig oder ängstlich sind. Unsere Emotionen spielen einfach keine Rolle, der Sparplan läuft und läuft. Das zahlt sich langfristig aus. Denn von sinkenden Kursen profitieren wir sogar. Fallen die Kurse, bekommen wir bei der nächsten Ausführung mehr Anteile. Steigen die Kurse, gibt es weniger Anteile. Wir legen automatisch antizyklisch an. An der Börse eine ziemlich gute Idee.

Sicherlich auch sehr beruhigend: Mit Sparplänen bleiben Sie maximal flexibel. Sie können jederzeit die Rate ändern oder den Sparplan aussetzen. Das geht im Internet mit wenigen Klicks. Sie können ihn auch jederzeit beenden. Die bisher angesparten Anteile bleiben dabei im Depot. Es ist dann Ihre Entscheidung, ob Sie sie dort liegen lassen oder ob Sie die Position verkaufen. Zudem lässt sich jederzeit Geld entnehmen, indem Sie Fonds- oder ETF-Anteile verkaufen. Gerade wenn Sie noch am Anfang Ihres Vermögensaufbaus sind, ist das eine beruhigende Alternative. Ich bin ein sehr großer Fan von Sparplänen und habe seit Jahren mehrere. Mitunter wundere ich mich sogar, wie sehr sich das lohnt, wie viel Geld da zusammenkommt. Noch einmal zur Erinnerung: Auf lange Sicht bringen Investitionen in den internationalen Aktienmarkt im Schnitt bis zu 8 Prozent pro Jahr. Wenn Sie durchhalten und stur mit ETFs oder Fonds sparen, dürften Sie sich ein stattliches Vermögen aufbauen.

Ein kleines Vermögen mit vergleichsweise geringer Sparrate

Wie stattlich? Das kommt natürlich auf die Sparrate an. Wenn Sie aber beispielsweise 30 Jahre lang 200 Euro pro Monat investieren, kommt bei einer Rendite von durchschnittlich 6 Prozent pro Jahr ein Betrag von rund 195.000 Euro zusammen. Und wenn die Rendite sogar bei 8 Prozent liegt, die Sparrate aber geringer ist? Wenn Sie 30 Jahre lang Monat für Monat 100 Euro in einen Sparplan einzahlen, könnten daraus bei einer jährlichen Rendite von 8 Prozent rund 140.000 Euro werden. Nicht schlecht, oder? Dieses Beispiel zeigt übrigens auch, dass sich Sparen sehr wohl lohnt. Oder besser: regelmäßiges Investieren. Die Kosten für den Sparplan spielen dabei eine untergeordnete Rolle. Bei thesaurierenden ETFs bleiben die Erträge aus Dividenden im Fondsvermögen und steigern auf lange Sicht den Gewinn. Ganz konkrete Zahlen zu einzelnen Fonds und ETFs finden Sie in der Sparplan-Statistik des Fondsverbands BVI. Natürlich sind auch Sparpläne vor den Schwankungen an den

Kapitalmärkten nicht sicher. Der Wert der bereits angesparten Anteile schwankt genau wie andere Positionen im Depot, aber langfristig stimmt die Rendite. Nach Berechnungen der Stiftung Warentest gab es bei Sparplänen auf den MSCI World seit Ende 1969 bei einer Spardauer von mindestens 20 Jahren übrigens keinen einzigen Fall mit Verlusten.

Oft ist ein Grund für die Aufschieberitis auch Unwissen, Unsicherheit, fehlendes Wissen. Wenn es um das eigene Geld geht, möchte man keine Fehler machen. Denn Fehler kosten Geld. Aller Anfang ist schwer, heißt es. Aber das stimmt gar nicht. Aller Anfang ist höchstens aufregend, eine Herausforderung, aber nicht zwangsläufig schwer. Im Gegenteil. Manchmal ist alles viel einfacher, läuft viel entspannter als erwartet. Mitunter läuft es sogar richtig gut mit dem Neuanfang. Mit Ihrer Geldanlage geht es Ihnen hoffentlich genauso oder zumindest ähnlich. Selbst wenn Sie anfangs sehr unsicher sind, ob Sie das Richtige tun, lohnt es sich auf jeden Fall, anzufangen, sich um die eigenen Finanzen sehr viel intensiver zu kümmern. Und was Ihre mögliche Unsicherheit angeht: Es wird besser, ganz sicher. Natürlich tun wir uns oft schwer mit Veränderungen. Von der Sparerin zur Anlegerin, vom Sparbuch-Besitzer zum Aktiendepot-Inhaber – das ist eine ziemliche Veränderung, ein ziemlich großer Schritt. Aber es geht ja auch gar nicht darum, die Aktienquote von null auf 100 hochzufahren. Das wäre sowieso völlig übertrieben. Tasten Sie sich heran an das Neue. Machen Sie erste Erfahrungen. Schauen Sie, wie sich das anfühlt. Aber auf Ihrem Weg zu mehr finanzieller Freiheit, zu mehr Altersvorfreude brauchen Sie den Renditebringer Aktie auf jeden Fall. Fangen Sie einfach an, je früher desto besser. Gehen Sie das Ganze entspannt an, Schritt für Schritt. Mit Blick auf die Finanzen bin ich überzeugt: Aller Anfang ist nicht schwer. Auch kleine Schritte zählen auf Ihrem Weg zu mehr finanzieller Freiheit. Viele haben einfach Angst, etwas falsch zu machen. Und deshalb machen sie einfach gar nichts. Das ist aber der größte Fehler! Machen Sie lieber nur 80 Prozent richtig, als 100 Prozent gar nichts.

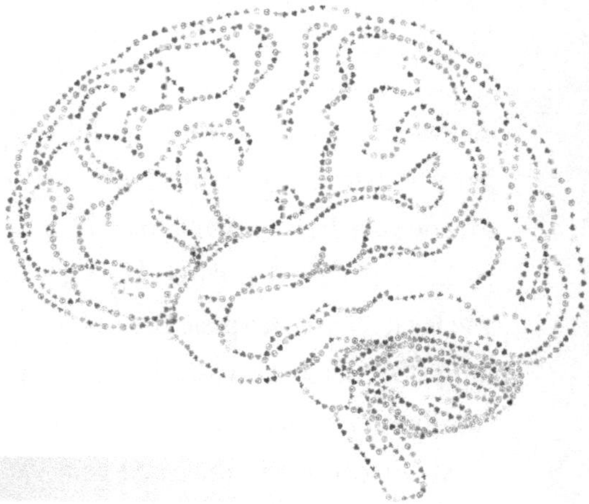

04

Die Börse ist kein Casino – Spieler tummeln sich dort trotzdem

Warum eigentlich haben Aktien in Deutschland einen so extrem schlechten Ruf? Diese Frage habe ich mir schon oft gestellt. Und wenn ich sie anderen gestellt habe, dann waren die Antworten oft ziemlich emotional – der Tonfall, die Atmung und natürlich die Formulierung. Viel zu riskant, Teufelszeug, nur was für Reiche oder auch nur was für Spekulanten und Zocker – die üblichen Vorurteile. Besonders oft bekomme ich aber zu hören, dass die Börse ein Casino sei. Und das in einem Land, in dem es mehr Lottospieler als Aktionäre gibt! Aktionäre sind doch keine Spieler, zumindest die überwiegende Anzahl nicht. Sie sind Investoren, sie denken langfristig und sie agieren sehr bedacht. Aber das wollen viele einfach nicht hören und frönen ihren Vorurteilen von extremer Gefahr, hohen Verlusten und undurchsichtigen Machenschaften großer Finanzhaie. Ich kann all diese Vorurteile entkräften, aber viele davon kann ich auch verstehen. Es gibt immer wieder negative Beispiele für übelste Zockerei mit Aktien. Es gibt immer wieder Zocker, die die Börse zum Casino machen oder doch zumindest machen wollen.

Aber natürlich ist die Börse kein Wettbüro, keine Spielhalle und auch kein Casino. Sie ist ein Marktplatz, an dem Unternehmensbeteiligungen, Schuldverschreibungen und Rohstoffe gehandelt werden. Schuldverschreibungen sind Anleihen. Wer eine solche Anleihe kauft, leiht einem Staat oder einem Unternehmen Geld – für einen zuvor verabredeten Zeitraum, die Laufzeit der Anleihe, und zu einem in der Regel fixen Zinssatz, dem Kupon. Wer würde es als Zockerei betrachten, Deutschland oder den USA Geld zu leihen? Bei Unternehmen sieht es mitunter anders aus, wenn sie über keine gute Bonität und damit kein gutes Rating verfügen. Aber für solide Firmen gilt, dass es natürlich keine heiße Wette ist, ihnen Geld zu leihen. Und dann die Aktien. Sie sind zwar in der Regel riskanter als Anleihen, und ihre Kurse schwanken stärker, aber auch sie sind keine Zockerprodukte, sondern Unternehmensbeteiligungen. Wer eine Aktie kauft, der beteiligt sich an einer Firma. Im Grunde werden Sie als Aktionär also Unternehmer.

Genau so sollten Sie auch denken. Unternehmer denken und planen langfristig. Natürlich wollen sie Geld verdienen, aber sie erwarten nicht, dass sich eine Investition in den eigenen Betrieb binnen weniger Tage oder Wochen auszahlt und den Gewinn merklich erhöht. Das dauert, aber ein langer Atem zahlt sich eben oft aus. Genauso ist es an der Börse. Wenn Sie Aktien kaufen, sollten Sie langfristig investieren. Manche raten zu einem Anlagehorizont von fünf Jahren, ich würde eher zehn oder mehr Jahre wählen. Denn dann können Sie auch Kursturbulenzen oder vielleicht sogar einen Crash aussitzen und Durststrecken überstehen. Denn die wird es geben. Das gehört zur Börse einfach dazu. Aber langfristig stimmt die Rendite dann eben doch. Es gibt sicherlich Unternehmer, die ihr Lebenswerk im Casino verzockt haben. Aber das eigene Unternehmen an die Börse zu bringen, hat genauso wenig mit Zockerei zu tun wie ein Investment in Aktien eines anderen Unternehmens.

Manchmal denke ich übrigens, dass die Branche auch selber ein bisschen Schuld daran ist, dass die Börse so einen schlechten Ruf hat. Finanzexperten sprechen von »Blue Chips«, wenn sie die großen Standardwerte im amerikanischen Dow Jones oder auch im Dax meinen. Wundern Sie sich wirklich, wenn viele das dann mit einem Casino assoziieren? Sie sprechen von »Wetten« und davon, »ins Risiko zu gehen«. Händler »geben« oder »nehmen« Aktien oder Anleihen. Kauf- und Verkaufskurse werden mit »Bid« und »Ask« angegeben. Nicht gerade Formulierungen, die mit dem Vorurteil aufräumen, die Börse sei bloßes Spiel und heftige Zockerei. Wer Wettspiel- und Casino-Vokabular verwendet, darf sich eigentlich nicht wundern, wenn dann die entsprechenden Vorurteile bedient werden.

Es gibt an der Börse natürlich Chancen und Risiken. Darin unterscheidet sie sich gar nicht so sehr von einem Casino. Nur lassen sich die Chancen und Risiken am Kapitalmarkt sehr viel besser kontrollieren und vor allem managen. Um es zugespitzt zu formulieren: Im Casino gewinnt die Bank immer, an der Börse aber haben wir verdammt gute Chancen, vor allem dann, wenn wir breit gestreut und sehr langfristig anlegen. Aber auch wer auf Einzelaktien setzt, hat gute Chancen, auch wenn die Risiken etwas höher sind. Aktieninvestments sind bei Weitem nicht so riskant wie Roulette und Co.

Es gibt aber leider immer wieder Übertreibungen – in die eine und in die andere Richtung. Manchmal sind ganze Märkte, einzelne Branchen oder Unternehmen unterbewertet, manchmal überbewertet. Wie auf jedem anderen Markt auch bestimmen Angebot und Nachfrage den Preis. Mal wird weniger angeboten, mal weniger nachgefragt. Manchmal fallen die Preise stark, manchmal steigen sie stark. Aber es sind immer noch Unternehmensbeteiligungen, die an der Börse gehandelt werden (oder andere Anlageklassen). Unternehmensbeteiligungen sind Sachwerte. Unternehmen wirtschaften und haben eine Strategie, sie verdienen oder verlieren Geld, sie investieren, sie schütten Gewinne aus. All das sind die sogenannten Fundamentaldaten, daraus ergeben sich Chancen und Risiken. Wenn wir an ein Unternehmen, sein Geschäftsmodell und seine Vision glauben und damit richtig liegen, dann sollte eine Investition langfristig aufgehen. Die Börse ist ein wichtiger Baustein der Unternehmensfinanzierung, auch das sollten wir nie vergessen.

Das große Zocken um die Jahrtausendwende

Aber es stimmt eben auch, dass es immer wieder Privatanleger und manchmal sogar professionelle Investoren gibt, die die Börse zum Casino machen. Manchmal erfasst die Spielsucht gefühlt auch den ganzen Markt. Dann wird gezockt wie verrückt. Dann verfallen alle dem Rausch der Spekulationsgewinne. Es entstehen Blasen. Ein Beispiel aus der jüngeren Vergangenheit für einen solchen Rausch ist auf jeden Fall der Hype um die »New Economy« zur Jahrtausendwende. Was für eine Party, was für ein Rausch und – leider auch das – was für ein Kater! Aber der Reihe nach: Viele erkannten in der zweiten Hälfte der 1990er-Jahre, dass das Internet eine revolutionäre Innovation war. Das stimmte auch. Nur führte diese sehr richtige Erkenntnis an der Börse zu einer extremen Übertreibung. Jeder wollte bei der Rally der Internetaktien dabei sein. Viele, die jahrelang eher konservative Aktien – die guten alten Witwen-und-Waisen-Papiere aus der Versicherungs-, Pharma- oder Energiebranche – gekauft hatten, erlagen der Gier und setzten auf einmal verstärkt auf Internetaktien. Oft viel zu spät, denn die Rally war gegen Ende der 1990er-Jahre fast gelaufen und näherte sich ihrem Höhepunkt. Dann folgte der Crash, und der war richtig übel. Viele verkauften deutlich zu spät, oft aus Angst vor noch höheren Verlusten. Viele Privatanleger hatten nicht nur auf das falsche Pferd gesetzt, sondern mussten auch noch für ihren Favoritenwechsel zahlen.

Auch an der Börse Frankfurt wurde die rauschende Internet-Party gefeiert, aber nicht nur in Dax, MDax und SDax. Es war vor allem ein ganz neues Börsensegment, das viele Zocker anzog und begeisterte – auch mich. Der Neue Markt sollte in den 1990er-Jahren das Pendant zur amerikanischen Technologiebörse Nasdaq werden. Er war eine gigantische Erfolgsgeschichte, zumindest ein paar Jahre lang. Immer neue, extrem innovative Unternehmen strebten an die Börse und zündeten wahre Kursraketen. Es waren meine Anfangsjahre an den Finanzmärkten. Börse war so herrlich einfach! Ich konnte eigentlich fast blind irgendetwas »mit Internet« oder einen aufkommenden Biotechnologie-Superstar kaufen und binnen Monaten, oft nur Wochen, dicke Gewinne einfahren. Der Gewinn war scheinbar garantiert. Es gab nur Chancen, aber keine Risiken. Ich habe damals munter mitgezockt und sensationelle Gewinne eingefahren. Die Biotech-Aktien BB Biotech und Qiagen, der Technologiekonzern Medion, aber auch die Internetriesen AOL und Amazon, beide an der New Yorker Technologiebörse Nasdaq notiert, bescherten mir hohe Gewinne. Aktienkurse verdoppelten oder vervierfachten sich binnen weniger Monate. Schon mit kleinen Einsätzen ließ sich ein schöner Gewinn machen.

Wenn ich ehrlich bin, war es damals wirklich wie im Casino. Nur hieß es eben nicht: »Die Bank gewinnt immer«, sondern: »Die Investoren gewinnen immer.« Obwohl das mit durchdachtem, langfristigem Investieren nichts zu tun hatte. Es war das pure Zocken, zumindest bei sehr vielen Privatanlegern, auch bei mir. So sahen wir das damals aber nicht. Wir waren wie auf Drogen, im Rausch, gierig, größenwahnsinnig. Warum auch nicht? Alles war möglich. Hohe Gewinne schienen hundertprozentig sicher. Wer nicht dabei war, war selber schuld. Ich erinnere mich an Mitstudierende, die ihre Nebenjobs an den Nagel hängten und lieber an der Börse zockten. Überhaupt waren die Medien – von der renommierten Wirtschaftszeitung über das Anlegermagazin bis zum Börsenbrief – voll von tollen Geschichten über Menschen, die zum hauptberuflichen und sehr erfolgreichen Investor wurden. Sie investierten in die Technologie der Zukunft, in die zukünftigen Blue Chips, in noch ganz junge Unternehmen, die aber eine sehr große Zukunft zu haben schienen. Der Neue Markt brachte Goldgräberstimmung an die Börse. Die Aussicht auf schnellen Reichtum lockte Tausende Privatanleger an die Börse. Der Börsenaltmeister André Kostolany warnte damals: »Alles wird mit einem fürchterlichen Krach enden.« Aber das wollte niemand hören. Der kleine Mann mit der Fliege wurde belächelt. Genau wie andere renommierte Investoren, die zurecht warnten.

Mein erster Crash: das Platzen der Internetblase

An der Börse geht es nicht immer aufwärts. Natürlich nicht. Es gibt wirklich grauenvolle Börsenjahre, es gibt schreckliche Crashs. Aber mein erster Mega-Absturz war wirklich ein Schock. Sie ahnen es bereits: Es war das Platzen der Internetblase Anfang des Jahrtausends. Ich hatte bekanntlich erst einige Jahre Erfahrung an der Börse. Größere Kursschwankungen hatte ich eigentlich noch nicht erlebt, vor allem aber keine längere schwache Börsenphase, geschweige denn einen Absturz. Meine ersten Jahre als Anlegerin waren extrem gute Börsenjahre. Es lief einfach sensationell. Ich hatte jede Menge Gewinner im Depot und eigentlich so gut wie keine Verlierer. Dann platzte die Internetblase, die sich über Jahre aufgepumpt hatte.

Es knallte kräftig an der Börse. Monatelang. Jahrelang. Schon im Jahr 2000 kippte die Stimmung langsam, der Dax verlor 7,5 Prozent, im Jahr 2001 waren es dann sogar knapp 20 Prozent. Ich war schockiert. Was passierte da? Woher plötzlich die schlechte Stimmung, all die kritischen Berichte und die Kursverluste? Es war doch gerade noch so extrem gut gelaufen! Allein 1999 ging es mit den deutschen Standardwerten knapp 40 Prozent aufwärts, im Jahr davor waren es knapp 18 Prozent. Und 1995 waren es sogar gigantische 47 Prozent. Ich hatte meine erste Aktie 1996 gekauft: die T-Aktie – mein persönlicher Börsengang startete gleich mit einem Börsengang. Und dann kamen viele weitere Aktien hinzu. Für mich war die Börse jahrelang eine Einbahnstraße. Aber das ist sie natürlich nicht. Korrekturen und Crashs gehören leider auch dazu. Und sie tun weh, sehr weh. Mitunter lösen sie bei uns Investorinnen und Investoren auch Panik aus.

Auch wenn ich nicht völlig panisch wurde, habe ich trotzdem gelitten. Meine Kursgewinne schmolzen dahin, allerdings war ich eher an der New Yorker Börse investiert, weniger im Dax. Aber der Crash war kein deutsches Phänomen. Im Gegenteil. Auch an der Wall Street und am Times Square, dem Sitz der Nasdaq, war die Internet-Party gefeiert worden und auch dort stürzten die Kurse ab. Mit ihnen schmolz mein Kursgewinn. Das ist natürlich ein Störgefühl und löst ein extremes Unwohlsein aus. Das will man nicht erleben. Mitunter tut es fast physisch weh, wenn es an der Börse knallt. Kennen Sie dieses Gefühl? 2000 und 2001 waren schmerzhaft – und übrigens eine Premiere: Zum ersten Mal verlor der Dax in zwei Jahren hintereinander an Wert. Es sollte noch schlimmer kommen. Es folgte noch ein drittes Verlustjahr, und das war richtig schlimm, denn 2002 knallte es dann wirklich. Der Dax verlor unglaubliche 43,9 Prozent. Damals haben sich viele Neu-Aktionäre von der Börse verabschiedet. Was für ein Desaster! An der Börse wird doch nur Geld verbrannt!

Das ist natürlich Unsinn. So habe ich auch nicht gedacht. Mich hat die Börse sehr fasziniert, daran konnte auch mein erster Crash nichts ändern. Meine Leidenschaft war geweckt, ich habe sie nie mehr verloren und sogar zu meinem Beruf gemacht. Als es knallte, war ich schon in der Börsenredaktion von *DM Online*. *DM* gibt es heute nicht mehr. Das Magazin war extrem nutzwertig, eine direkte Konkurrenz zu *Capital*. Meinen ersten Crash habe ich so nicht nur als Investorin mit wenig Erfahrung, sondern auch als junge Redakteurin erlebt. Es war einerseits wahnsinnig aufregend, aber andererseits auch ziemlich ätzend (wenn ich das so deutlich formulieren darf). Die Panik an den Märkten hat mich leider auch ein bisschen angesteckt, das gebe ich zu. Auch ich habe die eine oder andere Aktie in den Crash hinein verkauft. Manchmal war das gar nicht so schlecht, oft aber ein Fehler. Wir »bluten« wohl alle, in solchen Phasen. Mal mehr, mal weniger. Ich habe aber nicht alles verkauft, vieles behalten. Der Börse bin ich treu geblieben. Ich habe sehr viel gelernt in meinem ersten Crash und eben auch einiges Lehrgeld gezahlt. Das gehört wohl dazu.

Vor allem eine Lektion war sehr wichtig: Auch an den Aktienmärkten folgt auf Regen Sonnenschein. Und was für ein Sonnenschein! 2003 schaltete der Dax in den Erholungsmodus, kletterte um stolze 37 Prozent in die Höhe. Natürlich waren die Verluste damit längst nicht wettgemacht. Das dauerte leider bis ins Jahr 2007. Damals markierten viele Indizes sogar wieder neue Rekorde. Der Crash war zwar nicht vergessen, aber doch »verdaut«. Das gilt aber nicht für die deutsche Wachstumsbörse. Der Neue Markt hat den Crash nicht überlebt. Eigentlich war das auch keine Wachstumsbörse, es war ein riesiges Casino, ein Paradies für Zocker. Die Gier kannte keine Grenzen, auch meine Gier nicht. »All in« war das Motto, volles Risiko. Konservatives Anlegen? Eine langfristige Strategie? Breite Risikostreuung? Dafür hatten die meisten Zocker am Neuen Markt wenig bis nichts übrig. Auch ich nicht.

Die Party war berauschend und sie schien niemals enden zu wollen. Pünktlich zu seinem dritten Geburtstag am 10. März 2000 erreichte der Neue Markt seinen Höchststand. Der Nemax All Share, in dem alle Werte gelistet waren, schloss auf einem neuen Allzeithoch von 8.559 Punkten. Der Nemax 50, der Auswahlindex der 50 größten Werte, stieg im Handelsverlauf auf 9.694 Punkte. Doch schon am nächsten Tag war die Party vorbei. Völlig verrückt, aber auf die Rekorde folgte eine rasante Talfahrt. Das tat wirklich weh! Anfang April 2001, rund drei Monate nach dem Allzeithoch, stürzte der Nemax 50 von fast 9.700 unter die Marke von 1.300 Punkten. Eine absolute Katastrophe! Der Wert der Depots viertelte, achtelte sich binnen weniger Wochen. Den Ausstieg schafften wohl die wenigsten Privatanleger rechtzeitig. Man konnte sich nur verwundert die Augen reiben.

Die Frage, wie das passieren konnte, ist im Nachhinein einfach zu beantworten. Eigentlich. Die Erfolgsgeschichte des Neuen Marktes war leider zu schön, um wahr zu sein. Das neue Börsensegment war in atemberaubender Geschwindigkeit gewachsen. Immer mehr

Unternehmen notierten an der deutschen Nasdaq-Kopie. Viele Start-ups, die es damals auf das Parkett zog und denen die Privatanleger die Aktien nur so aus den Händen rissen, waren nur leider alles andere als börsenreif. Aber das interessierte damals kaum jemanden, zu groß war die Phantasie. Vor allem die Börsen-Neulinge zeichneten alles, was angeboten wurde. »Die ganze Börse hängt nur davon ab, ob es mehr Aktien gibt als Idioten – oder umgekehrt«, sagte Kostolany einst. Wohl wahr. Der Ansturm am Neuen Markt war so groß, dass Anleger beim Börsengang oft gar keine Anteile oder nur einen Bruchteil der gezeichneten Papiere bekamen. Das kam einer heißen Wette im Casino relativ nah, war eine Art Roulette oder Losziehung. Wer zu den »Gewinnern« zählte und Aktien zugeteilt bekam, konnte sich freuen. Schon am ersten Handelstag schossen die meisten Aktien durch die Decke. Eine ziemlich sichere Sache, denn Ausnahmen gab es kaum.

Kennzahlen, auf die Börsianer bisher geachtet hatten, waren plötzlich nichts mehr wert. Dividendenrenditen, also das Verhältnis der Gewinnausschüttung zum Aktienkurs? Langweilig. Wer braucht schon Dividenden, wenn doch die Kurse durch die Decke schießen? Kurs-Gewinn-Verhältnis, kurz KGV? Unwichtig, etwas für Spießer, für extrem risikoscheue Investoren. Das KGV gab es ja eigentlich auch gar nicht, denn die wenigsten Unternehmen am Neuen Markt verdienten überhaupt Geld. Kurs-Buchwert-Verhältnis? Völlig überholt. Zukunftsperspektiven, pure Phantasie, nur das war es, was zählte.

Die Rally am Neuen Markt, und nicht nur dort, war leider einfach zu extrem. Es ist an der Börse so eine Art Naturgesetz: Blasen platzen, wenn der Druck zu heftig wird. Übersetzt heißt das: Überbewertungen werden abgebaut. Doch das ist nur die halbe Wahrheit. Es waren nicht einfach nur Überwertungen, es war auch viel Lug und

Betrug. Nur wollte eben niemand so genau hinschauen. Wir waren wie im Rausch. Börsengewinne sind wie Kokain – im Gehirn lösen sie dieselben chemischen Reaktionen aus. Wenn im Rausch einfach alles gekauft wird, einfach jede Wachstumsstory geglaubt und blind vertraut wird, dann lockt das leider oft auch Betrüger an. Davon gab es am Neuen Markt leider einige. Frisierte Bilanzen, eiskalter Insider-Handel und heftigster Kursbetrug gaben der »New Economy« den Rest. Erinnern Sie sich noch an Comroad? Der Münchner Telematik-Spezialist hatte fast seine gesamten Umsätze erfunden. Auch die schillernden Brüder Thomas und Florian Haffa landeten vor Gericht. Die beiden EM.TV-Gründer, die auch das eine oder andere Society-Magazin geziert hatten, wurden jahrelang als Millionärsmacher gefeiert. Doch schließlich mussten sie doch eingestehen, dass die Bilanzen ihrer Medienfirma EM.TV nicht stimmten.

Das sind nur einige der gefallen Superstars am Neuen Markt. Die Frankfurter Wachstumsbörse verkam zum Spielplatz für Betrüger und Hochstapler. Die Pleiten häuften sich. Die Kurse stürzten immer weiter ab. Ende August 2001 fiel der Nemax 50 im Handelsverlauf unter die Marke von 1000 Punkten – die Party war vorbei und der Kater immens. Nach den Anschlägen vom 11. September 2001 brachen die Kurse weiter ein. Erholt hat sich der Neue Markt nicht mehr. Am 5. Juni 2003 wurde das Wachstumssegment beerdigt. Viele Börsianer hatten sich übel verzockt. Der Absturz hatte tiefe Krater in ihren Depots hinterlassen. Oft waren nicht nur die Gewinne weg, auch der Einsatz war verloren und das Casino geschlossen.

Im Nachhinein frage ich mich manchmal, wie wir alle so verrückt und so unglaublich gierig sein konnten. Gut, ich war blutige Anfängerin, hatte wenig Ahnung von der Börse, von Kennzahlen, von Strategien. Aber da waren ja auch viele Profis dabei, die mit uns zockten. Es war wirklich irre: Fundamentaldaten zählten nicht mehr. Bewertungen sowieso nicht. Unternehmen, die Monat für Monat immer nur Geld verbrannten, waren an der Börse mehr wert als gut verdienende Dax-Konzerne. Wie kann man das erklären? Gar nicht. Viele dieser jungen Wachstumsunternehmen, dieser Start-ups ohne glaubwürdige Strategie, hatten im Grunde am Aktienmarkt nichts zu suchen. Trotzdem waren Firmen, die nur aus ein paar Leuten, Computern und Büros bestanden, an der Börse damals mehr wert als BMW, die Deutsche Bank oder Siemens. Dass das ziemlich übertrieben ist, hätte eigentlich jedem bewusst sein müssen, der einigermaßen klar denken kann. Aber die meisten Anleger waren zu dieser Zeit eben weder vernünftig noch rational. Die Emotionen kochten hoch – Börsenpsychologie pur.

Eigentlich war die Idee des Börsensegments aber richtig gut: Schnell wachsende Unternehmen aus Bereichen wie Umwelttechnik, Telekommunikation, Biotechnologie und Internet sollten sich einfacher mit Risikokapital versorgen können. Das hat auch in einigen Fällen sehr gut funktioniert. Die Erfolgsgeschichte mancher Biotech- oder IT-Firmen wäre ohne den Neuen Markt gar nicht denkbar gewesen. Der Biotechnologiekonzern Qiagen ist ein Beispiel. Aber es gibt eben auch all die vielen (Beinahe-)Pleiten, die vielen abgestürzten einstigen Börsenstars. An der Börse wird die Zukunft gehandelt, heißt es immer. Das stimmt auch. Nur haben wir uns die Zukunft sehr rosarot ausgemalt. Die Realität dabei aber komplett auszublenden, ist schon irre.

Viele fühlten sich angesichts der sportlichen Rally der »Magnificent Seven« an die Zeiten des Neuen Marktes erinnert. Die Aktien von Amazon, Apple, Alphabet, Meta, Microsoft, Nvidia und Tesla führten jahrelang die Gewinnerlisten an, ihre Aktienkurse und damit Bewertungen stiegen in immer neue Höhen. Die »Glorreichen

Sieben« führten die Rally an und waren für einen Großteil der Performance der US-Börsen verantwortlich. Immer wieder gab es Zweifel, ob das alles nicht zu viel des Guten sei. Und dann kamen die Vergleiche mit der Technologieblase um die Jahrtausendwende herum. Ob die Kurse nicht vielleicht irgendwann zu hoch waren (oder sind), ob die Bewertungen zu sportlich sind, das muss jeder Anleger und jede Anlegerin für sich selbst entscheiden. Der Vergleich mit der Internetblase hinkt aber insofern, als die Konzerne damals kaum oder gar kein Geld verdienten, das ist heute anders. Die Geschäftsmodelle sind erprobt, die Bilanzen sehen sehr gut aus, die Gewinne steigen immer weiter, wenn auch nicht ganz so schnell wie die Kurse. Aber die Unternehmen wachsen in ihre Bewertungen hinein, wie es so schön heißt. Das heißt nicht, dass es nicht doch irgendwann eine heftige Korrektur gibt. Kleinere Kursrücksetzer haben wir ja immer mal wieder erlebt, bevor die Rally dann weiterging. Befeuert wird sie durch den Hype um künstliche Intelligenz. Das mag auch an die Internetblase erinnern. Nur sind hier eben jetzt auch viele Konzerne aktiv, die längst gutes Geld verdienen. Das gilt aber natürlich nicht für Start-ups, die auf KI setzen. Die Zeit wird zeigen, ob es eine neue Blase ist.

Es wird immer waghalsige Spekulanten geben, die fest daran glauben, dass sie an der Börse ganz schnell und ohne viel Zutun reich werden können. Dazu braucht es keinen Neuen Markt. Das Wort »glauben« können Sie in diesem Fall übrigens wörtlich nehmen: Denn diese Menschen »glauben« an die ganz heißen Wetten und an die Finanzprodukte mit Extra-Turbo, sie sehen strukturierte und gehebelte Produkte als Heilsbringer. Diese Derivate sind oft hochspekulativ. Sie haben so schöne Namen wie Knock-out oder Smart-Turbo. Aber damit muss man wirklich umgehen können. Denn wenn eine solche Wette schiefgeht, dann bedeutet das für den

Zocker meistens den Totalverlust. Aber nicht nur diese Produkte, sondern auch hochspekulative Aktien wie etwa Pennystocks, also Aktien von Pleitekandidaten, die nur noch wenige Cent wert sind, stehen bei den risikoverliebten Spekulanten hoch im Kurs. Viele von ihnen sind Daytrader, handeln mehrmals täglich, halten aber selten eine Position über Nacht. Besonders erfolgreich sind sie damit übrigens nicht. Studien zeigen immer wieder, dass mehr als zwei Drittel aller Privatanleger, die täglich handeln, Verluste machen. Diese Zocker machen die Börsen wirklich zum Spielkasino. Manche Wetten mögen aufgehen, die meisten gehen aber daneben. Trotzdem lockt das große Geld. Wer möchte nicht hohe Gewinne mit minimalem Einsatz machen? Solche Aussichten wecken eine der gefährlichsten Emotionen an der Börse: pure Gier. Mitunter setzen auch Menschen, die große wirtschaftliche Probleme haben, auf das »Casino Börse«. Sie hoffen auf einen schnellen und vor allem hohen Gewinn. In ihrer Verzweiflung setzten sie ihr letztes oder sogar geliehenes Geld auf extrem spekulative Produkte – frei nach dem Motto: »Alles oder nichts«. Meistens heißt das Ergebnis »nichts« oder noch weniger.

Spekulieren ist nichts Schlechtes

Angesichts solcher Geschichten wundert es nicht, dass immer wieder vom »Kasino-Kapitalismus« die Rede ist. Die Geschichte zeigt allerdings auch: Ohne Spekulanten gibt es kein Wachstum und keinen Wohlstand. Denn was wird den Spekulanten eigentlich vorgeworfen? Spekulieren wird oft als Synonym für Zocken verwendet, auch ich mache das mitunter. Eigentlich ist das aber nicht ganz richtig. Wir handeln an der Börse Erwartungen, Sorgen, Hoffnungen und Perspektiven. Getreu dem lateinischen Wortstamm des Wortes »spekulieren« – nämlich »speculari«, übersetzt mit »spähen« und »beobachten«. Schon Benjamin Franklin (1706 – 1790), einer der Gründerväter der Vereinigten Staaten, sagte einst: »Geld kann Geld erzeugen, und die Sprösslinge können noch mehr erzeugen und so fort.« Ein Kapitalist habe es deshalb immer mit mobilisiertem Geld, mit seiner Anreicherung und seiner Wiederaufbereitung zu tun. Kapital sei der Dünger des Fortschritts, und Fortschritt sei der Dünger des Kapitals, und der Spekulant sei eine Person, die das Bewegungsgesetz des Kapitalismus, nämlich Dynamik, Instabilität, dauernde Umwälzung und ewige Zukunft, laufend beglaubige. Zugegeben, etwas verschwurbelte Formulierungen, aber sie sagen doch sehr deutlich: Spekulation ist nichts Schlechtes, sondern Teil unseres Wirtschaftssystems. »Wenn die Spekulation stirbt«, so hat es William P. Hamilton, der Gründer des *Wall Street Journal*, einmal zugespitzt formuliert, »stirbt auch dieses Land.« Spekulation muss man also nicht generell verteufeln. Allerdings nimmt sie mitunter Züge an, die gefährlich und nicht mehr gesund sind, nämlich dann, wenn die Gier zu groß wird.

Leider gibt es an der Börse keinen Wucherparagrafen. Es gehört vielmehr zum Geschäft, die Notlage oder Unwissenheit anderer auszunutzen. Das war schon immer so. Nathan Rothschild hat es beispielsweise zu Beginn des 19. Jahrhunderts in London vorgemacht, als er noch vor der englischen Regierung die Nachricht vom Sieg bei Waterloo erhielt. Er verkaufte Wertpapiere und ließ es alle wissen, was prompt eine wahre Verkaufswelle auslöste, denn er galt als gewiefter Anleger. Die Kurse purzelten in den Keller – und Rothschild kaufte die Papiere billig wieder ein. Als die Nachricht vom Sieg über Napoleon publik wurde, schossen die Kurse in die Höhe. Rothschild machte enorme Gewinne. Gier gibt es in verschiedenen Ausprägungen. Gier kann auch etwas Sinnstiftendes und Anregendes haben. Manchen erscheint das Spiel mit den Millionen geradezu als erotischer Kitzel. Gier kann süchtig machen nach immer mehr Gewinn, nach dem nächsten Kick. Gier kann auch zu Größenwahn und Habgier führen und mancher verliert völlig das Gefühl für Recht und Unrecht.

Die Börsen werden oft als Spielkasino wahrgenommen, was natürlich vollkommen falsch ist. Natürlich wird an den Märkten gezockt, was das Zeug hält. Aber sie sind eben auch ein Barometer der Wirtschaft. Natürlich entkoppeln sie sich manchmal von der Realwirtschaft. Nämlich dann, wenn Emotionen die Kurse kurzfristig enorm nach oben oder unten ausschlagen lassen. Oder wenn Notenbanken die Märkte mit Liquidität fluten und so die Kurse treiben. Viele Faktoren beeinflussen die Entwicklung von Aktien, Anleihen oder Rohstoffen. Im Spielkasino hingegen herrscht das Zufallsprinzip. An der Börse spekulieren wir auf eine Kursbewegung, von der wir glauben, dass sie eintrifft.

Manche Investoren, ob nun Profis oder sogar Privatanleger, verdienen riesige Summen an der Börse. Weil sie extrem gut sind bei der Auswahl oder weil sie einfach nur Glück haben? Letzteres behaupten Psychologen wie Mark Griffiths[3], die sich mit dem Glückspiel beschäftigen. Es gibt nämlich tatsächlich Wissenschaftler, die das Spekulieren an der Börse als reines Glückspiel ansehen, womit Gewinne und Verluste dann sehr zufällig wären. Fairerweise muss man aber sagen, dass es Griffiths, Professor für Verhaltenssucht, in seinen Forschungen um Ähnlichkeiten und Überschneidungen zwischen risikoreichem Finanzhandel und Glücksspiel ging. Dabei kam er zu dem Ergebnis, dass exzessives Trading, also Daytrading und der Handel mit Kryptowährungen, als eine Untergruppe von Glücksspielstörungen betrachtet werden kann. Eine weitere Erkenntnis:

Phänomene wie die Angst vor Verlusten und das Gefühl, durch häufige Gewinne belohnt zu werden, ähneln den Anzeichen von Spielsucht. Das würde ich unterschreiben. Langfristige Investments an der Börse haben aber ganz sicher nichts mit Glückspiel zu tun. Auch wenn ein bisschen Glück natürlich nie schaden kann. Das wusste schon Börsenaltmeister André Kostolany, der einst sagte: »Für den Erfolg an der Börse braucht es die vier Gs: Geld, Gedanken, Geduld und Glück.« Der Fokus liegt aber ganz klar auf den ersten drei Gs. Wenn dann auch noch Glück dazukommt: Wunderbar! An Glücksspiel hat er dabei nicht gedacht.

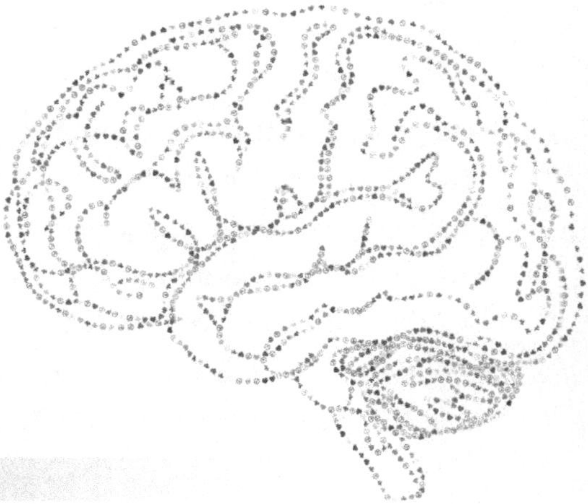

05

Aktien sind nur etwas für Reiche? Im Gegenteil: Sie machen reich.

Gigantische Villen, Super-Yachten, prall gefüllte Konten und dazu Unternehmensbeteiligungen im Milliardenwert – die Superreichen schwimmen im Geld wie einst Dagobert Duck im Gold. Sie leben ein Leben, das wir uns nur schwer vorstellen können. Sie scheinen alles zu haben. Ob sie aber glücklicher sind als wir? Darüber, ob Geld wirklich glücklich macht, lässt sich streiten. Aber dazu kommen wir noch. Fakt ist aber: Reichtum fasziniert viele Menschen. Oder wie sonst ist es zu erklären, dass die Liste mit den reichsten Menschen der Welt, die das US-Wirtschaftsmagazin *Forbes* erstellt, so beliebt ist? Überall auf der Welt wird sie von der Konkurrenz genüsslich abgeschrieben. Die Erstplatzierten sind richtige Wirtschaftspromis, viele Namen haben wir schon oft gehört und gelesen. Und wenn nicht, kennen wir auf jeden Fall die Unternehmen, die sie reich gemacht haben. Diese Unternehmen sind meistens börsennotiert, die reichsten Menschen der Welt sind also Aktionäre, Großaktionäre sogar – und mit steigenden Börsenkursen wächst ihr Vermögen. Kommt es daher, dass viele Menschen denken, Aktien seien nur etwas für Reiche?

Das stimmt so natürlich nicht. Klar, die Superreichen investieren auch, aber nicht nur in Aktien. Aber es braucht keinen Reichtum und auch keine großen Summen, um an der Börse zu starten. Trotzdem hält sich dieses Gerücht hartnäckig. Oder ist es eine Stammtisch-Parole? Wie auch immer. Ich bin der Meinung, dass jede und jeder in Aktien investieren sollte und die meisten es auch können. Ich bin außerdem überzeugt: Aktien machen reich. Zumindest machen sie uns wohlhabender. Wobei natürlich jede und jeder für sich selbst definieren muss, was »reich« und was »wohlhabend« bedeutet.

Die reichsten Menschen der Welt sind Gründer und Aktionäre

Dass die Menschen auf der Forbes-Liste nicht nur wohlhabend, sondern superreich sind, darüber müssen wir nicht diskutieren. Ihr Reichtum ist gigantisch. Es sind Zahlen, die ich mir eigentlich gar nicht vorstellen kann. Gefühlt haben sie Milliarden im Überfluss und es werden immer mehr. Aber wer braucht mehr als 400 Milliarden Dollar – Milliarden, nicht Millionen – und was macht man damit? Oder ist den Mega-Superreichen ihr Vermögen egal, weil sie es sowieso niemals ausgeben könnten? Das ist Stoff für ein anderes Buch. Schauen wir uns die Weltspitze der Superreichen vom September 2025 an. Auffällig ist: Neun der zehn reichsten Menschen stammen aus den USA. Der einzige Europäer ist Bernard Arnault, Chef des französischen Luxusgüterkonzerns LVMH. An der Spitze steht unangefochten der Tesla-Gründer Elon Musk mit einem gigantischen Vermögen von 415,6 Milliarden US-Dollar. Brauchen wir die Zahlen hinter dem Komma? Schon allein diese Summe ist ja für »normale« Menschen gigantisch. Auf Platz zwei steht Oracle-Gründer Larry Ellison. Mit einem Vermögen von 270,9 Milliarden Dollar ist er allerdings weit abgeschlagen. Was angesichts dieses gigantischen Reichtums eine merkwürdige Formulierung ist, ich weiß. Auf den nächsten Plätzen folgen Facebook-Gründer Mark Zuckerberg, Amazon-Gründer Jeff Bezos, Google-Mitgründer Larry Page und sein Partner Sergey Brin, Bernard Arnault, Microsoft-Gründer Steve Ballmer, Nvidia-Chef Jensen Huang und auf dem zehnten Platz schließlich Warren Buffett mit einem Vermögen von 150,4 Milliarden Dollar.

Wer nun gerade reicher als der andere ist, variiert von Erhebung zu Erhebung. Ob die Zahlen überhaupt korrekt sind, daran gibt es immer wieder Zweifel. Denn natürlich wollen die Superreichen nicht, dass die Höhe ihres Vermögens bekannt wird. Aber es lässt sich eben ausrechnen oder doch zumindest näherungsweise ermitteln. Denn ab einer bestimmten Größe eines Aktienpakets muss diese Beteiligung veröffentlicht werden. Wir wissen also, wie viele LVMH-Aktien Bernard Arnault besitzt oder wie groß Warren Buffetts Anteil an Berkshire Hathaway ist und wie viel dieses Aktienpaket wert ist. Hinzu kommen jede Menge Schätzungen zum Immobilienvermögen, zu Kunstwerken und anderen Vermögenswerten wie eben den Super-Yachten. Klar ist aber: Diese zehn Männer sind superreich und supererfolgreich.

Dieser schier unendliche Reichtum weckt natürlich Emotionen. Und die können ganz unterschiedlich ausfallen – von Gier über

Neid bis hin zu Abscheu. Befeuert von reißerischen Berichten in der Presse, die natürlich ihre Wirkung haben. Musste die Hochzeit von Amazon-Gründer Jeff Bezos mit Lauren Sánchez wirklich so gigantisch ausfallen? Musste er dafür gleich ganz Venedig für drei Tage lahmlegen? Warum nicht? Er konnte es sich leisten. Und dann die Outfits der Braut. Braucht eine Braut wirklich so viele, so extrem teure Kleider? Braucht sie nicht, aber sie konnte es sich leisten. Warum also nicht? Ich bin nicht neidisch auf die Superreichen. Ich genieße es aber, die Bilder anzuschauen.

Warren Buffett wurde mit Aktieninvestments superreich

Vor allem finde ich aber die Geschichten über ihren wirtschaftlichen Erfolg faszinierend. Oben auf der Liste Unternehmer, Gründer und mit Warren Buffett der erfolgreichste Investor aller Zeiten. Ich schaue mir lieber etwas von ihnen ab, lerne von ihren Erfolgen und Misserfolgen, als neidisch zu sein. Warren Buffett hat sein Vermögen an der Börse gemacht. Er hat in viele einzelne Unternehmen investiert. Erst mit kleineren Summen, dann mit immer größeren. Das kann natürlich auch mal schiefgehen, auch ein Superinvestor macht Fehler. Aber insgesamt stimmt seine Bilanz. Sonst wäre er auch nicht so reich geworden. Er hat übrigens ziemlich klein angefangen und in den vergangenen Jahrzehnten ein sehr glückliches Händchen bei der Geldanlage bewiesen. Viele Privatanleger kopieren deshalb seinen Anlagestil. Wenn Warren Buffett bei der US-Börsenaufsicht seine Käufe und Verkäufe melden muss, dann bewegt das jedes Mal die Kurse. Genau genommen sind es übrigens die Deals seiner Beteiligungsgesellschaft Berkshire Hathaway, die ebenfalls börsennotiert ist. Er ist aber auf jeden Fall ein Ausnahmeinvestor. Er denkt dabei übrigens sehr langfristig und hält seine Beteiligungen über Jahre und Jahrzehnte – wie ein Unternehmer eben.

So reich wie Warren Buffett werde ich natürlich nie sein. Das will ich auch gar nicht. Ist es überhaupt mein Ziel, reich zu werden? Es stellt sich ja sowieso die Frage: Wann ist man eigentlich reich? Auf diese Frage gibt es mehr als eine Antwort. Jede und jeder wird sie etwas anders beantworten. Mal ist es eine Summe x, ab der wir uns für reich halten. Mal ist es ein Ziel, an das man nicht unbedingt ein Preisschild hängen kann. Finanzielle Freiheit beispielsweise. Finanzielle Unabhängigkeit auch. Für die subjektive Wahrnehmung kommt es aber auch darauf an, mit wem wir unsere eigene Vermögenssituation vergleichen. So reich wie Warren Buffett oder Jeff Bezos sind wir nicht. Aber sind wir deshalb arm? Vielleicht verfügen wir über mehr Vermögen als unser bester Freund oder unsere beste Freundin. Aber sind wir deshalb reich? Und es wird noch komplizierter: Vergleicht man die Situation in unterschiedlichen Staaten, spielt zudem die Kaufkraft eine Rolle.

Zum Glück gibt es viele findige Forscher, die sich dieser Fragestellung angenommen haben. Aber das geht an dieser Stelle zu weit. Wer viele Millionen oder gar Milliarden besitzt, ist aber sicherlich reich. In Deutschland gab es 2024 nach Berechnungen der Boston Consulting Group (BCG) rund 3.900 Superreiche, die mehr als 100 Millionen Dollar besitzen. Ihre Zahl ist binnen eines Jahres um 500 gestiegen. Die Zahl der Milliardäre ist auf 171 gestiegen. Auch in Deutschland gibt es extrem erfolgreiche und reiche Unternehmer-Familien. Sie schaffen es aber nicht auf die vordersten Plätze der Forbes-Liste. Sie haben aber natürlich trotzdem mehr als genug zum Leben. Dazu zählen Nachkommen der Aldi-Gründer Theo und Karl Albrecht, der Lidl-Gründer Dieter Schwarz oder auch die BMW-Erben Susanne Klatten und ihr Bruder Stefan Quandt sowie die SAP-Gründer Dietmar Hopp und Hasso Plattner.

Aldi oder auch die Schwarz-Gruppe sind anders als BMW oder SAP zwar nicht börsennotiert, aber natürlich haben auch die steinreichen Unternehmerfamilien in Deutschland große Aktienpakete. Schließlich streuen sie ihr Risiko auch über viele Anlageklassen. Wie genau sie das machen, das erzählen von Zeit zu Zeit diejenigen, die sich um das Geld der Superreichen kümmern. Oft sind das sogenannte Family Offices und damit gleich mehrere Vermögensverwalter. Diese Interviews und Berichte zu lesen, ist sehr spannend. Und eines kann ich Ihnen versichern: Um Börseninvestments geht es dabei immer.

Der Börsenboom lässt die Vermögen steigen

Apropos: Ein Grund für die steigende Zahl der Superreichen ist sicherlich der Börsenboom der vergangenen Jahre. Denn viele der Reichsten unter den Reichen besitzen große börsennotierte Konzerne, auch in Deutschland. In Branchen wie Automobilbau, Mode, Einzelhandel und der Industrie haben große Familiendynastien das Sagen. Denken Sie nur an BMW oder Henkel. Sie gelten übrigens trotz Börsennotierung noch immer als Familienunternehmen, weil mehr als 30 Prozent der Aktien in Familienhand sind. Der Reichtum in Deutschland ist oft nicht selbst erarbeitet: In der Bundesrepublik wird man Milliardär durch Erben, schreibt der Reichtumsforscher Thomas Druyen in einer Studie für das Analyseinstitut Datenpulse. Denn bei Deutschlands Superreichen ist es oft so, dass vor allem ihre Eltern, Großeltern und Urgroßeltern extrem erfolgreiche Unternehmer sind und waren. Irgendwann wurde die Firma dann an die Börse gebracht. Die Gründe dafür sind vielfältig. Auf jeden Fall halten die meisten noch immer große Anteile, sind im Unternehmen als Vorstandsvorsitzende oder Aufsichtsräte aktiv und bestimmen noch immer die Geschicke »ihrer« Firma mit. Nur jeder vierte deutsche Milliardär ist es laut Reichenforscher Druyen aus eigener Kraft geworden, indem er ein eigenes Unternehmen gegründet hat. Weltweit, aber vor allem in den USA, ist das ganz anders. Das zeigt die Forbes-Liste. Die Top-Platzierten sind Unternehmer und haben ihre Firma irgendwann an die Börse gebracht. Das ist natürlich etwas anderes, als Aktien eines fremden Konzerns zu kaufen.

Die Reichen haben also Aktien, und Aktien machen die Reichen immer reicher. Warum machen wir es ihnen nicht alle nach? Wenn Sie dieses Buch lesen, sind Sie wahrscheinlich längt an der Börse aktiv. Vielleicht aber auch noch nicht. Dann darf ich mich wiederholen: Nur Mut! Nicht jeder Aktionär wird natürlich zum Millionär oder gar Milliardär. Aber wir können ein Stück vom Kuchen abhaben. Wir können es den Superreichen einfach nachmachen und auch zu Unternehmern werden. Wir kaufen einfach ein Stück ihrer Firmen. Und wie schnell macht das reich oder wenigstens wohlhabend? Lassen Sie uns ein bisschen mit Zahlen experimentieren.

Kennen Sie die 72er-Regel? Sie besagt, wie lange es bei einer bestimmten Rendite dauert, bis sich unser investiertes Kapital verdoppelt. Ein Beispiel: Sie investieren in einen breit gestreuten Indexfonds mit einer Rendite von 8 Prozent pro Jahr. Dann dividieren Sie die Zahl 72 durch die erwartete Rendite und schon sehen Sie: In neun Jahren würde sich das Kapital verdoppeln. Aus 100.000 Euro würden 200.000 Euro, aus 200.000 Euro stolze

400.000 Euro. Ehrlicherweise muss ich zugeben: So ganz korrekt ist die Formel nicht, aber sie stimmt so ungefähr. Bei Börseninvestments kommt natürlich noch dazu, dass es mal sehr schlechte und mal sehr gute Jahre gibt, aber sie ist ein Näherungswert. Und sie zeigt uns auch: Sparen auf dem Tagesgeldkonto mit 1 oder 2 Prozent Rendite bringt uns nicht wirklich ans Ziel, selbst ohne Inflation nicht.

In 20 Jahren zur ersten Million

Eigentlich müssen wir aber einen Sparplanrechner anwerfen, um zu sehen, was wir mit regelmäßigem Investieren erreichen können. Ich empfehle da immer sehr die Internetseite der FMH-Finanzberatung (fmh.de). Dort gibt es tolle Finanzrechner, auch zu aktuell geltenden Konditionen. Wir können aber auch fiktive Berechnungen anstellen. Los geht's! Und weil wir ja reich werden wollen, »spielen« wir mit größeren Summen. Nehmen wir also an, wir können zehn Jahre lang Monat für Monat 1000 Euro investieren. An der Börse läuft es gut, unser Investment liefert eine Rendite von 8 Prozent pro Jahr. Aus den eingezahlten 120.000 Euro werden stolze etwa 181.400 Euro. Klasse, oder? Und nach 20 Jahren schlägt der Zinseszins-Effekt erst richtig zu. Aus 240.000 Euro werden fast 573.000 Euro. Reich sind wir damit vielleicht noch nicht, aber auf jeden Fall sehr wohlhabend. Und wenn wir mit 2000 Euro rechnen, aber vielleicht nur einer Rendite von 6 Prozent? Nach zehn Jahren sind aus 240.000 Euro immerhin fast 327.000 Euro geworden. Und jetzt kommt es: Nach 20 Jahren werden aus 480.000 Euro mehr als 900.000 Euro. Die Million wäre ziemlich nah! Je länger wir investieren, desto stärker wirkt der Zinseszins-Effekt. Herrlich, oder?

Natürlich hat nicht jede oder jeder von uns solche Summen zur Verfügung. Die gute Nachricht: Auch Kleinvieh macht Mist. Womit wir wieder bei den guten alten ETF- und Fonds-Sparplänen wären. Sie erinnern sich: Leicht eingerichtet mit wenigen Klicks im Internet, hohe Flexibilität, geringe Kosten. Ich kann Ihnen da nur einen Blick in die Fondsspar-Statistik des Fondsverbands BVI empfehlen. Die Experten rechnen mit Sparraten von 100 Euro. Auch daraus wird etwas. In zehn Jahren beispielsweise könnten Sie sich über 18.000 Euro freuen, eingesetzt hätten Sie 12.000 Euro. Auch mit kleinen Summen erzielen Sie eine große Wirkung, mit großen Summen wäre es dann eine gigantische Wirkung.

Es gibt natürlich noch andere Wege, an der Börse reich zu werden oder doch zumindest ein stattliches Vermögen aufzubauen. Sie können sich richtig tief reinfuchsen, Bilanzen wälzen, Analystenkommentare lesen und sich mit nichts anderem mehr beschäftigen. So oder zumindest so ähnlich hat es Beate Sander gemacht. Sie wurde bekannt als Deutschlands »Börsen-Oma«. Leider ist sie im September 2020 an Krebs verstorben. Ich hatte aber noch das Vergnügen, sie für die Finanzheldinnen zu interviewen. Eine tolle Frau, auch wenn wir uns nicht ganz einig waren. Ich bin eben eher Team maximale Risikostreuung, sie setzte auf Einzelaktien. Das allerdings mit sehr großem Erfolg. Ihre Geschichte zeigt uns, wie weit wir kommen können, wenn wir an der Börse investieren, und das auch noch im fortgeschrittenen Alter.

Beate Sander war eine außergewöhnliche Frau mit einer außergewöhnlichen Börsenkarriere. Im Alter von 59 Jahren startete sie mit 30.000 Euro, im Herbst 2020, gut 20 Jahre später, waren daraus 2,5 Millionen Euro geworden – trotz zwischenzeitlicher Rücksetzer. Sie verfolgte dabei ihre ganz persönliche »Hoch/Tief-Mut-Strategie«. Einfach übersetzt: Sie stieg mutig ein, wenn andere zitterten. Sie verkaufte von solchen Aktien einen Teil, wenn sich deren Kurs zumindest verdoppelt hatte. Mutig war sie auf jeden Fall, zäh noch dazu und besessen vom Börsenerfolg. Zu jeder einzelnen ihrer Aktien konnte Beate Sander leidenschaftlich referieren, wann, zu welchem Kurs und vor allem warum sie sie gekauft hatte. Mindestens 18 Stunden am Tag beschäftigte sich die ehemalige Lehrerin mit Aktien. Sie stieg ganz tief ein in die Analyse. Sie wollte gute Aktien finden, dann mutig zugreifen. Fast schon nebenbei schrieb sie Bücher, ihr *Börsenführerschein* ist fast schon ein Klassiker.

Auch dieses Beispiel zeigt: Aktien sind nicht nur etwas für Reiche. Im Gegenteil. Sie können uns reich machen, wie Beate Sander. Aktien sind ein wichtiger Baustein für unseren Vermögensaufbau. Und ganz egal, ob reich, superreich oder wohlhabend – sollte es nicht um finanzielle Freiheit, um finanzielle Unabhängigkeit gehen? Die Summe, die wir dazu benötigen, ist sehr individuell. Und glauben Sie mir, Aktieninvestments werden Sie dieser Summe sehr viel näher bringen. Aber werden Sie dabei bitte nicht allzu gierig. Gehen Sie die Sache möglichst rational an. Wenn das nur so einfach wäre … Ist es! Gier oder gar Neid bringen uns aber nicht weiter. Eine klare Strategie, an die wir uns halten, aber schon. Wenn wir dann auch noch unsere Emotionen unter Kontrolle halten können, sind wir unserem Ziel näher als gedacht. Nur leider sind da all die vielen emotionalen Fallstricke. Aber keine Angst, wer sie kennt, der stolpert seltener. Und das ist gut für unsere Rendite! Bin ich superreich? Nein, aber ziemlich frei und unabhängig. Ich investiere schon so lange an der Börse, dass mein Depot ein stattliches Sümmchen erreicht hat und das beruhigt ungemein.

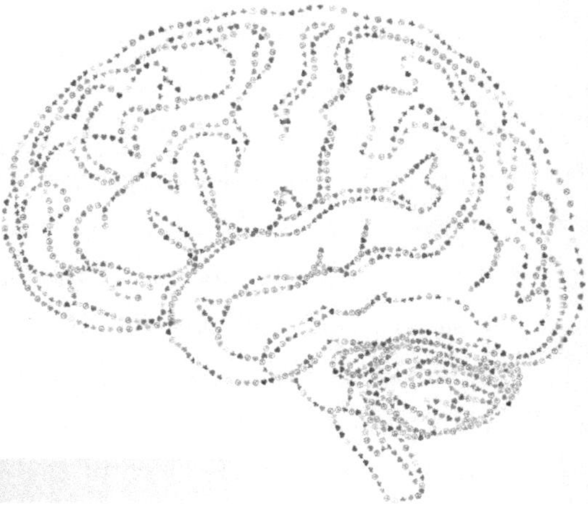

06

Denn Sie wissen nicht, was Sie tun – oder: Erkennen Sie Ihr Risikoprofil

Es ist eine dieser Aussagen, die man von Warren Buffett kennt. Kernig, pointiert und leider sehr, sehr wahr. »Risiko entsteht dann, wenn Anleger nicht wissen, was sie tun«, sagte der legendäre Investor einst. Mich erinnert das sofort an den Filmklassiker *Denn sie wissen nicht, was sie tun* aus den 1960er-Jahren, in dem Halbstarke – unter ihnen die Schauspiellegende James Dean – mit waghalsigen Autorennen ihr Leben riskierten (und teilweise verloren). Um Leben und Tod geht es an der Börse zum Glück nicht, aber auch viele Investoren sind sich der Gefahren nicht bewusst, denen sie ihr Geld aussetzen. Genau das aber kann die Geldanlage zu einer äußerst riskanten Sache machen. Wissen wirklich so viele Anleger nicht, was sie tun? Schließlich ist das Risiko beim täglichen Auf und Ab der Kurse doch allgegenwärtig. Buffett definiert Risiko aber anders. Für ihn ist Risiko nicht nur die Schwankungsbreite der Kurse, so wie es die Finanzmarkttheorie definiert. Ein viel größeres Risiko ist es für ihn, mit einer Analyse falschzuliegen und damit unmittelbar Geld zu verlieren. Bekanntlich setzt Buffett auf Einzelwerte und verzichtet auf eine breite Risikostreuung. Das tut er aber ganz bewusst. Er weiß, was er tut.

Privatanleger sollten mit dieser Strategie aber etwas vorsichtiger sein und das Risiko lieber breit streuen. In der Theorie hört sich das Konzept der Diversifizierung ziemlich logisch an, vor allem wenn wir an die alte Börsenweisheit »Lege nicht alle Eier in einen Korb« denken. Aber wie funktioniert das in der Praxis? Oder besser: Was könnte passieren, wenn Sie auf Risikostreuung verzichten? Stellen Sie sich vor, Sie haben in drei Aktien investiert und eine davon stürzt ab. Das würde Ihr Depot extrem belasten. Wenn jede dieser drei Aktien ein Drittel Ihres Depots ausmachen würde und eine davon stürzt um 50 Prozent ab, dann wäre Ihr Depot 16,5 Prozent im Minus. Bei einem Depotwert von 15.000 Euro, verteilt auf drei Aktien, die wir für jeweils 5000 Euro kaufen, wäre der Schaden heftig. Erwischen wir eine Niete, deren Kurs mal eben um 50 Prozent einbricht, wären 2500 Euro futsch. Hätten Sie aber 20 Aktien, jeweils mit einem Anteil von 5 Prozent oder 750 Euro Investment, dann wäre der Schaden deutlich geringer. 20 Einzelaktien sind sicherlich eine gute Risikostreuung, wenn Sie nicht einzelne Branchen oder Länder völlig übergewichtet haben. Aber was ist mit der Übersichtlichkeit? Wie viel Zeit wollen Sie investieren, um 20 Unternehmen und ihre Aktien im Blick zu behalten? Und überhaupt wäre mir die Risikostreuung immer noch zu gering. Ich setzte lieber auf Hunderte oder Tausende Aktien via ETFs.

Immer gilt: Wir müssen wissen, was wir tun. Sonst steigt das Risiko maximal an. Doch was ist Risiko eigentlich genau? Natürlich gibt es eine streng wissenschaftliche Definition. Mit Risiko beschreiben Experten die möglichen negativen Auswirkungen eines Ereignisses. Bei der Geldanlage ist das ein möglicher Verlust. Der Begriff »Risiko« kommt übrigens aus dem Griechischen und bedeutet »Gefahr« oder »Klippe«. Zum Glück ist das Risiko bei der Geldanlage aber ja auch eng mit der Chance verbunden, sie sind ein untrennbares Paar. Keine Chance ohne Risiko, kein Risiko ohne Chance. Trotzdem müssen wir uns mit dem Risiko und unserer Risikotoleranz natürlich auseinandersetzen. Mit Chancen haben wir wohl weniger große Probleme.

Wie immer gibt es die emotionale Komponente. Wir wägen Risiken nämlich nicht nur streng rational ab. Wenn wir etwas mögen, halten wir es automatisch für weniger riskant und bewerten seine Vorzüge umso höher. Sogar Profis sind davor nicht gefeit. Werden Aktien positiv wahrgenommen, neigen beispielsweise Analysten dazu, ihnen ein hohes Gewinnpotenzial und ein geringes Risiko zu bescheinigen. Umgekehrt ist es genauso. Was wir oder die Profis negativ wahrnehmen, halten wir für riskant. Nicht zuletzt aufgrund dessen ist es so schwierig, den Deutschen die Vorzüge von Aktien näherzubringen. Viele setzen Schwankungen mit Verlusten gleich, ein großes Risiko.

Zu diesen Menschen gehören Sie nicht, sonst würden Sie dieses Buch nicht lesen. Aber wie steht es um Ihre Risikotoleranz? Diese zu kennen, ist wichtig. Sonst besteht die Gefahr, dass wir uns eine Anlagestrategie aussuchen, die gar nicht zu uns passt. Denn alle von uns ausgewählten Aktien, ETFs oder anderen Finanzprodukte müssen nicht nur zu unserer Strategie, sondern eben auch zu unserer Risikotoleranz und unserem Anlegertyp passen. Die ausgefeilteste Strategie bringt nichts, wenn Sie sich damit nicht wohlfühlen. Ist der Aktienanteil für Ihren persönlichen Anlegertyp viel zu hoch, werden Sie

Ihrer Strategie niemals treu bleiben können. Sie werden sich unwohl fühlen, vielleicht sogar schlecht schlafen. Es entsteht eine kognitive Dissonanz. Und die werden Sie irgendwann nicht mehr ertragen können und womöglich bei Börsenturbulenzen mit Verlust aussteigen. Auch das ist ein Risiko, denn das kostet Geld und macht Ihre Strategie zunichte. Deshalb müssen Sie entscheiden, wie viel Risiko Sie eingehen möchten, welche Kursschwankungen Sie zu ertragen bereit sind. Oder noch deutlicher formuliert: welchen Teil Ihres Ersparten Sie bereit sind, aufs Spiel zu setzen.

Sicherheitsorientiert, ausgewogen, chancenorientiert

Welcher Risikotyp sind Sie also? Anlageberater sortieren ihre Kunden in der Regel in Klassen ein. Denn was dem einen zu riskant ist, ist dem anderen noch zu renditeschwach. Um unsere persönliche Risikoneigung zu bestimmen, müssen wir uns ein paar wichtige Fragen stellen: Wie viel Geld kann ich investieren? Welche Ziele habe ich, was will ich wann erreicht haben? Wie viel bin ich bereit, dafür zu riskieren? Die Fragen der Banker lauten beispielsweise: »Niemand weiß, wie sich die Börse in den kommenden Monaten oder Jahren entwickelt. Welches Risiko würden Sie eingehen, um eine höhere Verzinsung zu erreichen?« Wenn Sie keine Geldanlage wollen, bei der die Gefahr eines Verlustes besteht, sind Sie sicherheitsorientiert. Aktien sollten dann nur einen sehr kleinen Teil Ihrer Geldanlage ausmachen. Sie müssen allerdings bedenken, dass supersichere Anleihen deutlich geringere Renditen abwerfen. Antworten Sie auf die Frage des Bankers, dass Sie bei einer entsprechenden Rendite sogar den Totalverlust Ihres Investments in Kauf nehmen würden, sind Sie chancenorientiert. Aktien werden dann einen großen Teil Ihrer Geldanlage ausmachen. Je nach Risikogruppe gibt es bei Banken, Onlinebrokern oder auf Internetportalen verschiedene Musterdepots.

Grob lassen sich die gängigen Risikotypen so definieren: Der sicherheitsorientierte Anleger bevorzugt eine stetige Wertentwicklung und sichere Ertragserwartungen. Größere Schwankungen will er nicht ertragen müssen, weshalb sein Aktienanteil eher gering ist. Er bevorzugt festverzinsliche Anlageprodukte wie Anleihen oder Festgeld. Dass er dabei auf Rendite verzichtet, ist ihm die Sicherheit wert. Anlageexperten raten solch risikoaversen Anlegern allerdings immer öfter zu einem zumindest geringen Aktienanteil, um auch von diesem Renditebooster zu profitieren. Ein bisschen riskanter mag es der ausgewogene Anleger. Er möchte etwas höhere Erträge als der Sicherheitsorientierte und setzt auch auf mögliche Kursgewinne. Aktien gehören zu seiner Anlagemischung definitiv dazu, auch wenn ihr Anteil nicht höher ist als beispielsweise der Anteil der Anleihen oder Immobilien. Wahrscheinlich setzt er auf sehr konservative Standardwerte mit hohen Dividendenrenditen. Er kann eventuelle Schwankungen an der Börse relativ gut verkraften. Experten sprechen oft von ausgewogenen Depots. Der Aktienanteil liegt in der Regel bei bis zu 50 Prozent.

Der chancenorientierte Anleger hat klare Ziele: Rendite, Vermögensaufbau, Gewinne. Aktien machen einen großen Teil seines Depots aus. Nicht nur Standardwerte stehen auf seinem Depotauszug, auch Nebenwerte oder die eine oder andere Modeaktie werden beigemischt. Er investiert weltweit und auch in wachstumsstarke Märkte wie die aufstrebenden Schwellenländer. Dass die Börsen dort stärker schwanken als in den etablierten Industrienationen, nimmt er in Kauf. Auch bei Anleihen darf es ein bisschen riskanter sein. Er setzt also nicht nur auf Staatsanleihen oder Unternehmensbonds mit bester oder zumindest guter Bonität, obwohl die für Ruhe im Depot sorgen sollen. Auch Titel schwächerer Schuldner wandern mitunter als Beimischung ins Depot. Wer chancenorientiert anlegt, erwartet überdurchschnittliche Erträge. Aktien, Aktien, Aktien lautet hier die Devise. Aber auch riskantere Produkte wie beispielsweise Zertifikate mit Hebel finden sich in solchen Depots. Der Chancenorientierte zockt aber nicht, er geht Risiken bewusst ein. Er weiß, was er tut, und kann auch stürmische Zeiten an der Börse ertragen.

Mit der eigenen Risikokapazität zur Aktienquote

Finden Sie sich wieder? Sicherlich. Wenn Sie Ihren Risikotyp ermitteln möchten oder überprüfen wollen, ob Ihre bisherige Selbsteinschätzung eigentlich realistisch ist, dann können Sie den einen oder anderen Test im Internet machen. Aber wie gut sind diese Tools, wie brauchbar sind die Fragen zu Ihren Zielen, Ihrer Erfahrung und vor allem Ihrer Risikotoleranz und Ihrer Risikokapazität? Ich bin da immer etwas skeptisch. Nicht, weil die Tests schlecht sind, sondern weil wir Anlegerinnen und Anleger gerne aus dem Bauchgefühl heraus antworten, weil unsere Antworten oft mehr Wunschdenken als Realität sind. Unsere finanzielle Situation, unsere Ziele und unser Anlagehorizont sind leicht anzugeben. Bei der Frage, wie hoch unsere persönliche Neigung ist, Risiken einzugehen, um höhere Renditen zu erzielen, wird es schon schwieriger. Aber machen wir doch den Test. Ich bin großer Fan der ETF-Plattform extraETF. Dort gibt es nicht nur eine sehr gute ETF-Suche und extrem gute Wissensbeiträge rund um börsengehandelte Indexfonds, sondern eben auch jede Menge extrem gute Tools wie den Risikokapazitäts-Rechner (https://extraetf.com/de/calculator/risk-survey).

Mit zehn Fragen soll ich meine empfohlene Aktienquote ermitteln. Ich bin gespannt. Los geht es mit Zeithorizont und Ziel, zur Wahl stehen fünf Stufen von »sehr kurzfristige: bis 2 Jahre« bis »sehr langfristige Anlage: mehr als 10 Jahre«. Ich wähle Letztere. Bei der nächsten Frage geht es um meine Risikokapazität. Ich soll mein Wissen von »kein Wissen« in fünf Schritten bis zu »ich bin Experte« einschätzen. Wieder wähle ich die letzte Option. Dann komme ich kurz ins Straucheln: Wie viel meines Einkommens kann ich sparen? Reden wir von brutto oder netto? Wohl netto. Es geht von »weniger als 10 Prozent« bis zu »mehr als 50 Prozent«. Ich entscheide mich für die goldene Mitte: 20 bis 30 Prozent. Nun folgt meine Lebenssituation. Wann plane ich, in den Ruhestand zu gehen? Wieder gibt es fünf Optionen. Im Ruhestand bin ich natürlich noch nicht, aber dauert es noch mehr als 15 Jahre? Ja, sehr wahrscheinlich. Ich bin 51. Und überhaupt: Gehen freie Journalistinnen und Buchautorinnen je wirklich in den Ruhestand?

Jetzt wird es spannend: Wie hoch darf der Verlust im Depot sein, bevor du alles verkaufst? Es geht um die Risikobereitschaft. Diese Frage beantwortet man gerne aus dem Bauch heraus, aber wenn man sich an den letzten Crash erinnert, an all die Emotionen, an die kognitive Dissonanz, an die Panik? Ich bin hart im Nehmen, also wähle ich »bis zu 40 Prozent«, mehr geht auch nicht. Ich weiß, dass ich das ertrage. Ich habe es schon erlebt. Ich würde auch in einem schlimmeren Crash nicht aussteigen, sondern mutig nachkaufen. Aber was ist mit all den anderen, die hier abstimmen sollen? Definitiv eine schwierige Frage mit höherer Fehleranfälligkeit. Die Finanzlage kommt als Nächstes: Wie hoch ist mein angelegtes Vermögen? Es geht in mehreren Schritten von »bis 20.000 Euro« bis »über 200.000 Euro«. Raten Sie gerne, was ich angeklickt habe. Dann kommt die Lebenssituation, abgefragt über das Alter. Jetzt wird es spannend. Es geht um die Risikobereitschaft. Vermeide ich grundsätzlich jedes Risiko, gehe ich mittelfristig geringe Risiken ein oder bin ich sehr risikobereit? Ich weiß, dass Letzteres zutrifft. Aber kann das jede Anlegerin und jeder Anleger wirklich für sich beantworten? Diese Selbsttests haben ihre Tücken, Sie merken es schon.

Weiter geht es mit Kreditverpflichtungen. Und dann kommt die Risikobereitschaft. Wie stark darf meine Anlage schwanken bei welcher erwarteten Rendite? Ich bin für 9 Prozent Rendite bei einer Schwankung von plus/minus 15 Prozent. Möglich wäre deutlich weniger, aber mit 12 Prozent Rendite und plus/minus 20 Prozent Schwankung auch mehr. Mir reicht eine Rendite von 9 Prozent, die Schwankungen sind mir relativ egal. Mein Ergebnis: »Deine Angaben deuten auf ein risikofreudiges Anlageverhalten hin. Mit dem Ziel, einen deutlichen Vermögenszuwachs zu erzielen, kannst du auch größere Kursschwankungen tolerieren. Um deine Ziele effizient zu erreichen und von einer überdurchschnittlichen Rendite zu profitieren, solltest du hauptsächlich in Aktien investieren.« Die empfohlene Aktienquote liegt übrigens bei 91 Prozent und damit etwas höher als in meinem langfristigen Depot. Dort investiere ich zu 80 Prozent in Aktien, zu 20 Prozent in sichere Anleihen aus dem Euro-Raum. Aber es gibt ja noch das Spielgeld-Depot! Gar nicht so schlecht, dieser Test. Oder habe ich ihn manipuliert?

»100 minus Lebensalter gleich Aktienquote« – das ist Blödsinn

Gerade Anfängerinnen und Anfänger tun sich oft schwer, ihren Anlegertyp festzulegen und in der Folge eine Strategie festzulegen.

Solche Tests geben einen guten Überblick darüber, welche Fragen wir uns stellen müssen und welche Antwortmöglichkeiten es gibt. Ein Gespräch mit einem Berater, der natürlich viel detailliertere Fragen stellen kann und mit uns zu treffenderen Antworten kommt, können Onlinetests nicht ersetzen. Aber ab und zu mal so ein Tool zu nutzen, schadet sicher nicht. Wovon wenig zu halten ist, das sind einfache Faustregeln wie »100 minus Lebensalter gleich Aktienquote«. Zwar soll auch das eine Orientierung geben, aber ich finde, sie führt völlig in die Irre. Mal abgesehen davon, dass unser Anlegertyp, unsere Ziele und unsere mentale Verfassung völlig ausgeblendet werden: Warum sollte ich mit 51 Jahren nur noch eine Aktienquote von 49 Prozent haben? Warum sind im Alter von 20 stolze 80 Prozent erlaubt, mit 51 aber nicht mehr? Mir leuchtet das nicht ein. Natürlich können sich jüngere Menschen eine höhere Aktienquote leisten, weil sie Crashs mit Blick auf ihre Anlagedauer aussitzen können. Aber können sie Crashs auch ertragen?

Solche Formeln funktionieren einfach nicht. Sie blenden den Anleger aus. Die Aktienquote ist nicht bloß eine Frage des Alters. Es geht um mehr. Leider wissen wirklich viele Privatanleger nicht, was sie tun. Die wenigsten schätzen Risiken richtig ein, können damit umgehen und haben ein vernünftiges, an ihre Strategie und Ziele angepasstes Risikomanagement. »Du kannst das Risiko lieben und trotzdem nicht die geringste Lust haben, dich zu ruinieren«, sagte einst Bestseller-Autor und Finanzmathematiker Nassim Nicholas Taleb. Was genau ist damit gemeint? Dass wir Risiken bewusst eingehen, ohne uns von der Gier treiben zu lassen. Es ist eine Frage der Einstellung. Die Idee hinter Talebs Aussage: Wir müssen etwas riskieren, damit wir Vermögen aufbauen können. Aber es lohnt sich niemals, Risiken einzugehen, die uns ruinieren könnten. Bei der Geldanlage gibt es viele Chancen, aber eben immer auch ein Risiko.

Wenn uns das komplett ruinieren könnte, lohnt sich das Ganze nicht, mag es noch so verlockend sein. Das trifft sicher nicht auf ein breit gestreutes Aktiendepot zu, aber auf hochriskante Pennystocks oder irgendwelche Zockerprodukte mit Hebel. Was zu gut klingt, zu hohe Gewinne verspricht, kann schnell komplett schiefgehen. Leider sind wir oft viel zu optimistisch und eben auch gierig, was uns Risiken systematisch unterschätzen lässt. Dass heißt nicht, dass Sie nun jedes Risiko komplett meiden sollten. Nur sollten Sie es sehr bewusst eingehen und immer auch den Totalverlust in Erwägung ziehen. Dass heißt, »zocken« Sie nur mit Geld, dessen Verlust Sie finanziell (er-)tragen können; und am besten auch emotional. Ich ärgere mich immer schwarz, wenn ein Investment danebengeht.

Wir sollten uns sehr genau überlegen, was wir tun, warum wir es tun und – ja auch das – welches Spiel wir spielen. Wir nennen alle, die Geld anlegen, einfach »Geldanleger«, wahlweise auch »Investoren«. So als ob sie Eishockeyspieler wären und alle nach denselben Regeln »spielen« würden. So ist es aber nicht. Je nachdem, welche Ziele, welchen Anlagehorizont – beides bedingt einander ja oft – und welche Strategie wir haben, verändern sich die Spielregeln natürlich. Es ist wichtig, sich dessen bewusst zu sein. Wer eine klare Strategie hat und seine persönlichen (Spiel-)Regeln festgelegt hat, kommt besser mit den Börsenkapriolen klar. Welcher Risikotyp Sie sind, kann sich mit den Jahren übrigens verändern – je nachdem, welche Erfahrungen Sie an der Börse gemacht haben. Ihr Risikotyp hängt natürlich auch mit ihrer finanziellen Situation zusammen. Und es spielt eine Rolle, in welcher Lebensphase Sie gerade sind und wie sich Ihre Ziele verändert haben. Aus einem ängstlichen Sparer wird aber sicherlich kein waghalsiger Zocker.

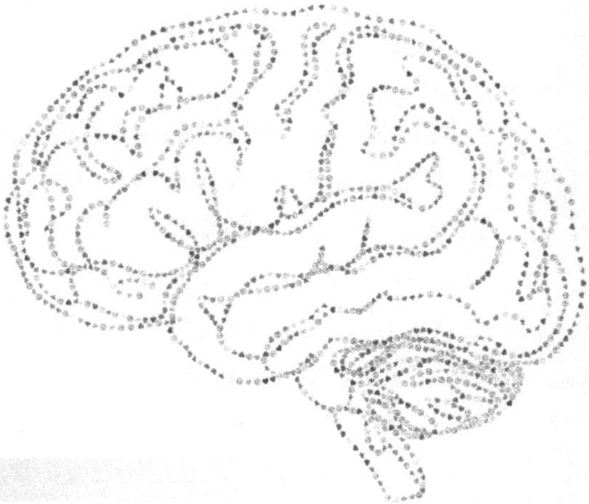

07

Frauen sind die besseren Investoren – sie machen intuitiv vieles richtig

Immer wieder heißt es, Frauen seien die besseren Anleger. Warum eigentlich? Und wie gut, vor allem wie viel besser sind sie wirklich? Diese zweite Frage ist so einfach nicht zu beantworten. Eine wirklich breit angelegte, am liebsten internationale Studie gibt es nicht. Aber Auswertungen von Onlinebanken haben immer wieder gezeigt, dass ihre Kundinnen langfristig besser abschneiden. Wir reden nicht von extremen Unterschieden, aber Frauen sind besser. Die ING Deutschland beispielsweise schaut sich immer mal wieder an, wie das »Duell« zwischen Anlegerinnen und Anlegern ausgeht. Das Ergebnis der jüngsten Analyse: Frauen hatten 2023 eine um 0,5 Prozentpunkte bessere Portfolio-Performance als Männer. Schon 2019 ging aus einer Depotanalyse hervor, dass Frauen eine bessere Rendite erzielen. Dieses

Bild hat sich im Jahr 2023 wieder bestätigt. Im direkten Vergleich haben Frauen mit einem durchschnittlichen Wert von 15,9 Prozent eine um 0,5 Prozentpunkte bessere Rendite als Männer mit 15,4 Prozent. Leider war ihr durchschnittliches Kaufvolumen um 40 Prozent niedriger als das der Männer. Für die Analyse wurden die Wertpapierdepots von etwa 2,5 Millionen Kundinnen und Kunden im Zeitraum von Januar 2019 bis Dezember 2023 anonymisiert ausgewertet.

Warum Frauen besser abschneiden, lässt sich recht einfach erklären. Grund Nummer 1: Frauen investieren langfristiger, haben in der Regel einen deutlich längeren Anlagehorizont. Überhaupt machen sie sehr viel sehr richtig, ob bewusst oder unbewusst. Sie investieren nicht an der Börse, um schnell reich zu werden. Auch wenn es natürlich Ausnahmen gibt. Aber die meisten investieren sehr langfristig, verfolgen Ziele wie die Altersvorsorge oder auch finanzielle Freiheit. Und sie legen ihr Geld breit gestreut an – Grund Nummer 2. Auch das zeigen nämlich Auswertungen von Brokern immer wieder: Während in den Depots der Herren oft Einzelaktien liegen, setzen die Damen vermehrt auf börsengehandelte Indexfonds (ETFs) und auch aktiv gemanagte Fonds. Auch die ING-Analyse zeigt: Frauen bevorzugen ETFs als Investmentprodukt. Natürlich investieren sie auch in Einzelaktien, aber den Großteil der Depots machen ETFs und Fonds aus. Ich kann das auch aus persönlichen Gesprächen auf der Anlegermesse Invest in Stuttgart oder all den Börsentagen nur bestätigen. Breite Risikostreuung ist Frauen wichtig, sie wollen kein zu großes Risiko eingehen.

Frauen sind risikobewusst, nicht risikoscheu

Apropos Risiko: Immer wieder heißt es, Frauen würden das Risiko scheuen und seien bei ihrer Geldanlage sehr sicherheitsliebend. Das stimmt nur begrenzt. Es ist eher so, dass Frauen sehr risikobewusst sind, dass sie Risiken also sehr bewusst eingehen. Sie zocken seltener und wenn, dann mit einem dafür festgelegten Budget. Wer langfristiger anlegt und auf Diversifikation setzt, der reduziert das Risiko automatisch.

Aber zurück zu all dem, was Frauen intuitiv richtig machen: Sie starten in der Regel mit einer Strategie. Die muss gar nicht bis ins kleinste Detail ausgefeilt sein, aber Frauen haben mehr oder weniger klar festgelegte Quoten für Aktien, Anleihen oder Gold. Sie jagen also nicht immer der heißesten Wette hinterher, suchen den nächsten 100-Prozenter und machen jeden Trend mit, sondern legen sich fest. Das sorgt für weniger Bewegung in den Depots. Und wir wissen ja: »Hin und her macht Taschen leer.« Auch wenn es längst nicht mehr die Gebühren sind, die dann auf der Rendite lasten. Ständige Favoritenwechsel zahlen sich nur in den seltensten Fällen aus. Dann doch lieber getreu dem Motto »Breit gestreut und nie bereut« investieren. Bei einer langfristigen durchschnittlichen Marktrendite von 6 bis 8 Prozent ist das ganz sicher nicht die schlechteste Strategie.

Eine weitere spannende Erkenntnis aus allerlei Depotanalysen und persönlichen Gesprächen: Wenn Frauen sich für eine Strategie entschieden haben, dann bleiben sie ihr auch treu. Das »Wenn« ist allerdings mitunter das Problem. Frauen wollen es ganz genau wissen, sie wollen nur investieren, wenn sie die Strategie, die Anlageklassen und die Finanzprodukte wirklich verstanden haben. Sie recherchieren, fragen nach und das dauert. Mitunter bremst es sie auch ein bisschen aus. Im Grunde machen sie aber auch damit wieder alles richtig. Wir sollten alle grundsätzlich nur in etwas investieren, was wir auch verstehen. Ich frage mich allerdings gerade, ob wir dann noch in Einzelaktien investieren sollten? Wer kennt schon das Geschäftsmodell eines Unternehmens bis ins kleinste Detail, wer hat wirklich die ganze Bilanz gelesen und wem würde auffallen, falls da irgendwo ein Problem schlummert? Gut, es gibt natürlich Analysten, es gibt Fondsmanager, aber es gibt eben auch immer mal wieder Fälle wie den Wirecard-Skandal oder – die Älteren erinnern sich vielleicht noch – die Pleite des amerikanischen Energiekonzerns Enron. Es muss jeder oder jede für sich selbst entscheiden, ob Einzelaktien nicht vielleicht doch zu riskant sind und deshalb Fonds und ETFs die bessere Wahl sind. Viele Frauen entscheiden sich für die breite Risikostreuung und die entsprechenden Strategien – zumindest, wenn es um ihr Kerninvestment geht.

Frauen sind in turbulenten Börsenzeiten weniger emotional

Wenn sie sich dann eben entschieden haben, sind sie von so gut wie nicht von ihrer Strategie abzubringen. Und das ist gut so! Sie haben sogar in turbulenten Zeiten Nerven wie Drahtseile. Aber wie kommt das? Wer es schon einmal erlebt hat, weiß schließlich: Ein Crash ist wirklich eine nervenaufreibende Sache. Niemand kann sich darauf wirklich gut vorbereiten. Egal, wie viel Sie über die Börse wissen, egal, wie überzeugt Sie von Ihrer Strategie sind und wie langfristig Sie investieren – es wird schmerzhaft. Das gilt für Frauen wie für Männer. Niemand sieht gerne, dass der Depotwert schmilzt wie Eis in der Sonne. Das erzeugt Unwohlsein, kognitive Dissonanz. Viele Anleger verlieren in solchen Phasen leider ihre Nerven. Auswertungen von Onlinebrokern haben allerdings ergeben, dass Frauen mit Korrekturen und sogar Crashs besser klarkommen als Männer. Sie sind nämlich bei der Geldanlage sehr viel ruhiger und gelassener. Auch das macht sie langfristig zu besseren Anlegern. Sie schichten weniger häufig die Depots um, bleiben länger bei einer Strategie und gehen sehr strukturiert vor. Sind sie von einer

Entscheidung wirklich überzeugt, bleiben sie auch dabei. Egal, was an der Börse gerade los ist. Und das ist gut so, denn Anlagestrategien funktionieren nicht in jedem Jahr gleich gut, ihre volle Wirkung entfalten sie eigentlich erst über einen längeren Zeitraum. Deshalb zahlt sich ein langer Atem auf jeden Fall aus. Auch und vor allem dann, wenn es an der Börse richtig kracht. Das können Frauen besser ertragen als das waghalsige und ach so mutige Geschlecht.

So viel also dazu, dass Frauen hochemotional handeln und Männer sehr viel rationaler. Es mag Lebenssituationen geben, in denen das stimmt. An der Börse ist es nicht so: In Extremsituationen bewahren Frauen die Nerven. Sie neigen weder zu Panikreaktionen, wenn die Kurse einmal abstürzen, noch verfallen sie der Gier, wenn es aufwärts geht. Sie machen die Börse ganz sicher nicht zum Casino. Haben sie ihre Anlageentscheidung einmal getroffen, wird eine Markttendenz oder ein Thema, das viel diskutiert wird, sie nicht von ihrer Haltung abbringen. Anlegerinnen sind viel weniger beeinflussbar als ihre männlichen Pendants, die mitunter geradezu einen Jagdtrieb bei der Geldanlage entwickeln. Außerdem neigen Männer öfter zur Selbstüberschätzung. Das passiert zwar auch mancher Anlegerin, aber nicht so oft und so extrem. Männer verkaufen bei Kursrückgängen schneller und agieren bei der Geldanlage insgesamt weniger überlegt als Frauen. Doch führt Selbstüberschätzung zu vorschnellen Entscheidungen, die einiges an Rendite kosten können. Vor allem dann, wenn es an den Märkten mal wieder hoch hergeht.

Mangelnde finanzielle Bildung, wenige Aktionärinnen

Wenn Frauen also Börse so gut können – entschuldigen Sie diese etwas flapsige Formulierung –, warum investieren dann nicht mehr

Frauen in Aktien? Es dürfte auch und vor allem an ihrer finanziellen Bildung liegen. In einer repräsentativen Postbank-Umfrage aus dem Frühjahr 2025 räumte jede fünfte Frau ein, dass sie überhaupt kein Wissen zum Thema Geldanlage hat – im Vergleich zu jedem zehnten Mann. Die Folge: Frauen legen ihre Ersparnisse gern in Zinsprodukten an. Sparkonto, Festgeld und Tagesgeld sind vertraute und vermeintlich sichere Sparformen. An Wertpapiere trauen sich viele Frauen nicht heran. Der Anteil der weiblichen Anleger bleibt immer noch deutlich hinter dem der männlichen zurück.

Gerade einmal 4,4 Millionen Frauen sind in Deutschland an der Börse aktiv. Macht eine Quote von 12,3 Prozent. Das ist ein bisschen mehr als jede Zehnte, und das ist nicht viel. Und viel weniger als im Bundesdurchschnitt. Insgesamt sind nämlich 17,2 Prozent der Bevölkerung ab 14 Jahren in Aktien, Aktien-ETFs und Aktienfonds investiert. Zu den 4,4 Millionen Frauen kommen nämlich 7,7 Millionen Männer. Die gute Nachricht: In den vergangenen Jahren hatten die Frauen leicht aufgeholt, 2023 gab es aber wieder einen kleinen Rücksetzer, warum auch immer.

Frauen haben also deutlichen Nachholbedarf. Männer natürlich auch. Die Aktionärsquote in Deutschland ist insgesamt viel zu niedrig, bei den Damen aber eben noch viel, viel niedriger. Leider setzen Frauen sich immer noch deutlich seltener als Männer mit Geldangelegenheiten auseinander und verpassen so wertvolle Chancen, finanziell unabhängig zu sein – und auch im Alter unabhängig zu bleiben. Auch das zeigt die Postbank-Umfrage. Jede zweite Frau hat demnach keine Interesse an Finanzthemen. Mehr als jede Vierte beschäftigt sich überhaupt nicht damit und ebenfalls ein Viertel nur ungern. Wie kann das sein? Sich um die eigenen Finanzen zu kümmern, ist so wichtig. Frauen verdienen weniger, Frauen bauen weniger Vermögen auf, und Frauen sorgen weniger für das Alter vor.

Sie sind deshalb auch stärker von Altersarmut bedroht. Dazu gibt es unzählige Studien, viele Statistiken. Es wäre auf jeden Fall sehr wichtig und richtig, wenn mehr Frauen an der Börse investieren würden. Gerade wer weniger verdient, kann auf den Renditeturbo Aktien nicht verzichten. Und Umfragen, Depotanalysen und Studien zeigen ja immer wieder: Frauen können Börse, sehr gut sogar. Sie müssen sich nur trauen!

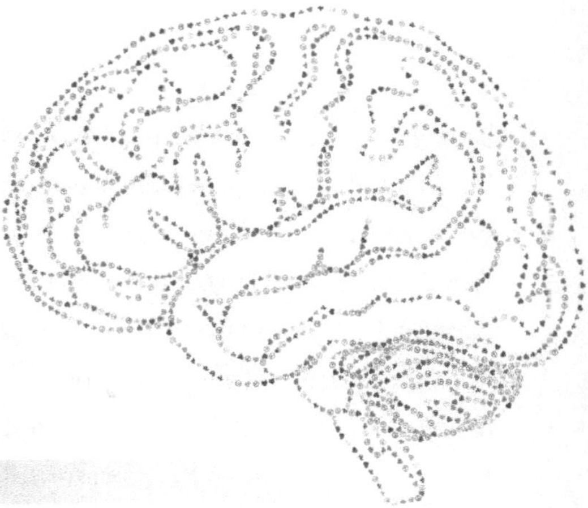

08

Gier und Panik – wenn sich die heftigsten aller Emotionen zeigen

Können Sie sich an die Zeit rund um die Jahrtausendwende erinnern? Waren Sie vielleicht schon an der Börse? Es war eine verrückte Zeit, der pure Wahnsinn. Ich war dabei! Und eigentlich bin ich ganz froh, dass ich damals zu Zeiten des Neuen Marktes die Börse für mich entdeckt habe. Damals glichen die Finanzmärkte wirklich zeitweise einem Casino. Es wurde gezockt wie verrückt. Die Gier war groß; auch meine. Auch ich habe gezockt wie verrückt, frei von jeglicher Vernunft. Hauptsache irgendwas mit Internet, und natürlich der schnelle Gewinn. Doch dann hat es geknallt, heftig geknallt, auch in meinem Depot schlug eine Bombe ein und hinterließ massive Schäden in Form hoher Verluste. Unweigerlich habe ich mit ein paar anderen Emotionen Bekanntschaft gemacht: Unverständnis, Angst, Panik. Ich musste schmerzhaft lernen: Die Börse ist keine Einbahnstraße, Crashs gehören leider von Zeit zu Zeit dazu. Ja, und den garantierten Gewinn gibt es nicht. Vor allem dann nicht, wenn man auf hochspekulative Einzelwerte setzt.

Ich habe damals extrem viel über die Finanzmärkte gelernt. Jeder meiner Fehler wurde bestraft, als die Internetblase platzte. Meine Fehler habe ich zwar nicht sofort so wirklich erkannt, aber trotzdem meine Lektion gelernt. Mir war nicht bewusst, dass ich ohne Strategie, ohne Risikostreuung, mit extrem hohem Risiko und einem extremen Klumpenrisiko unterwegs war. Beim Namen nennen konnte ich diese Fehler erst Jahre später, als ich als Finanzjournalistin nicht nur aktuelle Marktberichte oder Nachrichten über die Börse geschrieben habe, sondern tiefer in das Thema Investieren eingestiegen bin. Auf einmal ging es um Strategien, Asset-Allokation, also Zusammensetzung eines Depots, um Chancen und Risiken, um Risikostreuung und Risikomanagement, um kurzfristige, mittelfristige und langfristige Investitionen und schließlich auch um Emotionen.

Die Gier als Massenphänomen

Die beiden stärksten Emotionen sind bekanntlich Gier und Panik. Beide habe ich in meinem ersten Crash und in der Zeit davor beim Blick auf mein Depot sehr, sehr gut kennengelernt. Obwohl mir das gar nicht so wirklich bewusst war. Niemals hätte ich von mir behauptet, dass ich gierig war, zu gierig gar, dass ich deshalb zu hohe Risiken eingegangen war. Aber genau so war es! Kennen Sie dieses Zitat? »Gier ist gut. Die Gier ist richtig. Die Gier funktioniert.«

Es stammt vom legendären Investor Gordon Gekko aus dem Film *Wall Street*. In einem Raum voller Aktionäre argumentiert Gekko, Gier sei »die Essenz des evolutionären Geistes«, sie habe »den Aufstieg der Menschheit markiert« und werde die USA retten. Der Börsenhai aus dem Filmklassiker setzte sogar noch einen drauf: »Die Gier klärt die Dinge, durchdringt sie. Gier hat das Beste im Menschen hervorgebracht.« Zur Begründung bemühte der Filmheld, gespielt von Michael Douglas, die Biologie und verkündete vollmundig, Gier sei der Kerngedanke der Evolution. Mit seiner emotionsgeladenen Rede auf einer Hauptversammlung formulierte Gekko Ende der 1980er-Jahre das Credo der folgenden beiden Jahrzehnte, in denen selbst Kleinanleger zockten wie die ganz Großen der Wall Street und die Jagd nach heißen Börsentipps zum Massenphänomen wurde.

Ein starker Auftritt, aber auch ein etwas verstörender Auftritt des Finanzhais, der gerade mal wieder zugeschnappt hatte. Überhaupt der ganze Film. Jede Anlegerin und jeder Anleger sollte dieses oscargekrönte Werk mit Michael Douglas und Charlie Sheen in den Hauptrollen kennen; auch heute noch. Wir können einiges lernen, glauben Sie mir. Auch dass Gier in den seltensten Fällen ein guter Ratgeber ist.

»Gier frisst Hirn« ist ein häufig zitierter Satz unter Börsianern. Weil sie dem drängenden Wunsch nach hohen Renditen erliegen, fallen viele Anleger immer wieder auf falsche Versprechungen und sogar Betrüger herein. Wenn große Gewinne locken, dann ist es schnell vorbei mit den halbwegs rationalen Entscheidungen. Sie erinnern sich, »Beim Denken ans Vermögen ...«. Gier ist eine der stärksten Emotionen, die Anleger antreiben kann. Da wundert es nicht, dass ihr Verstand regelmäßig aussetzt. Gier ist aber auch ein extrem negativ besetzter Begriff. Wenn wir eine Person als gierig bezeichnen, meinen wir das in den seltensten Fällen positiv. Wer gierig ist, der ist egoistisch, auf seinen Vorteil bedacht und hat ihn fest im Auge – oft ohne Rücksicht auf Verluste. Gier ist das starke Verlangen, ein Ziel zu erreichen oder etwas zu bekommen, meistens ist das Geld, mitunter sogar mehr oder weniger großer Reichtum.

Dabei stellt sich unweigerlich die Frage: Wann haben wir eigentlich genug? Genug Geld, genug Rendite, genug Erfolg bei der Geldanlage? Wie definiert man das? Die Märkte machen langfristig bei breiter Risikostreuung im Schnitt 8 Prozent Rendite pro Jahr. Ist das genug? Oder muss es ein bisschen mehr sein? Oder reicht ein bisschen weniger? Eine sehr individuelle Entscheidung, die auch mit dem eigenen Risikoprofil zu tun hat. Wer sicherheitsorientiert ist, gibt sich eher mit weniger zufrieden. Wer sehr chancenorientiert ist, möchte mehr. Aber gehen wir dafür jedes Risiko ein? Wohl kaum. Der Bestsellerautor Morgan Housel ist überzeugt: »Die größte Kunst bei der Vermögensbildung besteht darin, die Messlatte nicht immer höher zu legen.« Genug ist also genug? Wenn es nur so einfach wäre. Housel ist überzeugt, dass der moderne Kapitalismus in zweierlei Hinsicht unschlagbar ist: indem er Wohlstand schafft und dabei unweigerlich auch Neid weckt. Wahrscheinlich gehört beides sogar zusammen. Möglicherweise treibt uns erst der Wunsch, andere zu übertreffen, zu besonderen Leistungen an. Aber wenn wir nie genug bekommen, macht das Leben dann überhaupt noch Spaß? Oder besonders viel Spaß? Wie heißt es so schön: Glück ist Erfolg minus Erwartungen. Eine spannende Formel. Housel hat noch einen anderen, ziemlich guten Rat für uns: »Manche Dinge sind das Risiko nicht wert, unabhängig von möglichen Profiten.« Wie wahr. Ich muss an meine unsägliche Wirecard-Zockerei denken, zu der wir noch kommen. Wir sollen einfach wissen, wann wir ein Risiko gar nicht erst eingehen sollten oder eben die Reißleine ziehen sollten. Es sollte uns einfach bewusst sein, wann es genug ist.

Wäre da nicht die Gier. Sie ist ein extrem starker Antrieb, unsere Kräfte auf ein einziges Ziel zu konzentrieren. Und wenn wir ehrlich sind, kann sich niemand davon freisprechen, mitunter gierig zu sein. Die Gier ist tief in uns verankert. Unser Gehirn ist auf Überleben programmiert, deshalb versuchen wir nicht nur, unsere aktuellen Bedürfnisse zu befriedigen, sondern nach Möglichkeit auch, Vermögen zu akkumulieren. Wir wollen das Beste für uns, am liebsten viel davon, und sorgen vor für schlechte Zeiten. Leider kann das auch zu Maßlosigkeit führen. So ist es auch in dem Film *Wall Street*: Finanzhai Gekko ist das Idol des jungen Brokers Bud Fox. Er will ihn unbedingt kennenlernen, genauso erfolgreich und vor allem reich sein. »Es ist heute nichts Ehrenvolles mehr, arm zu sein«, schleudert der junge Broker seinem Vater, einem Gewerkschafter, entgegen. Um Gekko nachzueifern, verkauft er seine Ideale, verliert zumindest zwischenzeitlich sein Bewusstsein für Recht und Unrecht. Das geht sogar so weit, dass er seinen Vater verrät, nur um dem großen Gekko zu gefallen. Die pure Gier treibt ihn an. Und Gekko nutzt das – aus denselben Motiven – schamlos aus.

Zu viel Testosteron führte zur Finanzkrise 2008

Männer erliegen solchen Charakterschwächen übrigens eher als Frauen. Es liegt an speziellen männlichen Eigenschaften: Männer sind schneller aggressiv, selbstverliebt, leichtsinnig, egoistisch und vor allem gierig. Klingt nach Stammtisch-Parolen? Nach abgedroschenen Phrasen? Nach unüberlegten Vorurteilen? Ist aber belegt! Ihre Verantwortung für den Beinahe-Zusammenbruch des weltweiten Finanzsystems in der Finanzkrise 2008 wurde nämlich wissenschaftlich nachgewiesen. Schuld sei das Testosteron, das die Herren bekanntlich steuert. Das sind zumindest die Erkenntnisse der schwedischen Wirtschaftswissenschaftlerin Anna Dreber.

Sie hat mit Kollegen eine interdisziplinäre Studie über das Verhalten von Börsenhändlern durchgeführt. In einem Experiment setzten rund 100 Männer echtes Geld für unterschiedlich riskante Anlageklassen ein. Und wie im echten Börsenleben konnten die Teilnehmer je nach Risiko ihrer Anlagen viel gewinnen oder verlieren. Während sie mit ihren Investments jonglierten, wurde ihr Testosteronspiegel gemessen. Das Ergebnis: Je mehr ein Investor vor Testosteron strotzte, desto risikoaffiner war er. Außerdem konnte das Team um Anna Dreber einen selbstverstärkenden Effekt nachweisen: Wenn ein Proband Gewinne machte, stieg sein Testosteronspiegel, was wiederum seine Risikobereitschaft wachsen ließ.

Dass der Testosteronspiegel auf dem Börsenparkett besonders hoch ist, überrascht mich allerdings nicht. Um zu dieser Erkenntnis zu kommen, hätte es keines Experiments bedurft. Spannend ist aber der Bezug zur Finanzkrise, den Dreber herstellte. Männer beherrschen nun einmal noch immer die Finanzwelt. Ohne ihre Risikobereitschaft hätte es wahrscheinlich weniger riskante Produkte, weniger heiße Wetten und vielleicht am Ende auch keine Krise gegeben. Im Umkehrschluss heißt das natürlich: Wären mehr Frauen an der Börse unterwegs, würden weniger hohe Risiken eingegangen und auch die Gier wäre nicht ganz so groß. Wenig überraschend war übrigens die Reaktion in den einschlägigen Finanz-Blogs auf die Studie von Anna Dreber. Nur Frauen könnten auf eine solch einfache, ja sogar dümmliche Erklärung der Finanzkrise kommen. Das lasse ich an dieser Stelle mal unkommentiert.

Unabhängig davon, ob man den Ergebnissen von Dreber nun mehr oder weniger abgewinnen kann, es steht fest: Testosteron beeinflusst das menschliche Verhalten. Das Hormon macht gierig, egoistisch und übermütig. Risiken sind plötzlich keine mehr. Natürlich können auch Frauen extrem gierig sein, grundsätzlich agieren sie aber vorsichtiger als Männer, wie diverse Studien gezeigt haben. Viele Anleger, ob nun männlich oder weiblich, gehen natürlich auch ganz bewusst hohe Risiken ein.

Wer allerdings waghalsig spekuliert wie Gordon Gekko im Film, dem geht es nicht unbedingt um den höchstmöglichen Gewinn. Natürlich strebt auch Gekko nach größerem Reichtum, nach hohen Renditen. Aber noch stärker ist sein Trieb, andere zu besiegen. Besser zu sein als der Markt oder der direkte Gegner, ist für viele Spekulanten der ultimative Kick. Menschen wie Gekko wollen gewinnen, die absolute Macht fühlen. Danach gieren sie. Das ist Gekkos Antrieb, der seit Jahren im Wettstreit mit Sir Lawrence Wildman, kurz Sir Larry, liegt. Die beiden haben noch eine Rechnung offen. Es geht einzig darum, dem anderen voraus zu sein, ihm einen großen Deal wegzuschnappen. Das schafft eine viel größere Befriedigung als der reine Gewinn an der Börse.

So extrem gierig und eiskalt wie die Filmfigur sind hoffentlich die wenigsten. Aber ein bisschen Gekko steckt in uns allen. Besser zu sein als die anderen, höhere Gewinne als andere einzufahren, das ist doch ein gutes Gefühl, oder? Wir sind kein »Homo oeconomicus«. Die total rationale Fabelfigur aus den Wirtschaftswissenschaften würde jeden Gewinn, jede Belohnung genau wie jede Lotterie, jede Geldanlage, jede Handlungsoption immer völlig rational aus der Sicht ihres Vermögensstands bewerten. Wir Menschen hingegen handeln getrieben von Gier, Missgunst oder Angst. Zumal der sogenannte Grenzwert des Besitzes relativ schnell abnimmt. Wenn wir ein monetäres Ziel – vielleicht unsere erste Million – erreicht haben, lässt die Freude darüber auch schnell wieder nach.

Wir wollen mehr. Ein Phänomen, das vor allem, aber nicht nur an der Börse zu beobachten ist. So sehr Spekulanten wie Gekko – aber auch Privatanleger wie Sie und ich – auch nach Rendite streben, so viel wir auch gewinnen, wir kommen auf lange Sicht nicht vom Fleck, was das eigene Glücksempfinden betrifft.

Anleger in der hedonistischen Tretmühle

Psychologen nennen das hedonistische Tretmühle: Um kurzfristig das eigene Glücksgefühl zu steigern, eilen wir immer größeren Kursgewinnen hinterher – und gehen dabei immer höhere Risiken ein. Abseits der Börse sind es immer größere Immobilien, immer wertvollerer Schmuck, immer luxuriösere Ferienreisen. Doch der langfristige Glückszuwachs bleibt aus. Wenn wir uns ein tolles, neues Auto gönnen, freuen wir uns für ein paar Tage oder Wochen darüber. Aber schon bald wird es zur Selbstverständlichkeit. Wir gieren sogar irgendwann nach dem nächstgrößeren oder neueren Modell. Und natürlich ist ein Wechsel zu einem kleinen Auto nur noch unter Schmerzen möglich.

Schon in unserer Kindheit haben wir so reagiert. Nicht nur das neueste Spielzeug wurde schnell zur Selbstverständlichkeit – auch wenn es um Geld ging, gab es diesen Gewöhnungseffekt bereits. An die Taschengeld-Erhöhung haben wir uns schnell gewöhnt und quengelten gleich nach der nächsten. Heute ist es die Gehaltserhöhung, die nur temporär glücklich macht. Oder eben der Börsengewinn. Schnell setzt der Gewöhnungseffekt ein, wir wollen noch mehr Geld. Wir sind ewig auf der Suche – nur um nach kürzester Zeit schon wieder so glücklich oder unglücklich zu sein wie zuvor. Der Gewöhnungseffekt ist der natürliche Feind des Glücks.

Problematisch kann es auch werden, wenn andere besser sind als wir, mehr besitzen, mehr Erfolg haben – beim Sport, im Job oder an der Börse. Wenn wir uns mit anderen messen, kann das schnell zu einem diffusen, aber wichtigen Motiv unseres Handelns werden. Ob wir wollen oder nicht, Prestigedenken spielt in unserer Gesellschaft eine wichtige Rolle. Nur die wenigsten von uns können sich davon freisprechen, wenn wir ganz ehrlich sind. An den Kapitalmärkten ist das ein Problem: Die Kombination aus Gier und Rivalität gegenüber anderen macht es nicht gerade einfach, langfristig erfolgreich zu investieren.

An der Börse ist ein Gewinn nämlich nicht gleich ein Gewinn – mitunter wird er nur dann als solcher wahrgenommen, wenn er auch größer ist als der Profit von Freunden oder Kollegen. So verrückt es auch klingen mag: Der Gewinn eines Freundes kann sich manchmal sogar wie ein eigener Verlust anfühlen. Auch unsere Erwartungen, unsere Ziele sind wichtige Referenzpunkte, die über Gewinn- und Verlustgefühl entscheiden. Die unterschiedliche Wahrnehmung von Freud und Leid prägt das menschliche Entscheidungsverhalten. Das gilt auch an der Börse und verführt uns leider zu Fehlentscheidungen.

Wir wissen natürlich, dass wir mehr Rendite an der Börse nur erzielen können, wenn wir auch ein größeres Risiko eingehen. Trotzdem jagen wir an der Börse Schnäppchen hinterher oder suchen nach den kommenden Superstars. Anderen Anlegern gelingen diese Volltreffer schließlich auch. Niemand kann aber genau sagen, wie sich die Aktienmärkte entwickeln werden, welche die nächsten Kursraketen sind. Es gibt zu viele Risiken, zu viele Überraschungen und eben zu viel psychologische Effekte. Viel zu oft fallen wir an der Börse aber der Selbstüberschätzung – Experten sprechen von »Overconfidence« – zum Opfer. Sie lässt uns glauben, wir könnten den Markt schlagen. Aber das können nur die allerwenigsten und schon gar nicht dauerhaft. Oft ist es aber einfach nur Glück. Martin Weber, Professor für Bankbetriebswirtschaft an der Uni Mannheim, hat es im Gespräch mit mir einmal so zusammengefasst: Die Kurse beinhalten zu jedem Zeitpunkt alle bekannten Informationen, also auch Gier und Ängste, Hoffnungen und Erwartungen. Kommt eine neue Information hinzu, wird sie sofort im Kurs verdaut. Zwar entwickeln sich Aktien sehr langfristig im Einklang mit fundamentalen Kriterien, etwa Verschuldung oder Gewinn. Doch auch diese Parameter sind nicht vorhersehbar.

Natürlich gibt es Prognosen und Ausblicke. Doch die sind eben nicht immer richtig, zumindest nicht ganz richtig. Kein Wunder, dass es auch institutionellen Investoren nicht gelingt, den Markt langfristig zu schlagen und schlauer zu sein als die breite Masse der Anleger. Viele Fondsmanager schaffen es nicht, ihren Vergleichsindex zu schlagen, schon gar nicht dauerhaft. Deshalb entwickeln sich börsengehandelte Indexfonds, die einen Aktienindex abbilden, auch regelmäßig besser als aktiv gemanagte Aktienfonds. Das zeigen Studien wie das Aktiv-Passiv-Barometer des Analysehauses Morningstar regelmäßig. Das Urteil der Experten ist eindeutig: Über lange Zeiträume hinweg bleibt die Erfolgsquote aktiver Manager insgesamt niedrig. Natürlich gibt es auch gute Fondsmanager, die den Markt schlagen. Aber im Jahr 2024 beispielsweise war es laut Morningstar noch nicht mal jeder Sechste. Für Langfristanleger zählt aber natürlich, wie die Vermögensverwalter über 5, 10 oder 20 Jahre abschneiden. Trotzdem müssen sich die Experten Jahr für Jahr messen lassen: Waren sie besser als der Markt? Besser als die Konkurrenz zumindest? In den Bestenlisten ganz vorne zu stehen, ist ein gutes Marketingargument. Ob es dieser Druck ist, der Fondsmanager gierig werden lässt? Auf jeden Fall wächst damit die Gefahr, sich zu verzocken.

»The Sky is the Limit«

Gier ist eine verdammt starke Emotion. Der ehemalige US-Arbeitsminister Robert Reich sagte einmal: »Gäbe es an der Wall Street keine Gier mehr, dann bliebe nur Beton.« Viele der Menschen definieren sich einzig über den finanziellen Erfolg. Sie arbeiten, um so viel Geld wie möglich zu verdienen – »The Sky is the Limit«, Gier pur. Leider führt Gier oft zu unmoralischem Verhalten. Die Finanzbranche scheint dafür prädestiniert zu sein – das hat sich leider auch in der Finanzkrise gezeigt. Das Streben nach immer besseren Zahlen, gefolgt von immer höheren Boni, ist gewissermaßen systemimmanent. Darüber sind sich Wissenschaftler aller Fakultäten – von den Soziologen über die Psychologen bis zu den Ökonomen – mittlerweile einig. Die unstillbare Gier nach Erfolg und Rendite treibt viele Banker an. Das Privatleben bleibt dabei oft auf der Strecke. Auch das lässt sich im Kinoklassiker *Wall Street* wunderbar beobachten; und es hat sich bis heute wohl nicht wirklich geändert. An die Stelle eines Privatlebens treten Telefonkonferenzen, nicht enden wollende Zahlenkolonnen, vollgepackte Terminkalender. Ein prall gefülltes Konto, ein üppiges Depot und Statussymbole entschädigen für die Qualen. Oder sind es gar keine Qualen? Gier ist auch ein verdammt starker Antrieb.

Das Streben nach immer größerem Reichtum, nach immer größeren Statussymbolen und der höchstmöglichen Rendite ist allerdings nicht ganz ungefährlich. Nicht umsonst heißt es, dass Geld den Charakter verdirbt. Ich halte wenig bis nichts von den Vorurteilen, das Geld schmutzig ist, dass es »böse« ist und eben grundsätzlich den Charakter verdirbt. Möglich ist Letzteres aber wohl doch. Denn was nach einer Stammtisch-Parole klingt, hat die US-Psychologin Kathleen Vohs schon vor 20 Jahren in einem Experiment nachgewiesen. Sie manipulierte das Unterbewusstsein ihrer Versuchspersonen mit Rätseln, in denen immer wieder Wörter wie Vermögen oder Rendite auftauchten. Dann bat sie die Probanden um eine kleine Hilfeleistung, etwa ein paar heruntergefallene Bleistifte aufzuheben. Diejenigen, die sie mit Floskeln aus der Finanzwelt konfrontiert hatte, waren wesentlich weniger hilfsbereit als jene, die ein Rätsel mit neutralen Wörtern gelöst hatten. Auch waren Erstere weniger gern bereit, selbst Hilfe in Anspruch zu nehmen oder für eine gute Sache zu spenden. Vohs vermutet, dass der bloße Gedanke an Geld eine Illusion persönlicher Unabhängigkeit wachruft: Mit einem fetten Kontostand meinen wir wohl eher, andere nicht zu brauchen, und erwarten umgekehrt auch von ihnen, ihre Probleme selbst zu lösen. Ihr Fazit: Geld verändert unsere Psyche auf ganz subtile Art und Weise.

Und Gier verdirbt den Charakter. Das hat auch der renommierte US-Psychologe Dacher Keltner von der Universität Berkeley in zahlreichen Studien bewiesen. Personen aus der Oberschicht neigen in Verhandlungen und bei Gewinnspielen häufiger zum Lügen und Betrügen als andere Bevölkerungsgruppen. Ein weiterer Beweis dafür, dass Gier alles andere als gut ist, denn sie untergräbt moralisches Verhalten. Das zeigt ja auch das Gebaren von Gordon Gekko, der nicht vor illegalen Geschäften zurückschreckt. Er manipuliert Aktienkurse, indem er einen Journalisten mit Informationen füttert. Und er macht sich des Insider-Handels schuldig. Was Gekko tut, ist leider kein Einzelfall. Immer wieder machen auch heute noch spektakuläre Fälle Schlagzeilen. Insider-Handel wird hart bestraft. Das war auch schon in den 1980er-Jahren so. Gekko geht das Risiko trotzdem ein. Er ist steinreich, hat wahrscheinlich mehr Geld, als er jemals ausgeben könnte. Da drängt sich wieder die Frage auf, wie viel Geld ein Mensch überhaupt braucht. Aber genau diese Frage würde sich ein von Gier getriebener Spekulant wie Gekko niemals stellen. Für ihn ist Geld Macht. Er will immer mehr. Inspiration für die Figur Gordon Gekko waren übrigens diverse Investment-Profis, die damals dick im Geschäft waren und teilweise wegen Betrugs angeklagt wurden.

Gerade an den Finanzmärkten führen fehlgeleitete Anreize immer wieder in die Katastrophe. Die Verflechtungen der handelnden Personen und die vielen unterschiedlichen Anreizsysteme sind häufig so komplex, dass das Desaster oft erst offenbar wird, wenn es zu spät ist. Komplizierte Schneeball-Systeme wie das von Bernie Madoff fliegen erst auf, wenn die Anleger bereits hohen finanziellen Schaden erlitten haben. Betrügerische Bankmitarbeiter in den Handelssälen werden erst entlarvt, wenn die Verluste zu groß werden. Und fehlgesteuerte Bonussysteme werden erst geändert, wenn ein Investment oder gar das ganze Unternehmen vor dem Abgrund steht.

Wahrscheinlich sind Sie genau wie ich kein zweiter Gordon Gekko. Aber wahrscheinlich erliegen auch Sie bei ihren Anlageentscheidungen ab und an der Gier. Genau wie ich. Wieso sonst habe ich die Wirecard-Aktie gekauft, als es längst üble Schlagzeilen gab? Ich wusste, dass mich die pure Gier in die Wirecard-Aktie »trieb«. Ich wusste, welch extremes Risiko ich eingehe. Das hat mich vor den Verlusten zwar nicht bewahrt, aber mein Einsatz war entsprechend gering. Dieses Bewusstsein für Gier, aber eben auch hohes Risiko, ist wichtig. Es bewahrt uns davor, hohe Verluste zu erleiden. Oder mache ich mir was vor? Denn Fakt ist ja auch: Irrationales Handeln führt zu echten Verlusten. Das schauen wir uns noch genauer an, auch den Irrsinn mit meiner Wirecard-Zockerei.

Bei allem Wissen über Börsenpsychologie: Über emotionale Fallstricke stolpern wir mitunter trotzdem. Das Bewusstsein für die Gier macht uns aber hoffentlich weniger empfänglich für reißerische Schlagzeilen von Anlegermagazinen, die unsere Emotionen regelmäßig triggern. Sie versprechen hohe Gewinne, ganz heiße Trends, supersichere Wetten und sprechen damit unsere Gier an. Noch schlimmer geht es auf Social Media zu, wo selbst ernannte Experten und Expertinnen gigantische Chancen – von Risiken ist selten die Rede – und maximale Gewinne versprechen. Und dann die unzähligen, mitunter sogar kostenpflichtigen Newsletter, die Tag für Tag an gierige Anleger verschickt werden. Wenn sogenannte Börsenbriefe selbst ernannter Börsengurus waghalsige Renditen versprechen, greifen manche Anleger beherzt zu. Dabei können viele noch nicht mal eine halbwegs als solche zu bezeichnende Erfolgsbilanz vorweisen. Aber trotzdem wollen viele Anleger und Anlegerinnen nur zu gerne glauben, dass Aktie A oder Aktie B in den kommenden Monaten eine garantierte »100-Prozent-Chance« bietet, natürlich mehr oder weniger ohne Risiko. Würden diese Anlegerinnen und Anleger rational denken, dann würden sie die Finger von diesen heißen Tipps lassen. Keine Chance ohne Risiko und natürlich auch umgekehrt. Leider wimmelt es im Internet, aber auch in Börsenmagazinen, nur so von fragwürdigen Empfehlungen. Wer sich darauf einlässt, legt sich geistig fest. Der glaubt an die Empfehlungen, deutet alle Informationen um, die ihn eigentlich zweifeln lassen müssten, oder ignoriert sie. Diese Anleger nehmen nur noch wahr, was für ihre Zockerei spricht, und übersehen alle Warnsignale.

Wenn die vermeintliche Chance auf einen gigantischen Gewinn lockt, setzt das Gehirn leider aus. Zumindest ist es vorbei mit jeder Spur von Rationalität. Ist Ihnen das auch schon passiert? Mir in Zeiten des Neuen Marktes ständig, wenn ich ehrlich bin. Und auch heute noch lockt mich die eine oder andere heiße Wette. Aber das passiert dann eben mit »Spielgeld«; der finanzielle Schaden ist begrenzt, wenn es schiefgeht. Emotional sieht es dann allerdings ein bisschen anders aus. Viele Anleger fallen immer wieder auf Gurus und auch Crash-Propheten rein – wider besseres Wissen. Dass sie vielleicht nur Glück hatten oder wie Gekko im Film krumme Geschäfte machen, ignorieren wir. Börsenguru! Das klingt fast schon wie ein Schimpfwort, oder?

Dabei gibt es auch Gurus, die sich diesen Titel verdient haben. Staranleger wie Warren Buffett beispielsweise, an deren Lippen die Anleger und Märkte hängen. Oder Hedgefonds-Manager wie George Soros, der an der Börse Milliarden verdient hat, weil er eine funktionierende Strategie konsequent umgesetzt hat. Ab einem gewissen Kultstatus kommt es dabei zu einer sich selbst erfüllenden Prophezeiung. Wenn Buffett verkündet, er habe Aktien von einem Unternehmen gekauft, dann steigt der Börsenkurs in der Regel. Denn viele Anleger folgen ihm und kopieren seine Investitionen. Starinvestoren wie Buffett erzeugen enorme Nachfrage. Es war oft eine ziemlich gute Idee, ihm zu folgen. Vor allem, weil er sehr langfristig investiert, weil seine Strategie bekannt ist, weil er seine Einschätzungen zum Markt und zu einzelnen Aktien regelmäßig mit der Öffentlichkeit teilt. Spielen allerdings Spekulanten wie Gordon Gekko ihre krummen Spielchen, haben Anleger keine Chance. Er streut Gerüchte, nutzt Insider-Informationen aus und agiert eiskalt. Gesetz und Moral gelten für ihn nicht. Es geht einfach um seinen größtmöglichen Gewinn, auch auf Kosten anderer.

Wall Street ist übrigens mein Lieblingsfilm, auch nach 40 Jahren noch. Allerdings habe ich ihn als Teenagerin für einen Liebesfilm gehalten oder so etwas Ähnliches. Auch da gibt es ja legendäre Gekko-Zitate. Kostprobe gefällig? »Die Liebe haben die Menschen nur erfunden, damit sie nicht aus dem Fenster springen. Wenn du einen Freund brauchst, kauf dir einen Hund.« Wie auch immer, als ich meine Leidenschaft für die Börse entdeckt hatte, habe ich dann auch verstanden, worum es in *Wall Street* eigentlich wirklich geht. Nämlich um die Abgründe der Finanzwelt, um das große Geld, um den Aufstieg des jungen Brokers Buddy Fox, aber auch um Insider-Geschäfte und kriminelle Machenschaften. Aber dass es um die gefährlichsten Emotionen geht, die uns umtreiben können? Dass es um Gier, ja sogar Habgier ging – diese Einsicht kam erst später. Gier muss natürlich nicht zur Kriminalität führen, aber es kann passieren.

Auch ich war gierig und bin zu hohe Risiken eingegangen. Das war teuer, aber zum Glück nicht kriminell. Und als es knallte, erwischte es mich eiskalt. Ich war verzweifelt, sicherlich auch ein bisschen panisch, ziemlich ratlos auf jeden Fall. Was war da los? Was passierte da mit meinem Depot? Ich habe wirklich viel aus meinen ersten Erfahrungen an der Börse gelernt und möchte sie nicht missen. Man muss es wahrscheinlich erleben, um es wirklich zu verinnerlichen. Trotzdem hätte ich mir gewünscht, ein Buch wie dieses in meinen ersten Börsenjahren schon gelesen zu haben. Vielleicht hätte ich weniger waghalsig gezockt, wäre weniger absolut unkontrollierbare Risiken eingegangen. Mittlerweile ist aus der Zockerin von damals eine langfristig denkende und handelnde Investorin geworden. Ich habe eine Strategie, ich investiere nach klaren Regeln, ich setze auf breite Risikostreuung. Das hilft mir, meine Emotionen unter Kontrolle zu halten. Ausschalten können wir sie nicht, aber wir können sie erkennen, und dann stolpern wir hoffentlich nicht über all die psychologischen Fallstricke.

Weil ich aber trotzdem ab und zu mal etwas wagen will, weil mich ab und zu auch mal die Gier packt, weil Einzelaktien einfach mehr Spaß machen als ETFs, habe ich ein zweites Depot: mein Spielgeld-Depot. »Spielgeld« nicht, weil ich wild zocke, sondern eher aufgrund der Höhe der Summen, die ich dort investiere. Sie sind recht gering, vor allem im Vergleich zu meinem Depot für den langfristigen Vermögensaufbau. Aber was landet in diesem Depot? Vereinfacht gesagt: Alles, was mit meiner langfristigen Strategie nichts zu tun hat und sie irgendwie verfälschen oder verwässern würde. Alles, was in meinem Hauptdepot nichts zu suchen hat. Und eben auch riskantere Investments.

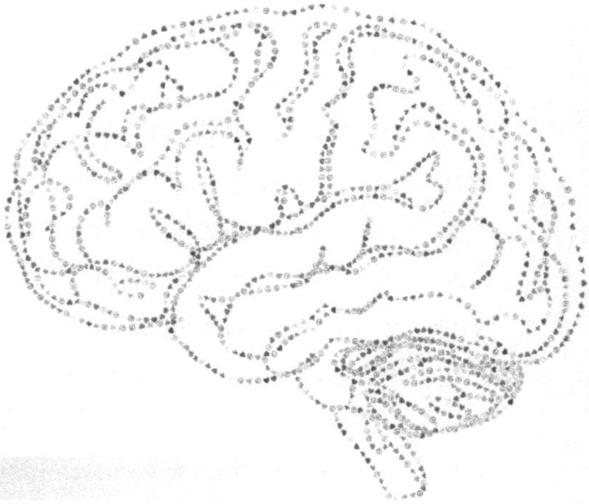

09

Wenn die Kurse Achterbahn fahren – und die Emotionen auch

Von manisch-depressiv bis himmelhoch jauchzend – wenn die Börsenkurse Achterbahn fahren, tun es unweigerlich auch die Emotionen der Anleger. Wenn die Kurse ins Rutschen kommen, werden wir nervös, fühlen uns unwohl, hinterfragen unsere Positionen im Depot. Wir kriegen richtig schlechte Laune, werden vielleicht sogar panisch und verkaufen mitten in eine Abwärtsbewegung hinein. Auch steigende Kurse können Unwohlsein auslösen. Erinnern Sie sich an die Grafik zum Anlegerverhalten im ersten Kapitel? Es könnte so einfach sein. Denn im Grunde ist uns doch klar, dass Geduld zum Erfolg an der Börse führt. Und noch klarer dürfte uns sein, dass Hektik ein ganz schlechter Ratgeber ist. Doch leider machen viele von uns irgendwann Bekanntschaft mit einer alten Börsenweisheit: »Hin und her macht Taschen leer.«

Selbst die intelligentesten Köpfe werden an der Börse Opfer ihrer Emotionen. Ein sehr prominentes Beispiel ist Isaac Newton. Zugegeben, die folgende Geschichte liegt schon Hunderte Jahre zurück, aber sie ist einfach ein herrliches Beispiel dafür, wie wir wider besseres Wissen immer wieder über Fallstricke stolpern. Der große Physiker fasste seine Erlebnisse so zusammen: »Die Bahn der Himmelskörper kann ich auf Zentimeter und Sekunden berechnen, aber nicht, wie eine verrückte Menschenmenge die Börsenkurse in die Höhe oder Tiefe treiben kann.« Aber was war überhaupt passiert? Newton hatte gerade schlechte Erfahrungen gemacht und durch hektisches Hin und Her an der Börse viel Geld verloren. Es ist eine Geschichte, die viele von uns so oder so ähnlich schon erlebt haben. Im Februar 1720 investierte Newton einen relativ geringen Teil seines Vermögens in Aktien der South Sea Company. Diese 1711 gegründete britische Aktiengesellschaft hatte das Monopol auf den Handel mit den südamerikanischen Kolonien Spaniens bekommen, eine Folge des Spanischen Erbfolgekrieges. Mit seiner Investition lag der Physiker goldrichtig: Der Kurs der Aktie verdreifachte sich innerhalb von drei Monaten. Angesichts seiner stattlichen Gewinne entschied Newton, seine Aktien zu verkaufen und seinen Gewinn zu realisieren. Er wählte die schnelle Belohnung. Warum auch nicht? Davon, Gewinne mitzunehmen, ist schließlich noch niemand arm geworden.

Nur leider endet die Geschichte Newtons hier noch nicht. Denn er beobachtete die Aktie weiter und musste zusehen, wie seine Freunde, die ihre Aktien der South Sea Company behalten hatten, immer reicher wurden. Solche Vergleiche lösen Unwohlsein, kognitive Dissonanz, aus und lassen uns hektisch werden. Was Newton wohl durch den Kopf gegangen sein muss? So etwas in dieser Art wie: War meine Entscheidung falsch? Habe ich zu früh verkauft? Ist mir ein satter Gewinn entgangen? Im Juli konnte er der Verlockung nicht mehr widerstehen und investierte erneut, allerdings zu einem sehr viel höheren Kurs. Für die Aktien, die er wenige Wochen vorher zum Kurs von 300 Pfund verkauft hatte, bezahlte er nun 700 Pfund. Dieses Mal gab er sich auch nicht mit einer bescheidenen Summe zufrieden, sondern investierte einen großen Teil seines Vermögens. Ein schwerer Fehler: Im November war alles vorbei. Die »Südseeblase« war geplatzt. Newton versuchte zu retten, was nicht mehr zu retten war, und stieg zum Kurs von gut 100 Pfund je Aktie aus. Einen Großteil seines Vermögens hatte er verloren. Zum Glück bezog er als Leiter der königlichen Münzanstalt ein gesichertes Gehalt, sonst hätte es finanziell eng werden können für ihn.[4]

Die alten Grundsätze des Börsenhandels

Hätte Newton nur *Die Verwirrung der Verwirrungen* von José de la Vega gelesen! Er wäre vielleicht im Frühjahr und Sommer 1720 nicht der Hektik verfallen. De la Vega zählte vor mehr als 300 Jahren vier Grundsätze des Börsenhandels auf, die heute noch gelten. De la Vegas erster Grundsatz lautete: »Man soll niemandem einen Rat erteilen, Aktien zu kaufen oder zu verkaufen, weil da, wo der Scharfblick getrübt wird, auch der wohlwollendste Rat schlecht münzen kann.« Der zweite Grundsatz: »Man soll jeden Gewinn mitnehmen, ohne Reue wegen entgangenen Nutzens zu empfinden. [...] Es ist klug, sich mit dem zu freuen, was möglich ist, ohne auf Beständigkeit des Zufalls und Gleichmäßigkeit des Glücks zu hoffen.« Es ist selten gut, entgangenen Gewinnen hinterherzutrauern. Doch genau das hat

Newton getan. Das führt leider oft zu Fehlentscheidungen. Grundsatz Nummer drei lautet: »Die Börsengewinne sind Koboldschätze: Bald sind sie Karfunkelsteine, bald Kohlen, bald Diamanten, bald Kiesel, bald Morgentau, bald Tränen.« Der vierte Grundsatz schließlich warnt vor zu viel Hektik: »Wer in diesem Spiel gewinnen will, muss Geld und Geduld haben, da die Kurse so wenig begründet sind; wer die Schläge aushält, ohne über die Widerwärtigkeit zu erschrecken, ähnelt dem Löwen, der den Donner mit Brüllen beantwortet, und nicht der Hirschkuh, die, vom Donner betäubt, hinwegeilt.« (de la Vega, José: Verwirrung der Verwirrungen. Börsenbuchverlag 1994). Darüber sollten wir wohl alle einmal etwas länger nachdenken oder am besten gleich das Buch lesen.

Das Beispiel Newtons zeigt: Als Aktionär müssen Sie immer wieder entscheiden, ob Sie Gewinne laufen lassen oder lieber mitnehmen. Klingt logisch, widerspricht nur leider der Funktionsweise unseres Gehirns. Das giert schließlich nach schnellen Belohnungen. Die Dopamin-Rezeptoren in den Belohnungszentren des Gehirns wollen nicht warten, sie wollen JETZT ihr Feuerwerk zünden. Dieses Verlangen nach schnellen Belohnungen lässt uns an der Börse hektisch agieren und leider auch Fehler machen. Selbst wenn Sie auf der Gewinnerseite stehen, können Sie der Hektik verfallen. Die sichere Variante wäre es, Gewinne zu realisieren. Denn andernfalls gehen Sie ja das Risiko ein, das Plus im Depot wieder einzubüßen. So hat es Newton gemacht. Allerdings haben Sie auch nur die Chance auf weitere Gewinne, wenn Sie die Aktie behalten. Deshalb raten die Experten, Gewinneraktien die Treue zu halten.

Leider steckt in uns allen ein bisschen Isaac Newton: Wir treffen unweigerlich irgendwann finanzielle Entscheidungen, die wir später bereuen. Oft handeln wir unüberlegt oder aber aufgrund unzureichender oder sogar falscher Informationen. Davon kann sich niemand befreien. Zum Zeitpunkt unserer Entscheidung erscheint sie uns natürlich absolut klug. Vielleicht ist es deshalb auch zu kurz gedacht, die Bildung von Blasen allein mit Gier zu erklären. Wir übersehen dabei eine wichtige Lektion, nämlich wie wir uns vor uns selbst rechtfertigen. Hinterher sieht das dann nach Gier aus. Aber es gibt in der Regel keine deutlichen Warnsignale oder gar Diagnosen, dass es zeitnah knallt. Hinterher lassen sich immer gute Gründe finden. Aber an der Börse wird nicht zum Einstieg und erst recht nicht zum Ausstieg geläutet.

Hektik, Panik und schließlich eine Art Herdentrieb – so ein Crash ist nichts für sanfte Gemüter. Aber es müssen gar nicht die großen Turbulenzen sein, die uns überreagieren lassen. Manchmal ist es schlicht unsere Gier. Auf der Jagd nach der maximalen Rendite schichten wir unser Depot immer wieder um. Wir versuchen, immer auf die Anlageklassen zu setzen, die gerade besonders hohe Gewinne versprechen. Was nur eine dünne Rendite liefert, fliegt erbarmungslos aus dem Portfolio. Wir sind überzeugt, zu erkennen, wenn ein Trend sich dreht. Dann handeln wir – in der Hoffnung auf hohe Kursgewinne mit dem neuen Investment. Schön, wenn diese Strategie aufgeht. Das passiert aber leider nur in den seltensten Fällen. Auch Starinvestor Warren Buffett kann der Hyperaktivität vieler Anleger wenig abgewinnen. »Aktivität korreliert an der Börse nicht mit Erfolg«, warnt er. Buffett muss es wissen, schließlich gehört er zu den erfolgreichsten Investoren der Welt. Er hat viele Aktien bereits seit Jahrzehnten im Depot. Experten warnen vor allem vor den anfallenden Gebühren. Die gibt es natürlich, aber sie sind in den vergangenen Jahren immer geringer geworden. Neobroker werben sogar mit null Ordergebühr um neue Kunden und Kundinnen. Aber: »There is no free lunch.« Es kostet, umzuschichten. Wenn es keine Ordergebühren sind, dann ist es der Spread. Und im

Zweifelsfall eine geringere Rendite oder gar ein Verlust. Vergessen sollten wir auch nie, dass ja gegebenenfalls Abgeltungssteuer fällig wird.

Mal verliert man, mal gewinnt man, heißt es so schön. Oder auch: Mal verliert man, mal gewinnen die anderen. An der Börse ist Ihr Geld angeblich nicht weg, es haben nur die anderen. Noch so ein Spruch. Es gibt unterschiedliche Meinungen, wo ein Käufer ist, da ist auch ein Verkäufer. Wenn Anleger aber unterschiedliche Ziele und Anlagehorizonte haben, was unweigerlich der Fall ist, und das in wirklich jeder Anlageklasse, können Kurse, die der eine für völlig überzogen hält, für einen anderen gerechtfertigt erscheinen.

Nach der Internetblase platzt die Immobilienblase

Aber wie entstehen eigentlich Blasen? Können wir das überhaupt abschließend erklären? Es sind auf jeden Fall eine Menge Emotionen im Spiel. Eine Anlageklasse nimmt Fahrt auf, immer mehr Investoren werden darauf aufmerksam und wollen dabei sein. Das befeuert die Rally weiter. Dieses Momentum lockt dann auch die ganz kurzfristig agierenden Anleger an. Die Rally wird immer wilder. Es entsteht eine Blase. Denn die Zusammensetzung der Investoren verändert sich. Waren es anfangs überwiegend langfristig denkende Akteure, sind später nur kurzfristige denkende Anleger am Start. Der Prozess verselbstständigt sich. Indem die Kurse immer weiter nach oben getrieben werden, lockt das neue Anleger an. Geht es also gar nicht um Bewertungen, sondern vielmehr um den Anlagehorizont? Sind Zocker schuld an Blasen und ihrem Platzen? Ich glaube nicht, dass man das so pauschal beantworten kann, aber es ist schon etwas dran: Wenn die Anleger immer kurzfristiger denken, immer waghalsiger unterwegs sind, dann steigt die

Gefahr eines »Unfalls«. Dann knallt es. Leider erkennt man Blasen oft erst, wenn sie geplatzt sind. Und dann waren es wieder die bösen Spekulanten. Sie sind waghalsig, unverantwortlich, rücksichtslos und haben viel Geld vernichtet – das lesen und hören wir dann in den Medien. Irrational werden sie aber nie genannt. Komisch, oder? Ob sie das Risiko wirklich bewusst eingehen? Ich wage es zu bezweifeln. Sie wollen zwar (halbwegs rational) einen Markttrend ausnutzen, nur verstärken sie ihn damit; bis er sich dann verselbstständigt. Den Schaden haben am Ende die langfristigen Investoren, aber nur dann, wenn sie im Crash die Nerven verlieren. Oder wenn sie – oft viel zu spät – auch ins Lager der kurzfristigen Spekulanten wechseln.

So weit die Theorie. Aber ist es wirklich so einfach? Meinem ersten Crash, dem Platzen der Internetblase, war definitiv eine extreme Rally mit noch extremeren Überbewertungen vorausgegangen. Es hat kräftig geknallt, als die Luft aus dieser Blase entwich. Aber wie war es bei meinem zweiten und dritten Crash? Der erste Crash ist der schlimmste, davon bin ich fest überzeugt! Zum Glück erholen sich die Finanzmärkte von den heftigen Kursturbulenzen wieder – zumindest war das historisch immer so. Mal ging es schnell, mal langsamer – mitunter sehr viel langsamer. Nach dem Internetcrash dauerte es ein paar Jahre, bis die großen Börsenindizes ihre Verluste aufgeholt hatten. Aber 2007 war die Welt eigentlich wieder in Ordnung.

»Eigentlich«, weil schon der nächste »schwarze Schwan« um die Ecke bog. Obwohl es im Grunde keiner war, denn es gab Anzeichen für das, was sich da zusammenbraute. Als »schwarzen Schwan« bezeichnen Ökonomen ein überraschendes, nicht vorhersehbares Ereignis, das extreme Auswirkung hat – übrigens nicht nur negative; auch positive sind grundsätzlich möglich. Im Falle der

Finanzkrise, die unser Wirtschaftssystem 2007 und 2008 an den Rand des Kollapses brachte, waren es extrem negative Auswirkungen. Doch man hätte sie eben voraussehen können. In den USA hatte sich nämlich eine Immobilienblase aufgepumpt, die schließlich platzte. Aus dieser vermeintlich regionalen Immobilienkrise wurde schließlich eine Banken- und Finanzkrise, gefolgt von einer globalen Wirtschaftskrise. Die Finanzmärkte sind heute global verstrickt und verknüpft, die Schockwellen gingen um die Welt.

Dieser Finanzkrise war der Irrglaube vorausgegangen, die Immobilienpreise würden immer weiter steigen und Risiken würden keine Rolle mehr spielen. Schließlich verschafften Innovationen im Finanzsektor neuen Teilnehmern Zugang zum Markt und damit zu gefährlichen Investitionsmöglichkeiten. Gemeint sind die damals relativ neuen Möglichkeiten der Verbriefung. Notleidende Immobilienkredite wurden neu »verpackt« und die neuen Produkte mit erstklassigen Ratings ausgestattet. Mitunter passierte das gleich mehrmals und die Verbriefungen waren so komplex, dass eigentlich niemand mehr durchblickte. Aber Hauptsache, das Rating war gut! So konnten auch deutsche Landesbanken einfach an den Gewinnmöglichkeiten des amerikanischen Immobilienmarkts teilhaben. Doch das ging eben nicht ewig gut.

Die Panik brach aus, als im Jahr 2007 erste Hypothekenbanken in den USA pleitegingen und Immobilienfonds in Schieflage gerieten. Ihren traurigen Höhepunkt hatte die Finanzkrise mit dem Zusammenbruch der US-Investmentbank Lehman Brothers am 15. September 2008. Erinnern Sie sich noch an die Bilder der arbeitslosen Banker, die in Pappkartons ihr Hab und Gut aus der Bank trugen? Doch nicht nur die Angestellten der Bank traf die Pleite hart. Sogar deutsche Sparer erwischte es. Sie hatten in Lehman-Zertifikate investiert. Da Zertifikate Schuldverschreibungen sind und kein geschütztes Sondervermögen wie Fonds und ETFs, waren diese Papiere mehr oder weniger wertlos. Besonders bitter war, dass Anleger diese Zertifikate im Depot hatten, die für sie überhaupt nicht geeignet waren. Was soll eine 70- oder 80-Jährige mit einem Produkt, das eine Laufzeit von zehn und viel mehr Jahren hat? Noch dazu bei einem ziemlich hohen Risiko. Doch genau das war geschehen, weil einige übermotivierte Berater ihren Kunden einfach alles verkauft hatten. Die »Lehman-Oma« – eine eher despektierliche Bezeichnung der Medien – war geboren.

Die Lehman-Anleger – es gab neben den Zertifikaten auch die Aktie und einige Anleihen – verloren viel Geld. Denn Lehman war nicht irgendeine Bank, sondern weltweit stark vernetzt. Nach ihrem Zusammenbruch bebten die Börsen. Anleger rund um den Globus verloren extrem viel Geld. Mein zweiter Crash war zwar zum Glück weniger heftig als der erste, zumindest in blanken Zahlen. Aber auch er hat sich grauenvoll angefühlt. Es tut einfach weh, wenn das Depot abstürzt. Trotz aller Schmerzen bin ich trotzdem besser damit klargekommen. Ich war anders, und vor allem besser aufgestellt als in meinen ersten Börsenjahren: bessere Risikostreuung, eher Fonds und ETFs als Einzelaktien. Und ich hatte natürlich auch mehr Erfahrung. Ich habe langfristiger gedacht, auch langfristiger agiert, habe mich nicht völlig verrückt machen lassen und bin nicht in Panik verfallen. Im Gegenteil: Ich habe sogar vorsichtig nachgekauft. Das ist ein wirklich komisches Gefühl, wenn man kauft, obwohl doch alle verkaufen. Mutig zu sein, wenn alle panisch sind, das kostet ein bisschen Überwindung. Und die Panik war groß. Um grauenvolle 40 Prozent stürzte der Dax im Jahr 2008 ab. Und nicht nur das deutsche Börsenbarometer erwischte es, sondern alle Indizes rund um den Globus. Der Wert aller an den weltweiten Börsen notierten Aktien, im Börsendeutsch Marktkapitalisierung genannt, reduzierte sich drastisch von 60,7 auf 32,4 Billionen Dollar. Es wurden 28,3 Billionen Dollar quasi verbrannt. Weltweit waren die börsennotierten Unternehmen im Schnitt nur noch gut die Hälfte dessen wert, was sie vor der Krise in die Waagschale geworfen hatten. Das tut weh!

Das Besondere an dieser Krise: Es hat so gut wie alle Anlageklassen erwischt. Aktien, Anleihen, Rohstoffe und Immobilien sowieso – einfach alles stürzte ab. Zu den wenigen Anlageklassen, die noch gefragt waren, zählten supersichere Bundesanleihen und Gold. Beide gelten traditionell als sicherer Hafen und sind in Krisen gefragt. Aber alles andere stürzte in der Finanzkrise ab. Ein solcher Crash hinterlässt auch in Portfolios mit sehr guter Risikostreuung über viele Anlageklassen, Einzelwerte, Branchen und Länder tiefe Spuren. Aber auch in diesem Absturz zahlte es sich aus, die Nerven zu behalten, nicht in Panik zu verfallen und nicht in den Crash hinein zu niedrigen Kursen zu verkaufen. Denn schon 2009 legte der Dax wieder kräftig zu, nämlich fast 24 Prozent. Das deutsche Standardwerte-Barometer war kein Einzelfall. Obwohl die Welt noch immer in einer tiefen Wirtschaftskrise steckte, erholten sich die Börsen rund um den Globus. Die Marktkapitalisierung stieg wieder, und zwar von 32,4 auf 47 Billionen Dollar. Damit war der Crash natürlich noch nicht wettgemacht, aber die Erholung lief auf Hochtouren. Auch 2010 war ein gutes Börsenjahr, auch für den Dax. 2011 spitzte sich dann die Schuldenkrise zu, vor allem in Europa. Da wundert es wenig, dass der Dax mal wieder fast 15 Prozent verlor. Doch dann folgten viele gute Börsenjahre. Die sind übrigens viel häufiger als die schlechten Jahre. Nur brennen sich Letztere eher in unser Gedächtnis ein.

Der schnellste und heftigste Crash aller Zeiten

Nach der Finanzkrise ging es an den Aktienmärkten zehn Jahre lang nur bergauf. Zwar gab es kleinere und auch größere Rücksetzer, doch der Trend zeigte ganz klar nach oben. Viele noch recht unerfahrene Anlegerinnen und Anleger kannten nur die Hausse – so nennen Börsianer die guten Phasen an den Finanzmärkten. Die Gewinne sprudelten nur so. Ein Traum! Die Baisse, das wenig erfreuliche Gegenstück zur Hausse, kannten die Börsenneulinge – wenn überhaupt – nur aus Büchern oder den Erinnerungen älterer Anleger. Und natürlich aus den Warnungen der niemals verstummenden Crash-Propheten, die den Untergang immer und zu jeder Zeit erwarten, sogar fast schon herbeibeten.

Doch dann tauchte ein schwarzer Schwan auf, mit dem wirklich niemand rechnen konnte oder gerechnet hatte: die Corona-Pandemie. Die Angst vor den wirtschaftlichen Auswirkungen der Pandemie ließ die Aktienkurse im Frühjahr 2020 weltweit abstürzen. Fast 20 Billionen Dollar haben die knapp 60.000 börsennotierten Unternehmen der Welt in nur sechs Wochen verloren – fast 25 Prozent an Börsenwert war verpufft. Eine gigantische Summe, ein heftiger Crash. Deutschland traf es mit knapp 30 Prozent sogar noch ein bisschen heftiger. Alle Aktien im Dax verloren zweistellig, am besten kam noch der Nivea-Konzern Beiersdorf mit einem Minus von »nur« 15 Prozent durch den Crash. Bei anderen Unternehmen halbierte sich der Kurs sogar. An der New Yorker Wall Street sah es nicht besser aus. Im Gegenteil. 34 Prozent Kursverlust bescherte die Corona-Pandemie dem breiten amerikanischen Aktienmarkt. Der S&P 500 verlor in den gut vier Wochen zwischen dem 19. Februar und dem 23. März 2020 gut ein Drittel an Wert.

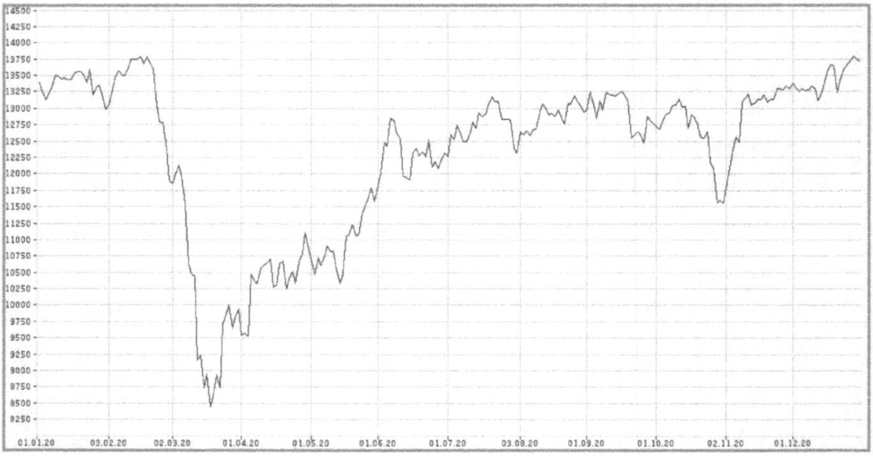

Der Corona-Crash: Dax-Entwicklung im Jahr 2020
(Quelle: finanzen.net)

Es war der schnellste und heftigste Absturz aller Zeiten. Ich kann mich noch sehr gut daran erinnern, wie sich das anfühlte. Börse im freien Fall, scheinbar ohne Netz und doppelten Boden. Selbst hartgesottene Anleger oder Anlegerinnen, zu denen ich mich zählen würde, bekamen ein mehr als mulmiges Gefühl. Das hatten wir noch nie erlebt! Die Länder rund um den Globus beschließen, in den Lockdown zu gehen, ihre Wirtschaft mehr oder weniger runterzufahren, ihre Bevölkerung zu Hause einzuschließen. Von 100 auf 0 binnen Stunden. Wenig überraschend, dass es an den Märkten knallte. Aber so heftig? Es war sicherlich eine Übertreibung, aber der Schock war groß, die Folgen waren kaum absehbar. Trotzdem war dieser Crash außergewöhnlich. Niemals zuvor gab es einen so dramatischen Kursverfall. Ebenso dramatisch lief aber auch die Erholung. Zum Glück! Aktionäre konnten sich nur verwundert die Augen reiben. Schon im August 2020, also gerade mal fünf Monate später, hatte der S&P 500 seine Verluste wieder wettgemacht. Es folgte eine monatelange Rally, Ende des Jahres 2021 markierte der Index sogar ein neues Rekordhoch.

In der Vergangenheit dauerte die Erholung nach einem Crash viel länger. Auch wenn viele Volkswirte und Börsenexperten mit einer zügigen Erholung rechneten – »v-förmig« war das Bonmot der Stunde –, dass es so schnell gehen würde, war schon überraschend. Aber die Wirtschaft war künstlich heruntergefahren worden und wurde nun ebenso wieder heraufgefahren. Der Blick in die Historie zeigt aber: Crashs verlaufen normalerweise anders. Aber auch nicht immer. Ein paar Beispiele: Stolze 56,2 Prozent, also mehr als die Hälfte, büßte der S&P 500 in der globalen Finanzkrise von seinem damaligen Hoch im Oktober 2007 ein. Monatelang fiel er immer weiter und weiter und weiter. Von seinem Tief im März 2009 brauchte er gut vier Jahre, bis er neue Höchststände erreichte. »Nur« 11,6 Prozent verlor der breite amerikanische Aktienmarkt unmittelbar nach den Terroranschlägen vom 11. September 2001. Nach nur einem Monat war der Absturz wieder wettgemacht. Um unglaubliche 28,5 Prozent brach der S&P 500 am »Schwarzen Montag« im Oktober 1987 ein. Er dauerte gut ein Jahr, bis er sich von diesem Absturz wieder erholt hatte. So viel Geduld brauchten Anleger nach dem Corona-Crash nicht. Im Gegenteil. Neue Allzeithochs waren schnell erreicht.

Die Beispiele zeigen: Jeder Crash läuft anders. Es geht auch nicht jeden Tag immer nur bergab. Auch kleine Zwischenerholungen, ein paar gute bis sehr gute Tage inmitten des Irrsinns, sind keine Seltenheit. Im Gegenteil. Das macht es auch so schwierig für uns. Ist es »nur« eine heftige Korrektur? Ist das Schlimmste schon überstanden? Kommt da noch mehr? Und wie lange dauert das Drama? Eine klare Strategie mit sehr klaren Regeln hilft in solchen Phasen ungemein. Auch wenn ich mich wiederhole: Wir sind keine Roboter, wir sind menschliche Wesen mit Emotionen. Wir werden unsere Gefühle nicht ausschalten können. Unser Gehirn funktioniert, wie es eben funktioniert. Aber klare Regeln helfen uns, nicht über jeden emotionalen Fallstrick zu stolpern.

Politische Börsen haben kurze Beine

Korrekturen und Crashs gehören an der Börse dazu. Es wird sie immer wieder geben. Für Hektik sorgen regelmäßig auch die täglichen Nachrichten. Ob die Zuspitzung des Konflikts im Gazastreifen oder Frankreichs Regierungskrise, gepaart mit der Angst vor einer neuen europäischen Schuldenkrise, oder der kriegerische Übergriff Russlands auf die Ukraine – die Kurse reagieren prompt und oft auch heftig. Doch politische Ereignisse bringen die Märkte nur kurz aus dem Tritt. Das zumindest besagt die Börsenweisheit »Politische Börsen haben kurze Beine«. Schon André Kostolany sagte einst: »Staatsbankrott? Bankenkrisen? Darauf gibt es nur eine Antwort: Viel Lärm um nichts!«

Natürlich wird niemand ernsthaft behaupten, dass politische Entscheidungen grundsätzlich keine langfristigen Auswirkungen auf die Börsen hätten. Politik und Finanzmärkte sind in den vergangenen Jahrzehnten immer enger zusammengewachsen – auch wenn sie sich nicht unbedingt besser verstehen. Denken Sie nur an die Politik der Notenbanken. Mit ihren Zinssenkungen und -erhöhungen wurde mal die Wirtschaft gestützt, dann wieder die Inflation bekämpft. Neben den Notenbanken beschäftigt aber vor allem ein Mann die Finanzmärkte: US-Präsident Donald Trump. Nach seinem erneuten Wahlsieg im November 2024 feierten die Märkte, schließlich gefiel der Wall Street sein Programm deutlich besser als das der Demokratin Kamala Harris. Trump versprach

Steuersenkungen, weniger Regulierung und überhaupt, dass es der US-Wirtschaft immer besser gehen würde. Doch zum Jahresbeginn 2025 wuchsen die Zweifel, auch aufgrund der angedrohten Handelszölle gegen so gut wie jedes andere Land der Welt. Wie Handelsbeschränkungen – und nichts anderes sind die Zölle unter dem Strich ja – einer Volkswirtschaft helfen sollen, erschließt sich mir nicht. Aber damit bin ich nicht allein. Solange Trump nur drohte, lief es an den Märkten in Europa und anderswo auf der Welt weiterhin richtig gut. Die US-Börsen erwischten aber keinen so guten Start in das Jahr 2025. Investoren zogen Geld ab.

Dann kam dieser eine Tag im April, der »Liberation Day«, als Trump ernst machte und mit einer antiquiert wirkenden Tafel im Arm die Zölle verkündete. Was Trumps aggressive Handelspolitik mit einem »Tag der Befreiung« zu tun hat, wird er uns vielleicht eines Tages schlüssig erklären. Mit der Zollankündigung gingen Schockwellen um die Welt; die Börsen gaben deutlich nach – diesseits und jenseits des Atlantiks. Doch schon bald folgten Zinspausen, Verhandlungen, »Deals«, und die Märkte erholten sich. Nun lief es auch an der US-Börse wieder, wenn auch schlechter als in Europa. Neuerliche Drohungen aus dem Weißen Haus konnten erst mal niemanden mehr in Hektik versetzen. Doch die Angst schwelt weiter. Wie stark wird die erratische Zollpolitik des US-Präsidenten die Weltwirtschaft belasten? Wie stark wird sie die Unternehmensgewinne belasten? Was kommt da noch? Die Börsen erscheinen in Zeiten eines eher unberechenbaren Mannes an der Spitze der größten Volkswirtschaft der Welt alles andere als sicher. Eigentlich mögen Börsianer keine Unsicherheit; manchmal gewöhnen sie sich aber auch daran oder schauen durch sie hindurch und hoffen auf die Zeit nach Trump. Viele Investoren sind wahrscheinlich nach wie vor überzeugt, dass politische Kapriolen eben nicht nachhaltig auf die Börsenstimmung drücken. Oder um ein weiteres Börsen-Bonmot zu bemühen: Der Wall Street ist es egal, wer unter (!) ihr regiert. Übersetzt heißt das wohl: Die Wirtschaft ist stark genug, Unternehmen sind global aufgestellt, können sich auf veränderte politische Rahmenbedingungen einstellen und werden auch diese Präsidentschaft überstehen.

Das ändert aber nichts daran, dass die Politik die Börsen immer wieder Achterbahn fahren lässt. Beispiel Ukrainekrieg: Als Russland sein Nachbarland überfiel, war bei allen geopolitischen Sorgen, bei all dem menschlichen Leid auch die Angst vor einer Energiekrise groß. Russland ist ein Rohstoffland und Deutschland war einer der Hauptimporteure russischer Energie. Mit dem Stopp der russischen Gaslieferungen mussten neue Handelspartner gefunden werden. Die Energiepreise zogen extrem an, was auch ein Grund für die extrem steigende Inflation war. Der Ukrainekrieg und die Energiekrise haben die großen Ölmultis umdenken lassen. Neue Energiequellen mussten her. So schnell, dass dabei zuallererst auf die bekannten fossilen Energieträger zurückgegriffen werden musste. Deshalb investieren die großen Energiekonzerne wieder stärker in die Öl- und Gasförderung, weniger in erneuerbare Energien. Auch an der Börse fand dieser Favoritenwechsel statt: Mehr als 900 Millionen Dollar flossen nach Kriegsbeginn in Unternehmen, die im Bereich fossiler Energieträger aktiv sind. Zu diesem Ergebnis kommt eine Studie der Nichtregierungsorganisation »Finanzwende«. Immer weniger Geld floss in erneuerbare Energien. Heißt das: Grün war gestern? So pauschal lässt sich das nicht sagen. Immerhin ist der neue Trend einer Notlage geschuldet. Experten warnten, die Energiesicherheit stehe auf dem Spiel. Es braucht diese Investitionen, damit der mittelfristige Energiebedarf der Weltwirtschaft gedeckt werden kann. Mit den Erneuerbaren ist das – Stand jetzt – leider noch nicht möglich. Kein Wunder also, dass Nachhaltigkeit an der Börse schlechter lief, weniger gefragt war. Das kann sich natürlich wieder ändern, denn die Energiewende ist nur aufgeschoben, nicht aufgehoben. Im Grunde sogar nur ein bisschen entschleunigt. An dieser Stelle haben die politischen Börsen aber sicherlich etwas längere Beine.

Kursturbulenzen, die durch politische Ereignisse ausgelöst werden, mögen zwar von begrenzter Dauer sein, aber sie kommen in Krisenzeiten fast ununterbrochen und überlagern andere Faktoren – zumindest kurzfristig. Und nicht nur die Häufigkeit der politischen Interventionen nimmt zu, sondern auch die Intensität, mit der die Märkte darauf reagieren, positiv wie negativ. Bewahren Sie also die Nerven. Die Märkte beruhigen sich in der Regel genauso schnell wieder, wie sie in Aufregung geraten sind. Auf die schlechtesten Tagen folgen übrigens oft die besten, auch das sollten Sie nie vergessen. Überreaktionen werden in der Regel schnell korrigiert. Das war auch nach der Brexit-Abstimmung zu beobachten; auf einen grauenvollen Freitag an den europäischen Finanzmärkten folgte eine ziemlich gute Woche. Wenn es mal etwas länger dauert, sollte Ihnen das als Langfristanleger auch nicht allzu viel ausmachen. Wenn die Börsen also wieder sehr politisch sind, bleiben Sie ruhig. Hektik ist ein schlechter Ratgeber, vor allem an der Börse.

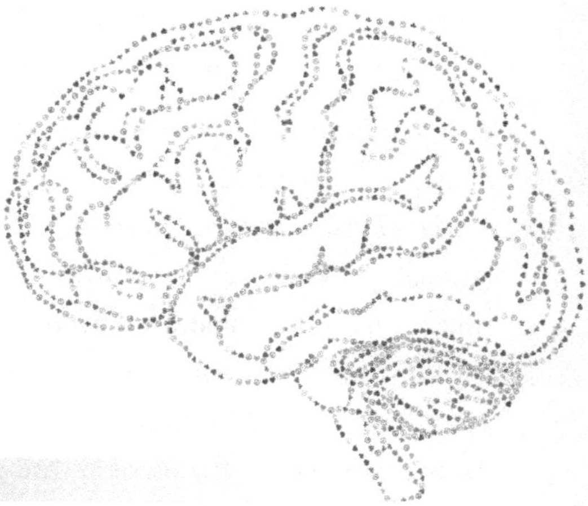

10

Irrationales Handeln führt zu echten Verlusten – mein persönlicher Wirecard-Skandal

Wir handeln alle von Zeit zu Zeit völlig irrational. Worüber wir uns im wahren Leben vielleicht ein bisschen ärgern oder darüber schmunzeln können. Aber an der Börse kostet es uns Geld. Irrationales Handeln führt fast unweigerlich zu echten Verlusten. Wir treffen leider immer wieder Entscheidungen, die wir mit gesundem Menschenverstand eigentlich nicht erklären können. Vor allem im Nachhinein, wenn sich die zugegebenermaßen schon sehr heiße Wette als komplette Fehlinvestition herausgestellt hat. War es Unwissenheit? Pure Selbstüberschätzung? Eine Mischung aus beidem? Die pure Gier? Oder warum um Himmels willen habe ich ein paar Monate vor dem Zusammenbruch, als sich die Schlagzeilen über angebliche Unregelmäßigkeiten in den Bilanzen bereits überschlugen, Wirecard-Aktien gekauft?

Manchmal verzweifle ich an mir selbst! Da predige ich seit Jahren oder gar Jahrzehnten, wie wichtig Risikostreuung ist und wie riskant Einzelaktien sind. Und dann kaufe ich Wirecard, ausgerechnet Wirecard! Und zwar, als Investoren schon ziemlich hektisch reagiert hatten und der Aktienkurs kräftig abgeschmiert war. Aber das war eben schon öfter passiert. Und das Muster war doch immer dasselbe, oder? Negative Schlagzeilen, abstürzender Aktienkurs, Dementi vom Vorstand, schnelle Erholung. Genau auf eine solche schnelle Erholung habe ich gewettet. Dieses Verb wähle ich bewusst. Es war eine Wette! Ich bin das Risiko bewusst eingegangen. Leider endete das Ganze im Drama, nämlich in einem Totalverlust. Na ja, ein paar Euro habe ich gerettet, aber ich war dem Totalverlust schon verdammt nah. Dass die ganze Wirecard-Erfolgsgeschichte erstunken und erlogen war – das darf man wohl mittlerweile rechtssicher schreiben –, konnte ich mir nicht wirklich vorstellen, wenn ich ehrlich bin. Aber damit bin ich nicht allein. Ich bin in bester Gesellschaft vieler Privatanleger, aber auch vieler Fondsmanager. Wieso waren so viele Privatanleger, aber auch institutionelle Investoren nur so blauäugig? Weil man einfach nicht glauben will, dass nur Lug und Betrug Wirecard in die erste Börsenliga katapultiert hatten?

Mitunter hat das Geschehen an der Börse das Zeug zum Hollywood-Blockbuster. Der größte Betrugsskandal in der deutschen Wirtschaftsgeschichte hat es auf jeden Fall: Es geht um erfundene Milliarden, dubiose Verbindungen zu Geheimdiensten, einen Finanzvorstand auf der Flucht, einen Firmenchef im Gefängnis, einen langen und spannenden Gerichtsprozess. Die Versäumnisse von Wirtschaftsprüfern und auch Aufsehern sind da fast nur noch eine Randnotiz; auch wenn sie dem Finanzplatz Deutschland extrem geschadet haben. Es ist ein echter Krimi, der sich um den längst insolventen Zahlungsdienstleister Wirecard abspielt und wohl noch jahrelang die Gerichte beschäftigen wird – auch wenn die Schlagzeilen nur noch die Wirtschaftsmedien füllen.

Im Nachhinein war die Erfolgsgeschichte wohl einfach zu schön, um wahr zu sein: Eine kleine Tech-Bude aus Aschersheim bei München steigt vom Schmuddelkind zum Dax-Konzern auf. In seinen Anfangsjahren hat der Zahlungsdienstleister nämlich vor allem die Geschäfte von Porno- und Glücksspielseiten abgewickelt. Später brüstete er sich, für große Namen aus Deutschlands erster Wirtschaftsliga den Zahlungsverkehr abzuwickeln. Jahrelang war das Unternehmen scheinbar extrem erfolgreich, legte sensationelle Wachstumszahlen vor, die Prognosen waren fast märchenhaft, wurden aber von Quartal zu Quartal, von Jahr zu Jahr bestätigt. Das Geschäft lief richtig rund, der Konzern wuchs kräftig. Vor allem in Asien lief die Expansion auf Hochtouren. Die Aktie zündete eine Kursrakete nach der anderen und stieg in atemberaubender Geschwindigkeit in die erste Börsenliga auf. Es war eine gigantische Erfolgsgeschichte. Nur leider war sie wohl so nicht ganz wahr. Im Gegenteil.

Zweifel hatte es durchaus gegeben. Die *Financial Times* (FT) hat jahrelang über Unregelmäßigkeiten in den Bilanzen von Wirecard berichtet. Doch den Warnungen von Dan McCrum wollte so richtig niemand glauben. Schlimmer noch: Die Bundesfinanzaufsicht (BaFin) stellte sogar eine Strafanzeige gegen den Journalisten. Die Aufseher verdächtigten ihn, mit Leerverkäufern gemeinsame Sache zu machen. Leerverkäufer setzen auf fallende Kurse. Sie verdienen, wenn eine Aktie fällt, je stärker, desto besser. Und kritische Berichte können natürlich zu Verlusten an der Börse führen. Die wiederum sind aber Gewinne für die Leerverkäufer. Die Staatsanwaltschaft fand keine Belege für die Vorwürfe der BaFin. Im September 2020 wurden die Ermittlungen gegen den Journalisten eingestellt. Da war Wirecard allerdings längst pleite.

Kritische Berichte hatte es immer wieder gegeben. Aber wenn die BaFin einschreitet und zwischenzeitlich sogar die Leerverkäufe mit der Wirecard-Aktie verbietet, dann ist das doch eigentlich ein gutes Zeugnis für das Unternehmen, oder? So oder so ähnlich dachten wohl einige und kauften kräftig zu. Im Frühjahr 2020 überschlugen sich dann die Schlagzeilen: nicht testierte Bilanz, Sonderprüfungen und verschobene Jahreszahlen. Im Juni 2020 wurde dann bekannt, dass 1,9 Milliarden Euro nicht existierten, die auf philippinischen Treuhandkonten hätten liegen sollen – ein Viertel der Bilanzsumme Wirecards. Es waren schlichtweg Luftbuchungen, wie man heute weiß. Wenige Tage später war Wirecard insolvent. Auch viele Jahre nach der Implosion des einstigen Dax-Konzerns liegt noch immer vieles im Nebel. Die Pleite des Zahlungsanbieters, der an der Börse einst mehr wert war als die Deutsche Bank, beschäftigt noch immer die Gerichte.

Der Schaden ist gigantisch: Banken und Investoren sollen um bis zu 3,2 Milliarden Euro geprellt worden sein. Wirecard-Chef Markus Braun und weitere Manager sollen über Jahre Scheingeschäfte in Milliardenhöhe verbucht haben, um Wirecard über Wasser zu halten und Kredite zu erschwindeln, so der Vorwurf. Das Gerichtsverfahren gegen den ehemaligen Vorstandschef Markus Braun läuft seit Jahren. Noch immer auf der Flucht ist der frühere Vorstand Jan Marsalek. Er war im Vorstand für das Asiengeschäft zuständig, das im Zentrum des milliardenschweren Betrugs steht und als Schlüssel in der Aufarbeitung des Skandals gilt. Marsalek ist mit internationalem Haftbefehl weltweit zur Fahndung ausgeschrieben. Um ihn ranken sich die wildesten Geschichten. Er soll sich mit besten Kontakten zum Geheimdienst gleich mehrerer Länder gerühmt haben. Ob diese ihm beim Untertauchen geholfen haben? Wo steckt er überhaupt? Lange wurde spekuliert, er sei in Moskau untergetaucht. Meldungen aus dem Sommer 2025 haben das bestätigt. Mit wie viel Geld er sich wohl abgesetzt hat? Fragen über Fragen.

Ex-Vorstandschef Markus Braun hingegen muss sich vor Gericht verantworten, weist aber die Vorwürfe des Kronzeugen und der Staatsanwälte vehement zurück – Stand Sommer 2025. Er will von jahrelangen Fälschungen der Unternehmenszahlen und dem Abzweigen von Geldern nichts mitbekommen haben – und schon gar nicht will er daran beteiligt gewesen sein. Der gebürtige Österreicher, der durch den Aufstieg Wirecards zwischenzeitlich zum Milliardär wurde, sieht sich als Opfer. Schließlich hat auch er selbst gigantische Summen verloren. In seiner Version der Geschichte will der Manager vor allem von seinem langjährigen Weggefährten Marsalek hintergangen worden sein, den er einst als möglichen Nachfolger an der Firmenspitze aufgebaut hatte. Das Gericht scheint diese Auffassung eher nicht zu teilen.

Doch wie konnte es überhaupt so weit kommen? Wie konnte die Wirecard-Spitze Investoren, Wirtschaftsprüfer und Aufsicht so lange täuschen? Die Aufarbeitung läuft, und sie wird dauern. Dieser Krimi wird sicher noch um einige Kapitel fortgeschrieben. Für die Wirecard-Aktionäre war der Krimi eher ein Drama. Vor allem bei Privatanlegern war die Aktie extrem beliebt, aber auch viele große Fondshäuser waren investiert. Kein Wunder, kannte die Aktie doch jahrelang nur eine Richtung: aufwärts. Zwischenzeitliche Rücksetzer – auch nach den Berichten der FT – wurden von den Fans der Aktie eiskalt für Nachkäufe genutzt. Das ging lange gut, bis es eben nicht mehr gut ging. Im Frühjahr 2020 knallte es. Schon in den Monaten zuvor hatte die Aktie kräftig verloren, mit den Meldungen um verschwundene Milliarden und die Insolvenz fiel sie wie ein Stein. Viele Privatanleger haben sehr viel Geld verloren. Anlegerschützer, die ihre Rechte vertreten, berichten, dass oft fünfstellige Beträge in die Aktie investiert worden seien. Das Geld ist wohl weg.

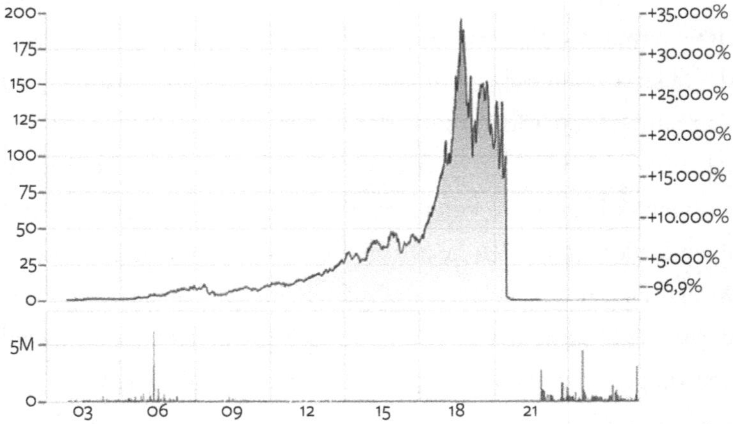

Vom Schmuddelkind zum Dax-Konzern und zurück: Die Entwicklung der Wirecard-Aktie
(*Quelle: finanzen.net*)

Der Fall Wirecard ist zum Glück eine Ausnahme. Solche Fälle passieren aber leider immer mal wieder, denn natürlich tummeln sich auch an der Börse Hasardeure, waghalsige Zocker, mitunter sogar Verbrecher. Natürlich lesen wir von ihnen in epischer Breite in der Presse. Selbst Zeitungen und Zeitschriften, die sonst nicht über die Börse berichten, nehmen sich die Skandale dann vor. Mich erinnert dieses Drama heute stark an den Neuen Markt. Luftbuchungen, erfundene Umsätze, kreativ aufgehübschte Bilanzen – all das gab es an Deutschlands Technologiebörse damals auch. Aber ein Dax-Konzern? Auch das ist möglich. Und wieder war ich dabei. Gierig! Aber mit dem Bewusstsein, was ich da tue. Oder war es doch eher ein klarer Fall von Selbstüberschätzung? Das dürfen Sie entscheiden.

Wirecard ist natürlich ein extremes Beispiel; als die Milliarden nicht mehr auffindbar waren, sollten jedem Investor schnell klar gewesen sein: Das war es! Dass sich diese Aktie nicht mehr würde erholen können, war auch klar. Ich weiß noch ziemlich genau, wie ich mich in den Tagen nach dieser Erkenntnis gefühlt habe. Man kann es nicht fassen, man hat noch dieses letzte bisschen Hoffnung, und dann schreibt man das Investment mental ab, verdrängt und ignoriert die Tatsachen. Nur war das angesichts der täglichen Schlagzeilen, im Internet auch gerne im Live-Ticker nachverfolgbar, nicht so einfach. Ich hatte irgendwann die Nase voll, wollte davon nichts mehr hören, lesen und vor allem sehen. Ich habe die Pleite-Aktie recht schnell aus dem Depot geworfen.

Wenn der Besitztums-Effekt uns in die Irre führt

So gehe ich aber nicht immer mit den Nieten in meinem Depot um. Auch ich stolpere nämlich gerne immer mal wieder über einen weiteren psychologischen Fallstrick: den Besitztums-Effekt, auch Endowment-Effekt genannt. Er ist eine weitere kognitive Verzerrung, bei der wir einen Gegenstand, den wir besitzen, als wertvoller einschätzen als einen identischen Gegenstand, der uns nicht gehört. Das führt dazu, dass wir als Verkäufer für ein Gut eine höhere Summe verlangen, als wir selbst bereit wären, dafür zu bezahlen. Rational ist das nicht, oder? Aber leicht zu erklären. Der Effekt wird auf psychologische Mechanismen wie die Angst vor Verlusten, emotionale Bindung oder die Bevorzugung des Status quo zurückgeführt und ist ein bekanntes Phänomen der Verhaltensökonomie und Verhaltenspsychologie. Sobald ein Gegenstand in unseren Besitz übergeht, steigt unsere subjektive Wertschätzung dafür. Das gilt auch für unsere Investments. Geldanlagen wie Aktien oder auch Immobilien gewinnen subjektiv an Wert, sobald sie uns gehören. Dieser kognitive Fehlschluss führt oft zu unklugen Finanzentscheidungen. Mit der Zeit entwickeln wir unweigerlich eine emotionale Beziehung zu unseren Besitztümern, die den wahrgenommenen Wert steigert.

Bei der Eigentumswohnung nicken wir sicherlich schnell. Ja, die emotionale Bindung ist definitiv da, der wahrgenommene Wert vielleicht nicht ganz rational. In der zahlenlastigen Börsenwelt aber klingt das komisch, oder? Aber sicherlich haben auch Sie die eine oder andere Aktie, die Sie für völlig unterbewertet oder zu Unrecht abgestraft halten. Ich hätte da mindestens eine zu bieten, eher aber zwei oder drei, wenn ich ehrlich bin. Wir halten oft an Wertpapieren fest, selbst wenn ein Verkauf rational sinnvoll wäre. Wir glauben eben, die Aktie wäre eigentlich mehr wert. Der Endowment-Effekt bewirkt, dass wir Papiere in unserem Depot tendenziell überbewerten. Fundamentaldaten des Unternehmens, sind sie auch noch so schlecht, werden dann günstiger interpretiert. Das kann dazu führen, dass wir an Aktien auf Talfahrt festhalten. Das hat sich übrigens auch im Fall Wirecard gezeigt, damals haben Anleger selbst Wochen nach der Pleite an den Aktien festgehalten. Damit wurden die Verluste noch größer. Auch ich hätte ein paar Tage früher verkaufen können, wenn ich ehrlich bin. Aber ich war ja noch im Verdrängungsmodus.

Aber zurück zum Besitztums-Effekt. Forscher wie die schon genannten Nobelpreisträger Daniel Kahneman und Richard Thaler beschrieben diesen Effekt erstmals Ende 1990. Sie gaben einer Gruppe Probanden unterschiedliche Güter wie einen Stift oder einen Kaffeebecher und fragten sie nach dem Preis, zu dem sie ihren Besitz verkaufen würden. Für den Kaffeebecher wurden 0,25 bis

9,25 Dollar gesetzt. Der Durchschnittspreis lag bei etwas über sieben Dollar. Die Probanden der anderen Gruppe sollten angeben, zu welchem Preis sie den Becher kaufen würden. Die Zahlungsbereitschaft der Käufergruppe lag mit durchschnittlich knapp 3 Dollar nicht einmal halb so hoch wie die Preisvorstellungen der Verkäufergruppe. Diese Diskrepanz beschreibt auf Alltagsebene einen Effekt, der sich in vielen Bereichen unseres Lebens zeigen kann, auch bei der Geldanlage. Aktionärinnen und Aktionären geht es auf jeden Fall genauso. Wir würden ja auch nichts im Depot haben, von dem wir nicht glauben, dass es eigentlich diesen Wert haben sollte. Wir investieren, weil wir uns steigende Kurse und eine gute Rendite versprechen. Es sei denn, wir wären Leerverkäufer. Die versprechen sich zwar auch gute Renditen, aber eben davon, dass die Kurse fallen. Wirecard hat sicherlich den einen oder anderen sehr glücklich gemacht.

Wenn solche »Wetten« aufgehen, auch mehr als einmal, dann wird es emotional schwierig für uns. Egal, ob wir auf steigende oder fallende Kurse gesetzt haben, wir fühlen uns richtig gut, wenn wir richtig gelegen haben. Das kann gefährlich werden. Ein häufig beobachtetes Phänomen unter Anlegern ist die Selbstüberschätzung. Sie glauben, besser zu sein als alle anderen, den Markt schlagen zu können. Wenn das ein paarmal klappt, aus welchem Grund auch immer, gehen sie immer höhere Risiken ein. Ich dachte – ehrlich gesagt – auch, ich hätte das Muster im Fall der Wirecard-Aktie voll durchschaut, nachdem ich das Auf und Ab längere Zeit beobachtet hatte. Theorie und Praxis klafften nur leider weit auseinander. Irrationales Handeln führt zu echten Verlusten! Oder um es mit Microsoft-Gründer Bill Gates zu sagen: »Erfolg ist ein ganz schlechter Lehrer. Er verleitet kluge Menschen zu dem Glauben, sie könnten nicht verlieren.«

Die gefährliche Harmoniesucht

Fehleinschätzungen haben allerdings nicht zwangsläufig etwas mit Selbstüberschätzung zu tun. Oft ist es unser Gehirn, das uns einen Streich spielt. Wir sind eben einfach ziemlich harmoniesüchtig. Wir wollen uns mit unseren Entscheidungen wohlfühlen, und deshalb manipulieren wir zur Not unsere innere Buchführung. Alles nur, um diesen Geisteszustand zu erreichen. Wir wollen keine kognitive Dissonanz spüren. Wir suchen intuitiv einen Ausweg, wenn es nicht gelingt, unterschiedliche Einstellungen, Gefühle, Wahrnehmungen, Gedanken oder Absichten miteinander in Einklang zu bringen. Dieser Mechanismus sorgt dafür, dass wir Informationen, die mit unseren Vorstellungen nicht übereinstimmen, systematisch ausblenden. Für uns als Anlegerinnen oder Anleger ist diese Harmoniesucht fatal, weil sie zu Fehlinterpretationen und -entscheidungen führt. Allerdings ist sie auch zutiefst menschlich und betrifft uns alle. Dazu gehört auch, dass wir lieber heute einen kleinen Geldgewinn einstreichen und so auf einen möglichen noch größeren Gewinn in der Zukunft verzichten. Den realisierten Gewinn kann uns schließlich niemand mehr nehmen. Die Gefahr, ihn wieder zu verlieren, weil wir investiert bleiben, gehen wir deshalb lieber nicht ein. Warum das so ist, haben die Psychologen Daniel Kahneman und Amos Tversky[5] mit ihrer »Prospect Theory« erklärt. Sie ist das Kernstück der Behavioral Finance. Aber zu unserem Umgang mit Gewinnen und Verlusten kommen wir noch sehr ausführlich. Kurz zusammengefasst: Die beiden Wissenschaftler haben herausgefunden, dass wir Gewinne und Verluste ganz unterschiedlich bewerten. Verluste empfinden wir zwei Mal stärker als Gewinne in gleicher Höhe, was für unsere Entscheidungen von wesentlicher Bedeutung ist.

Bei Gewinnen sind wir unweigerlich wieder bei der Gier und natürlich bei völlig irrationalem Verhalten und den Verlusten. Auch wenn *Wall Street* noch immer mein Lieblingsfilm ist, wenn ich Gordon Gekko im Grunde großartig finde, muss ich ihm widersprechen: Gier ist nicht gut! Im Gegenteil, sie ist gefährlich und kann uns viel Geld kosten. Das habe ich in meinen ersten Jahren an der Börse gelernt. Ich war gierig und ich habe viel Lehrgeld bezahlt. Ich weiß, wie riskant Einzelaktien sind. Und trotzdem juckt es mich manchmal in den Fingern. Das geht mal gut, mal aber auch weniger gut. Und leider geht es ziemlich oft auch schief. Mit Wirecard habe ich mir kräftig die Finger verbrannt.

Trotzdem kann ich von der einen oder anderen Einzelaktie, von kurz- bis mittelfristigen Investments nicht die Finger lassen. Sie machen mir einfach viel zu viel Spaß. Ich zahle aber eben auch immer wieder Lehrgeld. Auch mit Bayer lief es nicht ganz so gut, aber da gab es immerhin über Jahre hinweg sehr gute Dividenden, die meinen Kursverlust mehr als wettgemacht haben. Aber meine Wette darauf, dass die Klagewelle wegen des Unkrautvernichtungsmittels Glyphosat nun doch eingepreist sei, ging leider überhaupt nicht auf. Im Gegenteil. Immer neue Schlagzeilen, wegbrechende Margen und damit Gewinne, der Konzern in der Krise – das kam und kommt an der Börse nicht gut an. Wie gehe ich also mit dieser Niete im Depot um? Ganz ehrlich? Ich ignoriere die Verluste und hoffe auf eine Kurserholung. Eigentlich unsinnig, total irrational, ich weiß. Aber wer verkauft schon gerne mit Verlust und manifestiert seine Fehlentscheidung?

Andere kurz- oder mittelfristige Wetten sind aber aufgegangen. Mein ETF auf Rüstungsaktien läuft in einer Zeit geopolitischer Krisen, in denen leider auch Aufrüstung zwecks Abschreckung wieder ein großes Thema ist, ziemlich gut. In der Coronakrise habe ich einen ETF auf Gaming und eSports gekauft und nach ein paar Monaten mit großem Gewinn verkauft. Das macht natürlich Spaß! Ich gebe es zu: Manchmal zocke ich immer noch gerne. Aber das mache ich mit kleinen Summen und in dem Bewusstsein, dass ich Verluste machen oder das Geld schlimmstenfalls auch weg sein könnte. Zocken kann ein teurer Spaß sein. Es ist das alte Zusammenspiel von Chance und Risiko. Nur wenn wir ein sehr hohes Risiko eingehen, haben wir auch eine sehr hohe Chance auf große Gewinne. Dieses Risiko würde ich aber niemals mit großen Summen eingehen, schon gar nicht mit Geld, das für meinen langfristigen Vermögensaufbau angelegt wird. Ich kann mich definitiv nicht von Gier freisprechen und erst recht nicht von irrationalem Handeln. Wenn ich Kursraketen sehe, will ich dabei (gewesen) sein. Wenn ich von den Chancen einzelner Branchen oder von Trends wie künstlicher Intelligenz (KI) lese, dann juckt es mich in den Fingern. Meistens reiße ich mich zusammen, aber nicht immer.

Breite Risikostreuung für mehr Rationalität

Auch wenn es manchmal mit mir durchgeht, wie ich den Nervenkitzel an der Börse liebe, all die Chancen, habe ich doch für mich erkannt: Ich mag es bei meinem langfristigen Vermögensaufbau ein bisschen langweilig und setze auch deshalb auf hohe Risikostreuung via ETFs. Das schont auch definitiv die Nerven. Die ganz großen Ausreißer nach oben und vor allem nach unten bleiben mir so erspart. Die Pleite einer Wirecard hat den Dax kaum belastet. Ist mal eine Niete im Index, gleichen das andere, sehr gut laufende Aktien hoffentlich aus. Natürlich leidet auch mein ETF-Depot bei einer Korrektur. Und natürlich kommt es bei einer Aktienquote von stolzen 80 Prozent auch mächtig unter die Räder, wenn die Börsen mal wieder abstürzen. So ein Crash geht selbstredend natürlich leider auch an ETFs nicht vorbei. Im Gegenteil: Sie bilden einen Index ab, und stürzt dieser ins scheinbar Bodenlose, so fühlt sich ein echter Crash ja leider oft an – Stichwort: Panik –, dann reißt es den ETF mit. Er bildet eben stur den Index ab, ohne Netz und doppelten Boden. Wer sich nicht irgendwie abgesichert hat, über welche Instrumente auch immer, dessen Depot kommt mit unter die Räder. Aber es erholt sich ja zum Glück nach dem Crash auch wieder, auch wenn das mitunter dauert. Aber in ruhigen Zeiten, die ja zum Glück viel häufiger sind, in denen die Aktienmärkte unter leichten oder etwas stärkeren Schwankungen steigen, ist ein ETF eine herrlich entspannte Angelegenheit und eben ein bisschen langweilig.

Ganz ehrlich? Manchmal ist mir das wirklich zu langweilig. Dann will ich mehr Spannung. Natürlich kann ich über die ganz spannenden Themen, die spekulativen Anlagemöglichkeiten auch schreiben. Ich bin schließlich Journalistin. Aber manchmal möchte ich eben auch dabei sein. Deshalb habe ich ja auch ein Spielgeld-Depot (dazu an anderer Stelle mehr). Themen-ETFs sind spannender als ein ETF auf den MSCI World oder den S&P 500. Deutsche Einzelaktien sind spannender als ein ETF auf den Dax. Es macht einfach Spaß, sich mit Unternehmen, ihren Produkten, ihrer Strategie, ihren Bilanzen und erst recht mit ihrer Aktie zu beschäftigen. Wer in Einzelaktien investiert ist, liest Zeitungen und Zeitschriften ganz anders. Meldungen über das Unternehmen selbst, aber auch die Konkurrenz, die Branche insgesamt werden mitunter fast schon inhaliert. Das ist Wirtschaft pur. Man ist dabei, als Unternehmerin oder Unternehmer. Denn nichts anderes sind wir ja im Grunde, wenn wir Anteile an einem Unternehmen kaufen, wenn wir in Aktien investieren. Wir gehen ein unternehmerisches Risiko ein. Uns gehört ein Stück von BMW, der Deutschen Bank oder Siemens, von Microsoft, Apple oder Tesla. Wir schauen uns die Produkte ganz anders an, nehmen Werbekampagnen anders wahr. Das ist übrigens auch ein Teil des Dispositionseffekts, um den es an anderer Stelle geht.

Aber Einzelaktien sind eben auch deutlich riskanter als ETFs. So ehrlich muss man sein. Spannender, riskanter, das heißt übersetzt: jede Menge Emotionen, extreme Gefühlsregungen mitunter. Das gehört dazu und macht ja auch Spaß. Natürlich nur dann, wenn man mit einem Investment einen guten Riecher hatte und die Kursgewinne immer größer werden. Wenn es gegen uns läuft, dann ist es schnell vorbei mit dem Spaß. Nervenkitzel hat an dieser Stelle seinen Preis – Wirecard lässt grüßen.

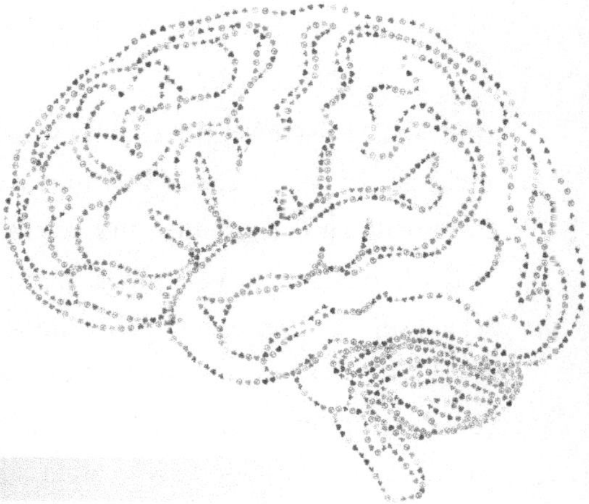

11

Sei gierig, wenn alle ängstlich sind, sei ängstlich, wenn alle gierig sind – Emotionen der anderen nutzen

Warren Buffett ist der bekannteste und vor allem erfolgreichste Investor der Welt. Sein glückliches Händchen bei der Aktienauswahl hat dem mittlerweile 95-Jährigen den Spitznamen »Orakel von Omaha« eingebracht. In dem Örtchen in Nebraska lebt der Börsen-Superstar, und dorthin lädt er auch Jahr für Jahr zur Hauptversammlung seiner Beteiligungsgesellschaft Berkshire Hathaway. Das Treffen gilt als das Woodstock der Börsianer. Ich war leider noch nie dort, lese aber Jahr für Jahr die Medienberichte darüber. Genauso wie die regelmäßigen Aktionärsbriefe von Berkshire Hathaway. Ich liebe seine markigen Sprüche. Viele davon sind längst Börsenweisheiten, und von denen kann ich bekanntlich nicht genug bekommen. Ein wunderbarer Ratschlag von Warren Buffett ist im Grunde die stark vereinfachte Anleitung zum antizyklischen Anlegen. »Sei gierig, wenn andere ängstlich sind, und sei ängstlich, wenn andere gierig sind«, empfiehlt Warren Buffett. Auch Börsenaltmeister André Kostolany war überzeugt: »Je geschickter ein Spekulant ist, desto eher geht er gegen die allgemeine Tendenz.« Antizyklisches Verhalten zahlt sich an der Börse oft aus.

Doch wie funktioniert das? Warren Buffett ist ein klassischer Value-Investor. Sein Erfolgsrezept ist ebenso einfach wie genial: Buffett investiert in Unternehmen, die weniger kosten, als sie wert sind. Dabei setzt er auf Firmen, die einen dauerhaften Wettbewerbsvorteil haben und eine marktbeherrschende Stellung genießen. Das Gute an seiner Strategie: Sie ist kein Geheimnis und jeder Privatanleger kann sie relativ leicht nachvollziehen. Buffett ist immer auf der Suche nach Unternehmen, deren wahren Wert noch keiner erkannt hat. Als Value-Investor denkt er weit voraus, manchmal auch um die Ecke. Buffett interessiert sich für Aktien, die nicht im Trend liegen. Von Modeaktien lässt er die Finger. Der Gegenentwurf zum prozyklischen Herdentrieb also. Über seinen Investmentstil sind viele Bücher geschrieben worden, über seine Anlagestrategie berichten die Wirtschaftsmedien gefühlt in Echtzeit. Ich verzichte an dieser Stelle auf weitere Details dazu. Uns geht es um die Emotionen.

Mit seinem klugen Spruch über Gier und Angst gibt uns Buffett nicht nur die Anleitung zum antizyklischen Investieren – nämlich günstig zu kaufen, wenn alle ängstlich sind und die Kurse unter Druck geraten, und teuer zu verkaufen, wenn alle gierig sind und die Kurse stark steigen. Er spielt auf die Überreaktionen an, die extreme Emotionen unweigerlich auslösen, von denen wir uns aber nicht mitreißen lassen sollten. Im Gegenteil, wir könnten von diesen Überreaktionen profitieren. In meinem Leben als Börsianerin habe ich immer wieder Tage mit extremen Kursausschlägen erlebt. Die Anschläge vom 11. September 2001, die Dreifach-Katastrophe in Japan im März 2011 mit Erdbeben, Tsunami und Atomkatastrophe oder die Brexit-Abstimmung im Juni 2016 – der Schock war groß, die Börsenreaktionen waren noch größer. Wenn die Märkte plötzlich heftig abstürzen, dann vergessen gerade Privatanleger ihre Strategie. Falls sie überhaupt eine haben. In Paniksituationen wird das langfristige Anlageziel völlig außer Acht gelassen, die Strategie über Bord geworfen und der Fondssparplan für die Altersvorsorge aufgelöst. Wissen und Erfahrungen werden komplett ausgeblendet. Menschen in extremen Stresssituationen reagieren auch extrem, und zwar extrem emotional.

Anleger wie Warren Buffett, die einer klaren Strategie folgen, haben ihre Emotionen besser im Griff – und wittern in solchen hektischen Marktphasen große Chancen. Wären Sie darauf gekommen, mitten in der Bankenkrise Aktien von in Schieflage geratenen Banken zu kaufen? Buffett stieg inmitten der Wirren der Finanzkrise gleich bei mehreren US-Banken ein. Als die meisten Anleger die Aktien der großen Institute aus ihren Depots schmissen und die Kurse immer weiter fielen, sammelte Buffett die abgestürzten Bankwerte ein. Es müssen aber gar nicht einzelne Aktien oder Branchen sein, bei denen wir zugreifen. Es kann auch einfach der ganze Markt sein. Auch das kann eine Chance sein. Schwankungen gehören an der Börse dazu, es gibt sie auch ziemlich häufig. Im Börsendeutsch spricht man von Volatilität. Natürlich gibt es einen passenden Index dazu: den VIX, der die Schwankungsintensität an der Wall Street abbildet. In Krisenzeiten schlägt er mächtig aus. Dann geht es munter hoch und runter; nichts für schwache Nerven. Aber da müssen wir als Anlegerinnen und Anleger leider durch.

Mein Umgang mit starken Schwankungen

Früher haben mich solche Schwankungen nervös gemacht. Heute sehe ich sie eher als Chance denn als Risiko. Ich kaufe beherzt nach, wenn es an der Börse mal wieder stärker abwärts geht. Nachkaufen heißt, dass ich ETFs, manchmal aber auch Aktien kaufe, die ich bereits im Depot habe und von denen ich überzeugt bin. Ich gehe quasi auf Schnäppchenjagd. Bei den ETFs tue ich das mit breiter Risikostreuung, stocke meine Positionen einfach außerplanmäßig auf, weil es sich eben gerade lohnt. Das mache ich aber nur, wenn Geld auf meinem Anlagekonto liegt. Das Geld auf diesem Konto ist wirklich nur für die Geldanlage gedacht. Ich überweise dorthin regelmäßig kleinere oder größere Beträge, wenn sich etwas auf dem Girokonto angesammelt hat oder der Notgroschen auf dem Tagesgeldkonto zu üppig geworden ist. Niemals würde ich aber meinen Notgroschen angreifen oder gar einen Kredit aufnehmen, um günstig nachzukaufen. An der Börse wird wirklich nur Geld investiert, das ich in den kommenden Jahren nicht brauche. Auch das schützt übrigens davor, über psychologische Fallstricke zu stolpern.

Aber zurück zu meiner Schnäppchenjagd in stürmischen Zeiten. Bei den Einzelaktien ist das Risiko natürlich deutlich größer, aber auch da kann es durchaus sinnvoll sein, nachzukaufen, wenn die Börsenkurse unter Druck kommen. Damit ist aber nicht gemeint, eine Aktie nachzukaufen, die gerade aus einem bestimmten Grund, also etwa einer Gewinnwarnung, unter die Räder kommt. Dann gilt es, genau abzuwägen, ob das Nachkaufen Sinn macht. Ich meine wirklich breite Marktschwankungen, Korrekturen oder auch Crashs, die alle mitreißen. Dann gehe ich auf Schnäppchenjagd. Natürlich könnte ich dann auch Aktien kaufen, die ich immer schon haben wollte und die es nun etwas günstiger gibt. Warum auch nicht? Sie landen bei mir aber dann im Spielgeld-Depot. Ich investiere kleinere Summen, weil mir einfach das Risiko von Einzelaktien zu hoch ist. Das ist immer dann eine sehr gute Idee, wenn meine »Wette« nicht aufgeht. Wenn ich aber eine Kursrakete erwische, ärgere ich mich regelmäßig, nicht höhere Summen investiert zu haben. Aber das kennen wir wohl alle, oder nicht?

Auf jeden Fall sehe ich Kursrücksetzer, starke Schwankungen und sogar Crashs heute als Kaufgelegenheiten. Eben weil ich sehr langfristig investiere. Das heißt nicht, dass ich mich über jeden Kursrücksetzer freuen würde. Wer will schon sehen, wie der Depotwert merklich zurückgeht? Das ist nie schön. Es ist aber auch kein wirklich gutes Gefühl, zuzukaufen, wenn doch eigentlich gerade gefühlt alle verkaufen. Das Handeln gegen die eigene Gefühlslage ist extrem schwierig. Es scheint oft so viele Gründe zu geben, warum prozyklisches Handeln logisch erscheint. Aber wenn es die Strategie so will, dann muss man da durch. Aber es ist wirklich ein dickerer emotionaler Fallstrick, über den man da stolpern könnte, wenn man eben nicht beherzt zugreift und die Chance nicht nutzt. Natürlich ist das immer eine Frage der persönlichen Strategie. Und die gilt es eben festzulegen, aufzuschreiben, am besten mit klaren Regeln für verschiedene Börsenphasen mit klaren Handlungsanweisungen an die eigene Person. In meinem Fall sind es eben die Nachkäufe, wenn es mal ein bisschen runtergeht oder die Kurse eben auch ein bisschen stärker fallen. Das tut erst mal nicht gut, aber im Nachhinein dann eben doch. Denn langfristig ist das eine ziemlich gute Strategie, und mit einiger Zeitverzögerung stellt sich dann auch das gute Gefühl ein!

Getreu Buffetts Credo, gierig zu sein, wenn andere ängstlich sind. Buffetts Spruch ist aber auch eine Warnung vor dem Herdentrieb. Seine Börsenweisheit mahnt sehr deutlich zur Vorsicht, eine fundamental ausgelegte Investitionsstrategie zu vernachlässigen und sich dem emotionalen Herdentrieb an den Börsen anzuschließen. Diese hochemotionale und panische Massenflucht löst ja erst den Crash aus. Buffetts Worte sind natürlich sehr plakativ und auch überspitzt, aber sie haben definitiv ihre Gültigkeit. Sich an der Börse von Gefühlen leiten zu lassen, ist gefährlich. Angst und Gier sind bei der Geldanlage schlechte Ratgeber.

Die meisten Privatanleger agieren aber ziemlich zyklisch. Es ist schon paradox, aber steigende Kurse locken Anleger an, auch wenn die Käufe dann besonders teuer sind. Im wahren Leben, in der Realwirtschaft, ist das umgekehrt. Wir kaufen im Supermarkt nicht das teuerste Gemüse, sondern suchen nach Angeboten. Ein Stück mehr Antizyklik wäre auch bei der Geldanlage wünschenswert. An der Börse werden aber hohe Preise, also steigende Preise, bejubelt und fallende Kurse bejammert. Die Sonderangebote sehen wir oft nicht. Wir wollen eben dabei sein, wenn es aufwärts geht. Wir wollen die Superstars im Depot haben.

Wir lassen uns nur gerne von den Emotionen der anderen anstecken, vor allem wenn sie sehr extrem sind. Das muss noch nicht mal unbewusst passieren, oft ist es uns sogar bewusst. Angst oder gar Panik lassen sich an den Märkten relativ leicht erkennen. Wenn Märkte binnen weniger Tage um 10, 20 oder gar mehr Prozent fallen, dann herrscht Panik. Ob Gier und Euphorie ausgebrochen sind, können wir nicht allein an Kursentwicklungen ablesen. Ein Plus von 10, 20 oder gar 30 Prozent ist kein Indikator für Gier. Die Zusammensetzung der Käuferschichten aber sehr wohl. Wenn beim Friseur, im Fitnessstudio und beim Bäcker lebhaft über steigende Kurse diskutiert und mit Börsenerfolgen geprahlt wird, ist das ein ziemlich untrügliches Zeichen für das Ende einer Hausse. Milchmädchen-Hausse nannten Börsianer dieses Phänomen früher.

Heute spricht man hierzulande vom »Bild-Zeitungs-Indikator«. Wenn es die Rally auf die Titelseite – und zwar die obere Hälfte – geschafft hat, dann wird es brenzlig.

Hoher Optimismus kann ein Warnzeichen für eine bevorstehende Korrektur sein. Ist der Pessimismus extrem hoch, dürfte die Erholung nicht mehr lange auf sich warten lassen. Schließlich wusste schon Sir John Templeton, Gründer der gleichnamigen Fondsgesellschaft: »Hausse-Märkte entstehen in Pessimismus, wachsen in Zweifel und Misstrauen, reifen in Optimismus und sterben schließlich in Euphorie.« Ist die Stimmung also mies, heißt es, antizyklisch zu agieren und zuzukaufen. Zugegeben, dazu braucht es Nerven wie Drahtseile, schließlich tun wir genau das, wovor alle warnen. Wir handeln gegen den Herdentrieb. Wenn alle die Finger von Aktien lassen und extrem pessimistisch sind, greifen wir als Antizykliker beherzt zu. Buffett fährt mit dieser Strategie sehr gut. Wenn die Börsenherde übernervös ist, kauft er. Der Milliardär hat allerdings auch das nötige Kapital, um unruhige Marktphasen zu überstehen.

Aus der Sentiment-Analyse die richtigen Schlüsse ziehen

Es muss aber gar nicht hoch her gehen an den Märkten, um gierig sein zu können, wenn andere ängstlich sind. Einen heftigen Crash zu erkennen, mag relativ einfach sein. Ihn für sich selbst zu nutzen, braucht wirklich Mut. Denn wir wissen ja nicht, wie weit es noch abwärts geht. Aber bei diesen Schnäppchen zuzugreifen, ist durchaus machbar. Schwieriger ist es, bei vermeintlichen Übertreibungen, der Gier der anderen, ängstlich zu sein und Gewinne mitzunehmen. Eigentlich braucht es aber gar keine großen Ausschläge in die eine oder andere Richtung. Auch wenn die Märkte eher etwas ruhiger sind, lässt sich die Stimmung messen – Experten sprechen vom »Sentiment« – und in entsprechende Anlageentscheidungen umdeuten. Wer etwas tiefer in die Börsenpsychologie einsteigt, der erkennt, dass etwas rationalere Investoren die Emotionen der anderen durchaus für ihren Anlageerfolg nutzen können. Sogenannte Sentiment-Analysen helfen dabei. Aber natürlich nur dann, wenn sie ein repräsentatives Stimmungsbild vermitteln. Leider meinen viele Anleger, sich den Blick auf solche Daten ersparen zu können, und halten ihre eigene Stimmungslage für repräsentativ. Das ist gefährlich. Nur weil man selbst Angst hat, bedeutet das nicht, dass auch alle anderen Angst haben. Solche Sentiment-Umfragen gibt es in Deutschland regelmäßig, etwa vom Analysehaus Sentix, von der Börse Frankfurt – interpretiert von Joachim Goldberg, Deutschlands bekanntestem Experten für Börsenpsychologie – oder dem *Handelsblatt*.

Ziel der Stimmungsumfragen ist es, die Positionierung wichtiger Investoren zu erfassen, um Rückschlüsse auf künftige Trends und marktbeeinflussende langfristige Kapitalströme ziehen zu können. Um zu verlässlichen Ergebnissen zu kommen, sollten die Befragten zumindest zeitweise eine Positionierung im Aktienmarkt haben. »Ohne Position kein Commitment, ohne Commitment kein Spiegelbild des Marktes«, sagt Goldberg. Das Commitment ist die emotionale Bindung eines Marktteilnehmers an seine Entscheidung. Dieses Phänomen wird in der Behavioral Finance auch als Dispositionseffekt bezeichnet. Wichtig ist also, dass derjenige, der eine Prognose abgeben soll, im Markt aktiv ist. Die Annahme dahinter: Ein optimistisch auftretender Anleger dürfte »long« investiert sein. Ein pessimistischer Investor ist höchstwahrscheinlich »short« engagiert, hat Aktien verkauft oder sogar leerverkauft oder ist im

Verhältnis zu einem Vergleichsindex untergewichtet. Ein plötzlicher Stimmungsumschwung weist dabei auf eine Umschichtung der Position hin. Deswegen ist es wichtig, möglichst immer die gleichen Investoren regelmäßig zu befragen. Im Idealfall befragt man diejenigen Marktteilnehmer, die die größten Volumina im Markt bewegen. Allerdings sind diese Investoren sehr verschlossen und möchten sich nicht in die Karten schauen lassen.

Sentiment-Erhebungen werden gerne zu den sogenannten Kontraindikatoren gerechnet. Grob übersetzt: Ist die Mehrheit der Marktteilnehmer extrem positiv, also »bullish« eingestellt, geht es wahrscheinlich demnächst nach unten mit den Börsenkursen. Ist die Mehrheit hingegen eher pessimistisch und damit »bearish«, sollte es mit den Kursen bald aufwärts gehen. Klingt irgendwie unlogisch? Eigentlich nicht: Wenn die Stimmung zu extrem wird, kippt sie oft bald. Auf die Party folgt der Kater und umgekehrt. Spannend sind solche Erhebungen vor allem dann, wenn es im wahrsten Wortsinne emotional an den Märkten wird, wenn die Schwankungen groß sind oder die Datenlage eher undurchsichtig ist. Denn wo Wissen fehlt, nehmen die Emotionen überhand. Sich ausschließlich auf solche Umfragen zu verlassen, ginge aber zu weit. Die Sentiment-Analyse ist aber auf jeden Fall ein spannender Baustein der verhaltensorientierten Kapitalmarktanalyse. Denn die eigenen Emotionen mögen gefährlich sein. Mit den Emotionen der anderen lässt sich aber sehr wohl Geld verdienen.

Gier und Angst oder Bulle und Bär

Ein solches Sentiment gibt es natürlich auch für die Wall Street. Die Leitbörse der Welt gibt auch die Stimmung vor. Wie sehr Investoren von Angst und Gier getrieben werden, messen auch in den USA spezielle Indizes. Sie gelten auch als Indikator für die Börsenentwicklung. Aber wie gut funktioniert das eigentlich? Wie hochemotional es an der Börse zugehen kann, erleben wir immer wieder. Auf die schwärzesten Börsentage, dann, wenn die Kurse scheinbar ins Bodenlose stürzen und Panik herrscht, folgen die besten. Das ist statistisch bewiesen. Auch deshalb gelten extreme Angst oder extreme Gier als Kontraindikatoren. Also wird kräftig gemessen, befragt und analysiert, wie gierig oder ängstlich Investoren gerade sind. Heraus kommen dann sogenannte Angst-und-Gier-Indizes. Einer der bekanntesten ist der »Fear-&-Greed«-Stimmungsindikator des amerikanischen Fernsehsenders CNN. Er schlägt mitunter heftig aus. Auch der »Bull-&-Bear«-Index der Bank of America ist ein Barometer, das extreme Emotionen misst.

Doch was heißt es genau, wenn solche Indizes extremer ausschlagen? Kann man daraus wirklich etwas ableiten? Oder ist es doch eher Kaffeesatz-Leserei? Pascal Kielkopf hat sich genau angeschaut, was diese Barometer aussagen – und was nicht. Der Kapitalmarktanalyst von HQ Trust hat einen Angst-und-Gier-Index bis ins Jahr 1997 zurückgerechnet. Neben dem Momentum flossen dabei die Volatilität, die sogenannte Marktbreite, die Positionierung am Optionsmarkt (Put/Call-Ratio) sowie weitere Marktindikatoren mit ein. Je nach Lage der einzelnen Indikatoren teilte Pascal Kielkopf die Gesamtstimmung der Marktteilnehmer in fünf Gefühlslagen ein, die von extremer Angst bis hin zu extremer Gier reichen. Der jeweiligen Einschätzung stellte der Analyst die Entwicklung des US-Aktienindex S&P 500 in den folgenden vier Handelswochen gegenüber.

Das Ergebnis fällt anders aus als erwartet: Entgegen der Weisheit von Warren Buffett ließ sich zwischen der Stimmung der Anleger und der darauffolgenden durchschnittlichen Performance des Aktienmarktes kein Zusammenhang erkennen. Das hat mich wirklich überrascht, denn in meiner Wahrnehmung war es genau anders herum. Immer wenn die Stimmung besonders schlecht war, wenn der Pessimismus besonders groß war, ging es doch ganz schnell aufwärts. Kielkopfs Analyse zeigt aber das Gegenteil beziehungsweise noch etwas Sonderbareres: Sowohl bei extremer Angst als auch bei extremer Gier gewann der S&P 500 im Folgemonat im Schnitt 0,5 Prozent hinzu, was zugleich der durchschnittlichen Rendite über den Gesamtzeitraum entsprach. Am geringsten war der durchschnittliche Zuwachs mit einem Plus von 0,1 Prozent übrigens ausgerechnet dann, wenn Anleger weder ängstlich noch gierig waren.

Sind extreme Emotionen also gar kein Kontraindikator? Ganz so einfach ist es dann doch nicht. Angst hatte nämlich vor allem einen Effekt auf die Höhe der möglichen Renditeausschläge. »In Marktphasen, die von extremer Gier geprägt waren, lagen die Monatsrenditen lediglich zwischen plus und minus 5 Prozent«, sagt der Experte. »Mit zunehmender Angst nahm auch die Schwankungsbreite kontinuierlich zu.« Das wiederum überrascht nicht. Wenn die Emotionen hochkochen, dann steigt unweigerlich auch die Nervosität und damit die Volatilität. Aber was heißt das für die Renditen? Auch mit ihnen geht es dann sehr hoch und sehr weit runter. »Zwar fielen die besten Monate mit Renditen von mehr als 10 Prozent oft in die Phasen extremer Angst«, so Kielkopf. »Allerdings eben auch die schlechtesten mit über 10 Prozent Verlust.« Vielleicht sind die Angst-und-Gier-Indizes also mehr ein Indikator für höhere Schwankungen, als dass sie ein Kontraindikator wären. Extreme Emotionen lösen extreme Kursschwankungen aus. Und die nutzen Profis wie Warren Buffett. Er investiert bekanntlich sehr langfristig.

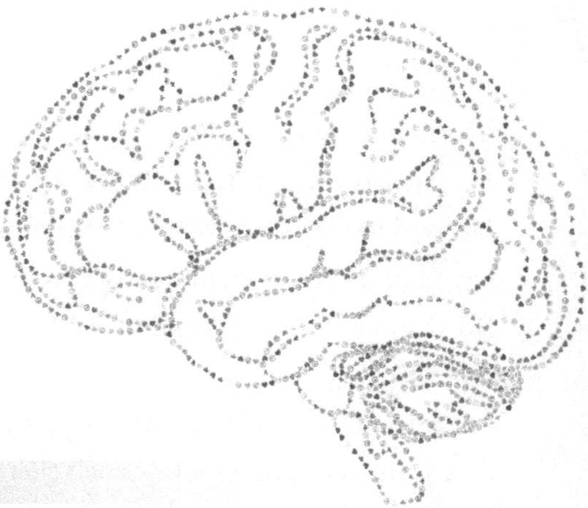

12

Langfristiges Depot, Spielgeld-Depot & Co. – der Trick mit der mentalen Buchführung

Es mag eine gute Idee sein, sehr langfristig mit breiter Risikostreuung zu investieren. Und ich bin auch davon überzeugt, dass es so ist. Aber es ist auch ein bisschen langweilig, wenn man sich so stur an eine Strategie hält oder halten muss, wenn man für alles klare Regeln hat, die man befolgt. Meine Rendite spricht für diesen Weg, ganz klar. Bei meinem langfristigen Vermögensaufbau gehe ich Risiken sehr bewusst ein und habe meine Emotionen überraschend gut unter Kontrolle. Meine durchschnittliche jährliche Rendite der vergangenen Jahre gibt mir recht. Es ist ein erfolgreicher Weg, eine gute Strategie, und sie funktioniert für mich ganz wunderbar. Aber sie ist auch verdammt langweilig. Natürlich könnten Sie jetzt Einspruch erheben: Börse ist nie langweilig. Und mit einer Aktienquote von 80 Prozent müsste ich eigentlich genug Nervenkitzel erleben, wenn die Kurse mal wieder Achterbahn fahren. Ja und nein. Klar, mein Depot schwankt kräftig, wenn es an der Börse hoch her geht. Aber damit kann ich umgehen, Nachkäufe inklusive.

Trotzdem sind ETFs auf breit streuende globale, europäische oder amerikanische Aktienindizes doch eher langweilig. Viel spannender sind Einzelaktien, aber leider auch viel risikoreicher. Zu meiner langfristigen Strategie passen sie deshalb nicht. Dasselbe gilt für Themen-ETFs oder mal ein ETF auf Schwellenländer-Anleihen. Es gibt so spannende Investments, so spannende Trends. All das passt nicht zu meiner langfristigen Strategie. Das ist auch gut so. Ich möchte bei meinem langfristigen Vermögensaufbau keine unnötigen Risiken eingehen. Ich will es so entspannt wie möglich, will ein gutes Chance-Risiko-Verhältnis, aber keine Achterbahnfahrten – soweit das bei meiner recht hohen Aktienquote möglich ist. Das klappt auch wirklich gut.

Weil ich aber trotzdem ab und zu mal etwas wagen will, weil mich ab und zu auch mal die Gier packt, weil Einzelaktien einfach so viel mehr Spaß machen, habe ich ein zweites Depot: mein Spielgeld-Depot. »Spielgeld« nicht, weil ich wild zocke, sondern eher wegen der Höhe der Summen, die ich dort investiere. Sie sind recht gering, vor allem im Vergleich zu meinem Depot für den langfristigen Vermögensaufbau. Aber was landet in diesem Depot? Vereinfacht gesagt: alles, was mit meiner langfristigen Strategie nichts zu tun hat und sie irgendwie verfälschen oder verwässern würde. Alles, was in meinem Hauptdepot nichts zu suchen hat. Und eben auch riskantere Investments. Ich gehe diese Risiken bewusst ein und weiß, dass ich bei bestimmten »Wetten« viel oder sogar alles verlieren könnte.

Mentale Buchführung ganz praktisch

Ganz unbewusst setze ich mit diesen zwei Depots meine mentale Buchführung in die Praxis um. Der Ökonom und Nobelpreisträger Richard Thaler hat den Begriff der »mentalen Buchführung« geprägt. Einfach ausgedrückt geht es darum, wie wir unser Geld verwalten und zuordnen. Die meisten Menschen legen bestimmte Geldbeträge für bestimmte Dinge und Aktivitäten beiseite. Sie stellen gewissermaßen ein Budget auf. Geld als etwas nicht Austauschbares zu behandeln, ist jedoch nicht immer rational. Ein Beispiel: Wenn das IT-Budget eines Unternehmens erschöpft ist und ein Drucker kurz vor dem Ende des Geschäftsjahres den Geist aufgibt, wird trotzdem kein neuer Drucker bestellt. Es ist schließlich kein Budget mehr da. Das gleiche Unternehmen hat aber vielleicht im Reisebudget noch Geld übrig. Trotzdem wird der Antrag auf einen neuen Drucker abgelehnt. Klingt nicht logisch, aber so funktioniert das mit der Budgetierung – auch in unserem Gehirn. »Geld in bestimmte Schubladen zu stecken, hat meiner Meinung nach eine lange Geschichte und dient einem Zweck«, sagt Thaler. »Es beginnt also mit einem vernünftigen Grund, wird aber dann dermaßen weit getrieben, dass es einfach nicht mehr sinnvoll ist.«

Ein anderes Beispiel des Experten für Verhaltensökonomie können wir wahrscheinlich alle nachvollziehen, auch wenn es nicht immer die coolsten Sneaker oder superschönen Pumps sein müssen. Es geht um ein neues Paar Schuhe im Sonderangebot. Kaufen Sie die Schuhe, nur weil sie im Angebot sind? Es ist verlockend. Kaufen Sie die Schuhe auch, wenn sie ganz furchtbar unbequem sind? In diesem Fall lautet die Frage, wie lange sie wohl im Schrank verstauben und nie wieder getragen werden, bevor Sie endlich beschließen, sich von ihnen zu trennen. Das ist dann übrigens ein klarer Fall von »Sunk Cost Fallacy«, also eines Irrtums der versunkenen Kosten. »Ich wette, je mehr

Sie dafür bezahlt haben, umso länger liegen sie hinten im Schrank, bevor Sie sie wegwerfen«, stichelt der Experte. Ich fühle mich erwischt. Denn ich hätte da auch noch das eine oder andere Liebhaberstück im Schrank, fast ungetragen, wohl auch nie wieder getragen. Und Sie? In meinem Spielgeld-Depot – zum Glück nur dort – schlummern auch solche Schätzchen, die eigentlich wegkönnten.

Wir verbuchen unser Geld mental übrigens auch nach gedachten Zeiträumen: Geld für heute, Geld für morgen, Geld für schlechte Zeiten. Die mentalen Konten helfen uns, schnell zu entscheiden, wann etwas angeschafft werden soll und welche Ausgaben in verschiedenen Situationen sinnvoll sind. Sie helfen uns, unsere Ausgaben besser kontrollieren zu können. Viele Menschen spiegeln ihre mentalen Konten übrigens mehr oder weniger bewusst auf echte Bankkonten. Ich beispielsweise habe ein normales Girokonto, ein geschäftliches Girokonto, ein Tagesgeldkonto für den Notgroschen (die schlechten Zeiten) und ein Anlagekonto. Und dann natürlich meine beiden Portfolios: ein Depot für meinen langfristigen Vermögensaufbau und mein Spielgeld-Depot für die riskanteren, kurzfristigeren Investments. Übertreiben sollte man es aber nicht mit den echten Konten und Depots, sonst verliert man den Überblick. Es macht auch wenig Sinn, wenn das Girokonto ständig ins Minus rutscht, dass Anlagekonto aber gut gefüllt ist.

Das Spielgeld-Depot für die riskanteren Investments

Dass wir unser Geld mental verteilen können, ist mit Blick auf unsere Geldanlage extrem wichtig. Wenn dem nämlich nicht so wäre, könnten wir langfristig kein Vermögen aufbauen. Indem wir aber ein mentales Budget für riskante Trades und eines für breit gestreute Langfrist-Investments haben, funktioniert es eben doch – egal, ob wir mehrere Depots haben oder nicht. Für mich funktioniert es mit mehreren Depots extrem gut. Es ist herrlich übersichtlich, ich kann die Performance gut beobachten. Im Spielgeld-Depot ist übrigens ein wildes Sammelsurium erlaubt, das nichts mit meiner langfristigen Strategie zu tun hat. Wie klein sind die Summen in einem solchen Spielgeld-Depot? Das ist Geschmackssache. Ich habe keine klare Regel dafür. Während der größte Teil meiner Anlagesumme im »normalen« Depot investiert ist, stur nach meiner Strategie und ohne große Experimente, wird ein kleiner Anteil etwas riskanter investiert. In meinem Fall entfallen gut 90 Prozent meiner Anlagesumme auf das langfristige Depot zum Vermögensaufbau und mit den restlichen 10 Prozent »spiele« ich. Das verschiebt sich aber ein wenig, wenn ich mal eine Kursrakete erwische. Nach meinem jährlichen Rebalancing im großen Depot, das ich in der Regel mit Zukäufen mache, ist der Spielgeld-Anteil dann wieder ein bisschen kleiner.

Es gibt keine pauschale Empfehlung, wie viel »Spielgeld« empfehlenswert, gut oder richtig ist. Auch das hängt mal wieder davon ab, was für ein Anlegertyp Sie sind, welches Risikoprofil Sie haben. Wenn Sie bewusst ein größeres Risiko eingehen, dann sollten Sie das nur mit einem kleinen Teil Ihres Vermögens tun. Denn es steht einiges auf dem sprichwörtlichen Spiel. Daher der Begriff »Spielgeld«. Sie sollten immer nur so viel Geld »im Spiel« haben, wie Sie auch wirklich riskieren können und wollen. Denn Sie könnten hohe Verluste erleiden, je nachdem, welche Investments Sie eingehen, sogar bis zum Totalverlust. Das sollten Sie immer bedenken. Es gibt keine Regel, wie groß das Spielgeld-Depot sein darf. Aber sein Volumen sollte wirklich nur einen Bruchteil Ihres normalen Portfolios ausmachen. Vielleicht 10 oder maximal 20 Prozent?

Wie Sie es handhaben, ist am Ende eine Frage Ihrer Risikopräferenz. Wie viel Geld wollen Sie riskieren? Wie hoch dürfen die Verluste sein? Oder anders formuliert: Wie gierig möchten Sie sein? Denn ein wenig Gier ist erlaubt im Spielgeld-Depot, andere Emotionen sind es auch. Sie wagen etwas, gehen stärker ins Risiko. Ein bisschen Nervenkitzel gehört an der Börse einfach dazu, oder? Dieses Auf und Ab der Kurse ist einfach faszinierend. Dieses Gefühl, wenn unser Investment die Kursrakete zündet, wenn wir genau richtig gelegen haben. 20, 30 oder 40 Prozent Gewinn in wenigen Wochen oder Monaten? Oder wenn sich der Kurs Ihrer Lieblingsaktie irgendwann verdoppelt hat. Ein Kursgewinn von 100 Prozent, das versetzt uns fast schon in einen Rausch. Ist das nicht ein herrliches Gefühl?

Einzelaktien machen einfach mehr Spaß als breit streuende und damit vergleichsweise langweilige ETFs oder Fonds. Risiko bedeutet eben auch mehr Spannung, hohen Nervenkitzel und verlockende Chancen. Es macht Spaß, sich mit einzelnen Unternehmen, ihren Geschäftsmodellen und ihren Aktien zu beschäftigen. Erinnern Sie sich an die Börsen-Oma Beate Sander, die gar nicht genug bekommen konnte von der Aktienanalyse? Wenn man dann auch noch richtig liegt, herrlich! Leider zünden breit streuende Fonds und ETFs nur selten Kursraketen. Sie steigen langfristig, also über die Jahre, zwar hoffentlich auch um 20 oder 40 oder mehr Prozent. Das läuft in der Regel eher gemächlich, relativ unaufgeregt, eben langweilig. Das ist aber auch angenehm, es geht ja um unsere finanzielle Freiheit, unseren langfristigen Vermögensaufbau und unsere Altersvorsorge. Also ich kann da auf Spannung verzichten!

Fette Gewinne will ich trotzdem von Zeit zu Zeit machen. Etwas speziellere Themen- oder Branchen-ETFs zünden solche Kursraketen viel eher. Auch bei Einzelaktien sind Renditen im zweistelligen Bereich jederzeit möglich. Manche Geschichte, manches Thema reizt uns einfach. Trotzdem passt es nicht in meine Strategie. Vielleicht geht es Ihnen genauso. Vielleicht investieren Sie grundsätzlich nicht in Einzelaktien, vielleicht auch weil Sie sich für ein ganz simples oder ein »Smart Beta«-Depot entschieden haben, also ein Depot, bei dem Sie versuchen, die entscheidenden Kurstreiber zu identifizieren und zu nutzen. »Smart Beta« meint, dass Sie auf wissenschaftlich belegte Renditefaktoren setzen. Das sind beispielsweise »Quality«, also Aktien von Unternehmen mit einer qualitativ hochwertigen Bilanz (stabile Gewinne, geringe Verschuldung, hoher Cash-Flow), oder »Size«, womit Nebenwerte gemeint sind. Auch die Dividende ist ein solcher Faktor. Da passt die Aktie des innovativen Start-ups, das gerade an die Börse gegangen ist, einfach nicht in die Strategie. Genauso wenig wie ein sehr wenig diversifizierter Themen-ETF auf Rüstung, künstliche Intelligenz (KI) oder Cyber-Security.

Wie immer gilt: Je höher das Risiko, desto größer auch die Chance. Weil das leider auch andersherum gilt, sollten Sie in riskantere Titel immer nur überschaubare Summen investieren. Vor allem dann, wenn Sie ein bisschen »zocken« wollen, ist ein Spielgeld-Depot eine gute Sache. Zugegeben: Spielgeld – das klingt ein wenig nach Casino. Es klingt nach waghalsigen Spekulationen und heißen Wetten. Aber keine Angst, jetzt folgt kein Plädoyer für wildes Zocken. Das könnten Sie mit Ihrem Spielgeld-Depot natürlich tun, wenn Sie denn wollen. Aber Sie können auch einfach andere Anlageklassen, andere Bausteine wählen, als Sie das in Ihrem Depot für die langfristige Geldanlage tun.

Zwei Depots für die bessere Übersicht

Aber warum überhaupt ein zweites Depot? Warum nicht einfach alles in ein Depot legen? Es geht vor allem um die Übersichtlichkeit, es geht darum, die langfristige Strategie nicht mit den etwas spekulativeren Investments zu vermischen. Es macht Sinn, beides zu trennen. So sehen Sie auf einen Blick, wie groß das Spielgeld-Depot wirklich ist. Sie sehen, wie es sich entwickelt hat. Würde alles in einem Depot liegen, bestünde die Gefahr, dass Sie den Überblick verlieren. Zumindest aber müssten Sie sehr genau hinschauen, mit irgendwelchen Tools, Apps oder der guten alten Excel-Liste arbeiten, um Ihre Investments für den langfristigen Vermögensaufbau klar von den anderen zu trennen. Warum also nicht gleich zwei Depots? So laufen Sie gar nicht erst Gefahr, den Überblick zu verlieren. Bei manchen Brokern kann man Gruppen anlegen – ein Depot, zwei Gruppen. Das wäre auch eine Alternative, ist aber weniger übersichtlich als zwei Depots, finde ich.

Viele Anleger berichten übrigens, dass ihr langfristiges Depot besser läuft als das Spielgeld-Depot. Es bringt aber nicht nur mehr Rendite, es ist auch nervenschonender, weil es weniger stark schwankt. Im Spielgeld-Depot geht es heiß her: Kursraketen und Rohrkrepierer, gute und weniger gute Investments, hohe Schwankungen und reichlich Emotionen. Mein Spielgeld-Depot lief einige Jahre lang besser als das langfristige, dann wieder gar nicht. Es hat mich auf jeden Fall mehr Nerven gekostet als das große Depot, und meine Emotionen sind mit den Kursen Achterbahn gefahren.

Musterdepots führen uns in die Irre

Börsenneulinge können sich das alles gar nicht vorstellen. Auch Aktionärinnen und Aktionäre, die schon ein paar Jahre dabei sind, aber bisher im Team »ETF-Sparplan« spielten, sind sicherlich skeptisch. Sie könnten natürlich ein Musterdepot anlegen. Dieses virtuelle Depot bieten die meisten Onlinebanken und Broker sowie viele Finanz-Websites an. Man investiert kein echtes Geld, kann aber viel ausprobieren. Ich bin kein Fan von diesen Musterdepots. Psychologen liefern mir dafür gute Argumente. Es ist ein Unterschied, ob man echtes Geld einsetzt oder nicht. In Versuchen ging es zwar nicht ums Investieren, sondern ums Spielen, das Ergebnis ist aber dasselbe: Wenn man Menschen verkabelt und ihren Puls misst, schlägt das Herz bei denen, die um echtes Geld spielen, im Vergleich zu denen ohne Wetteinsatz deutlich schneller.

Wenn Sie etwas ausprobieren oder sogar erst an der Börse starten möchten, tun Sie es bitte mit echtem Geld. Nur dann spüren Sie, was das Auf und Ab der Kurse mit Ihnen macht. Mit einem Musterdepot machen wir uns etwas vor, schalten die Emotionen aus. Das macht wenig Sinn, wenn wir den Umgang mit der Börse lernen möchten. Es können ganz kleine Summen sein, mit denen Sie starten. Aber nehmen Sie Geld in die Hand. In Zeiten von Onlinebrokern und den sogenannten Neobrokern muss es nicht viel sein. Depotgebühren entfallen oft, Sparpläne starten mit Minisummen und ohne Ausführungsgebühren, auch Einzelorders, also Ihre Käufe und Verkäufe, sind supergünstig. Da kann man dann auch mit kleinen Summen »spielen«. Immer mehr dieser Broker bieten übrigens auch Kinder-Depots zu sensationellen Konditionen an, falls Sie Ihren Nachwuchs an das Thema Geldanlage heranführen möchten.

Mein Tipp: Machen Sie aus Ihren mentalen Konten und Depots echte Konten und Depots. Das schafft Übersicht, dadurch wird alles einfacher in der Praxis. Übertreiben Sie es aber bitte nicht, denn dann ist es schnell vorbei mit der Übersicht.

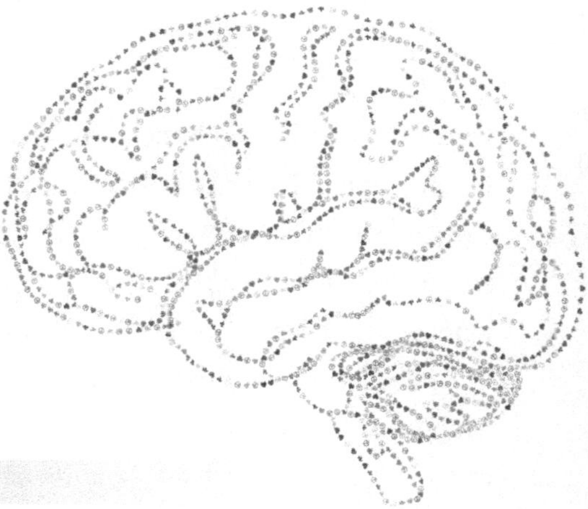

13

Börsengewinne sind wie ein Drogenrausch – bloß nicht süchtig werden!

Wie oft habe ich schon gesagt und geschrieben, dass ich leidenschaftliche Börsianerin bin? Wie oft habe ich noch nachgeschoben, dass mich das Auf und Ab der Kurse fasziniert? Und wie oft habe ich es sogar so weit zugespitzt, dass ich gesagt habe, ich sei süchtig nach der Börse? Mit dem Begriff »Sucht« sollte ich wohl vorsichtiger umgehen. Eine Sucht ist eine Krankheit. Signalisiere ich also damit, dass die Börse krank machen kann? Das kann in der Tat passieren. Im Grunde ist es wie mit jeder anderen Sucht – Alkohol, Zucker, Drogen. Wenn wir uns etwas gönnen, ob ein Gläschen zum Feierabend, ein Stück Kuchen am Nachmittag, dann reagiert dabei immer das neurologische Belohnungssystem in unserem Gehirn. Es wird Dopamin ausgeschüttet. Es ist eine biochemische Kettenreaktion in unseren Nervenzellen, die uns richtig guttut. Genau das Gleiche passiert auch, wenn man uns Geld gibt oder wir eben Gewinne an der Börse machen. Bei Dopamin geht es um die unmittelbare Belohnung, und davon können wir nicht genug bekommen.

Forscher machen unsere Neigung, Belohnungen ohne Verzögerung zu wollen und dabei die Dopamin-Neuronen zum Feuern zu bringen, für diverse Süchte verantwortlich. Dieses Verlangen nach schnellen Belohnungen lässt uns an der Börse Fehler machen und leider auch hektisch agieren. »Geld verhält sich wie eine Droge, und zwar nicht chemisch, sondern psychologisch«, schreibt Psychologin Claudia Hammond. Evolutionär betrachtet gebe es Geld noch nicht lange genug, als dass sich für den Umgang damit ein spezielles neuronales System hätte herausbilden können. Deshalb wurde für Geldfragen ganz offenbar ein System mit Beschlag belegt, das ansonsten für unmittelbare Belohnung zuständig ist. »Es sieht also ganz so aus, als würden wir Geld als solches und nur um seiner selbst Willen begehren. Es ist eine Art Droge.« Es besteht natürlich keine körperliche Abhängigkeit, aber wir fühlen uns wohl alle auf die eine oder andere Weise dazu hingezogen. Auch wenn es eine Stammtischparole ist, dass die Börse ein Casino ist, lockt die Börse eben auch Zocker an. Letztere sind geradezu süchtig nach dem Auf und Ab der Kurse, bilden sich ein, sie könnten die Kursentwicklung in die eine oder andere Richtung vorhersagen und daraus Profit schlagen. Es gibt viele Spieler an der Börse, die das schnelle Glück suchen, aber selten finden. Sie glauben, mit ein paar cleveren Wetten das ganz große Geld zu machen. Sie gehen extreme Risiken ein, zocken mit Hebelprodukten, die den Gewinn – und leider auch den Verlust – vervielfachen. Spieler agieren blitzschnell, langfristige Investments sind ihnen zu langweilig.

Manche von ihnen zocken wie im Rausch. Und genau das sind sie auch: im Rausch! Börsengewinne machen süchtig. Diese Sucht ist im Grunde eine nicht ganz ungefährliche Variante der Gier. Denn die Gier ist nicht nur ein starker Antrieb, sondern kann uns leider auch in eine Sucht treiben. Die Folge: Wir wollen immer mehr, kein Gewinn ist hoch genug. Das kann ziemlich schnell ungesund werden. Schon der Mediziner und Philosoph Paracelsus wusste zu Anfang des 16. Jahrhunderts: Die Dosis macht das Gift. Übersetzt heißt das: Renditestreben gerne, aber bitte nicht um jeden Preis. Leider verlieren manche Menschen die Kontrolle über das Gift »Gier«. Denn Börsengewinne lösen Reaktionen in unserem Gehirn aus, die mit denen beim Konsum von Kokain oder anderen Drogen vergleichbar sind. Ein Rausch, der zu Suchtverhalten führen kann. Anleger erliegen dem Reiz des Risikos, das eine ungeheure Anziehungskraft auf sie ausübt. Sie brauchen immer neue Kicks, immer waghalsigere Wetten.

Glücksspiel, Sportwetten und Börsenspekulationen

Spielsucht ist ein weithin bekanntes und verbreitetes Phänomen. Dabei denken die meisten aber an Glücksspielautomaten, Roulette oder Poker, vielleicht auch Sportwetten. Das Spekulieren an der Börse kann sich aber genauso zu einer Sucht entwickeln wie das Zocken am Spielautomaten in der Imbissbude. Leider gibt es keine Zahlen dazu, wie viele Menschen süchtig nach Börsengewinnen sind. Es dürften aber einige sein, wenn man bedenkt, dass in Deutschland 30 Prozent der Menschen an Glücksspielen teilnehmen. Das besagt der Glücksspielatlas des Bundesgesundheitsministeriums. Etwa 1,3 Millionen Menschen haben eine Störung durch Glücksspiele, weitere 3 Millionen Menschen haben ein problematisches Glücksspielverhalten. Etwa jeder 13. Glücksspieler entwickle durch Teilnahme an Automatenspielen, Sportwetten und anderen Glücksspielen gesundheitliche, finanzielle oder auch soziale Probleme, heißt es. In den westlichen Industrieländern sind 2 bis 3 Prozent der Bevölkerung von Spielsucht betroffen. Die Zahl der süchtigen Börsianer ist eine Dunkelziffer.

Doch wer entwickelt ein solches Suchtverhalten an der Börse? Oft sind es Menschen, von denen wir es gar nicht erwartet hätten. Vor einigen Jahren machte Uli Hoeneß Schlagzeilen mit seiner Zockerei. Der Fall des Funktionärs vom FC Bayern München zeigt, welch extreme Auswirkungen diese Börsenzockerei haben kann. Hoeneß wurde eine fehlerhafte Selbstanzeige zum Verhängnis. Dabei kam heraus: Der Unternehmer hatte mehr als 27 Millionen Euro an Steuern auf Spekulationsgewinne hinterzogen. Dieser extrem hohe Betrag lässt erahnen, mit welch gigantischen Beträgen er gezockt haben muss. Dass er seine Börsengeschäfte schon krankhaft betrieben hat, wurde im Prozess vor dem Landgericht in München ziemlich deutlich. Viele Aussagen und Indizien sprachen für das Verhalten eines Spielsüchtigen. Uli Hoeneß selbst hält sich allerdings nicht für spielsüchtig, auch wenn er im Interview mit der Wochenzeitung *Die Zeit* nach Bekanntwerden des Skandals zugab: »Ein paar Jahre lang war ich wohl nah dran.« Er glaubte, kuriert zu sein – wobei ihm sein Sohn Florian im selben Interview offen widersprach: »Die Familie sieht das anders.« (*Zeit*-Gespräch mit Uli Hoeneß: »Ich gehöre nicht mehr dazu«, *Die Zeit*, 2. Mai 2013, Nr. 19, Dossier-Seite 13–16). Die Frage, ob der mächtigste deutsche Fußballmanager an Spielsucht leide, war plötzlich Inhalt zahlreicher Talkshows und unzähliger Medienberichte. Ob er nun wirklich spielsüchtig ist oder war, müssen Experten beantworten.

Es bleibt aber die Frage, wie sehr jemand an der Börse »gespielt« haben muss, um derart hohe Gewinne erzielt zu haben, damit solch immense Steuerschulden innerhalb relativ kurzer Zeit zusammenkommen. Die Summen, mit denen er an der Börse jonglierte, wurden offenbar immer größer. In den Medien kursieren Schätzungen, Hoeneß habe insgesamt mit einem dreistelligen Millionenbetrag an der Börse gehandelt. Über eine Schweizer Privatbank hatte Hoeneß seit der Jahrtausendwende mit Millionenbeträgen am Devisenmarkt spekuliert. »In den Jahren 2002 bis 2006 habe ich richtig gezockt. Das waren Summen, die für mich heute auch schwer zu begreifen sind, das war teilweise extrem«, sagte er der *Zeit*. Seine heißen Devisenwetten reduzierte der einstige Fußball-Nationalspieler erst auf Druck von außen. 2006 begannen seine verlustreichen Jahre. »Ich habe zu viele Verluste gemacht«, sagte Hoeneß. »Ich konnte nicht mehr so viel zocken.« Hoeneß war rund um die Uhr mit seiner Bank verbunden. Die Kurse verfolgte er auf seinem Pager, per Telefon erteilte er dann seine Kauf- und Verkaufsaufträge an die Händler der Bank. »Das war der Kick, das pure Adrenalin«, sagte er vor Gericht aus.

Es war aber sicherlich nicht nur das Stresshormon Adrenalin, sondern vor allem der Neurotransmitter Dopamin, der den Kick auslöste. Wissenschaftler machen die Neigung, Belohnungen ohne Verzögerung zu wollen und dabei die Dopamin-Neuronen zum Feuern zu bringen, für Spielsucht, aber auch Sexsucht, Extremsport und andere Süchte verantwortlich. Wie bei jeder anderen Sucht spielt der Glücksbotenstoff auch beim Zocken an der Börse die Hauptrolle. Egal, ob Alkohol, Kokain oder Amphetamin – Drogen steigern die Ausschüttung des Dopamins. Denn das löst auch die Euphorie aus, die Spielsüchtige und Börsenzocker erleben. Wenn eine Wette aufgeht, fühlen sich die Börsianer wie im Rausch, wie »high«. Ein Dopaminlevel wie im Kokain-Rausch.

Wie stark die Sucht unser Oberstübchen manipuliert, zeigt unser Dopaminlevel. Nikotin kann den Dopaminlevel um 200 Prozent erhöhen, Kokain sogar um 400 Prozent und Amphetamin um 1000 Prozent. Psychologen und Ärzte sind überzeugt, dass Spielsucht eine vergleichbar hohe Abhängigkeit erzeugt wie die meisten klassischen Drogen. Die Parallele zur Alkohol- oder Kokainsucht ist erschreckend: Es kommt ein Zeitpunkt, ab dem auch bei den Kapitalmarktspielern nur noch der Börsenkick das ersehnte Dopamin freisetzt. Alles andere empfinden sie als langweilig.

Wie ein Kokainsüchtiger giert der Zocker immer nach dem nächsten, möglichst stärkeren Rausch. So wie ein Drogenabhängiger seine Dosis immer weiter erhöhen muss, gewöhnt sich auch der Börsensüchtige an ein bestimmtes Risikolevel und schraubt das Risiko dann immer weiter hinauf. Das kann so weit gehen, dass der Süchtige die Kontrolle über einmal gesetzte Höchstgrenzen verliert, dass er versucht, Verluste mit noch höherem Kapitaleinsatz wieder wettzumachen. Wie bei klassischen Drogen kann es sogar zu entzugsähnlichen Symptomen kommen, falls der Zocker gerade keinen Zugang zu den Finanzmärkten hat. Natürlich passiert das nicht öffentlich, der Spieler tarnt seine Sucht, belügt sein persönliches Umfeld. Er verheimlicht sein Zocken, spricht nicht über seine hohen Einsätze, seine Gewinne oder Verluste. Überhaupt verliert er jegliches Gefühl für den Wert des Geldes, es wird nur noch als Spielgeld wahrgenommen.

Wie bei Drogen- oder Alkoholsucht spielt der Börsenzocker irgendwann einfach nur noch weiter, um zu funktionieren. Denn die Dopamin-Dosis lässt sich nicht unendlich steigern, egal wie waghalsig die Wetten sind, egal wie hoch der Einsatz ist. Das Gehirn hat nämlich nur eine begrenzte Zahl von Dopamin-Rezeptoren. Deshalb verschafft die Sucht ab einem bestimmten Niveau kein

Glücksgefühl mehr. Die süchtigen Investoren geraten in eine gefährliche Spirale. Sie verlieren immer mehr die Kontrolle. Die eingesetzten Beträge werden immer höher, gleichzeitig wachsen die Risiken, die sie mit ihren Börsengeschäften eingehen. Verluste führen nur noch dazu, dass sie mit noch höherem Einsatz versuchen, wieder auf die Gewinnerseite zu gelangen. Geld ist dann längst nur noch Mittel zum Zweck. Im Grunde geht es sowieso eher um den Kick, nicht um das Gewinnen. Der Belohnungseffekt entsteht beim Spielen. Es ist wie ein Feuerwerk, wenn der Körper Dopamin und Endorphin ausschüttet.

Ich bin zwar leidenschaftliche Börsianerin, aber zum Glück nicht (spiel-)süchtig. Ihnen geht es sicherlich wie mir. Trotzdem neigen wir zu ähnlichen Verhaltensmustern wie die Süchtigen, nur sind sie eben nicht krankhaft. Auch wir verlieren mitunter die Kontrolle über unsere Investments. Wir alle leiden ab und zu an Selbstüberschätzung. Erfolge schreiben wir gerne unseren ausgeprägten positiven Fähigkeiten zu. Psychologen nennen das einen »Attributionsfehler«. Geht ein Investment schief und machen wir Verluste, dann sind natürlich die Umstände schuld – und nicht etwa unsere falsche Einschätzung der Aktie. Die Selbstüberschätzung ist unter Anlegern und Anlegerinnen weitverbreitet. Wenn wir an den Märkten erste Erfolge verzeichnen, werden wir schnell mutiger. Wir bilden uns gerne ein, die Börse im Griff zu haben. Aktien, Fonds, ETFs – schön und gut. Doch wenn es gut läuft, dann wagen wir uns auch an riskantere Produkte heran. Viele von uns haben schon mal mit »Spielgeld« gezockt. Dagegen ist auch nichts einzuwenden, solange es bei einer vorher festgelegten Summe bleibt.

Es gibt aber auch Spekulanten, die fest davon überzeugt sind, dass sie an der Börse ganz schnell und ohne viel Zutun reich werden können – beispielsweise mit hochriskanten Hebelprodukten. Das Gefährliche an dieser Sicht auf die Märkte: Wenn wir den gewünschten Gewinn tatsächlich eingestrichen haben, fühlen wir uns bei Weitem nicht so gut, so berauscht wie in der Erwartung eines Gewinns. »Vorfreude ist die schönste Freude« lautet ein gängiges Sprichwort, und das beschreibt unsere Gefühlslage ziemlich genau. Das ist auch wissenschaftlich belegt. Neurowissenschaftler der Stanford University in Kalifornien haben 21 experimentelle Untersuchungen ausgewertet, die den neuronalen Wurzeln der Geldgier auf den Grund gingen. In allen Versuchen reagierten Testpersonen besonders stark auf einen erwarteten finanziellen Gewinn.[6] Geld, das sie tatsächlich ihr eigen nannten, hatte einen wesentlich geringeren Effekt auf das Belohnungssystem im Gehirn. Die Aussicht auf einen möglichen Geldsegen ruft trotz der damit einhergehenden Risiken ein deutlich größeres neuronales Feuerwerk – und damit größere Glücksgefühle – hervor als vorhandenes Eigentum. Verantwortlich dafür sei eine Art Antizipationsschaltkreis im Gehirn, der dafür sorgt, dass ein besonders hohes Risiko die Vorstellung eines möglichen Gewinns noch zusätzlich versüßt – der Reiz des Spiels. Und nach diesem Reiz können wir süchtig werden – an der Börse ebenso wie im Casino.

Störung der Impulskontrolle

Ob nun Spekulationssucht oder Glücksspielsucht – beides sind keine medizinischen Fachbegriffe. Es sind umgangssprachliche Bezeichnungen für etwas, das Mediziner als Störung der Impulskontrolle bezeichnen. Doch wann verlieren wir die Kontrolle? Wann wird es problematisch? Wo hört Anlegen auf und wo fängt Zocken an? Mal gehen wir mit »Spielgeld« bewusst kurzfristig ein hohes Risiko ein, mal sind extrem riskante Investments sogar Teil unserer mittel- oder langfristigen Anlagestrategie. Wann wird es also gefährlich? Wissenschaftler unterscheiden zwischen verschiedenen psychologischen und psychopathologischen Risikofaktoren. Völlig ungefährdet sind wir, wenn wir Aktien als real existierende Sachwerte betrachten, langfristig anlegen und dabei das Risiko unserer individuellen Lebenssituation anpassen. Auch wenn wir ab und zu mit kleineren Summen ein bisschen zocken, ist das kein Problem. Wir freuen uns über einen Gewinn, von dem wir aber ökonomisch nicht abhängig sind. Natürlich gibt uns das einen Kick, aber wir können damit umgehen. Erinnern Sie sich: Die Dosis macht das Gift. Klar auch, dass wir uns über einen Verlust ärgern, doch wir können ihn mental und finanziell verkraften.

Es gibt aber gleich mehrere Risikogruppen, die zu Suchtverhalten neigen. Dazu zählen etwa unsichere Menschen, die in ihrer Kindheit vielleicht Außenseiter waren, es aber mit hoher Leistungsorientierung nach oben geschafft haben. Sie werden als selbstbewusste Macher wahrgenommen, obwohl Selbstzweifel an ihnen nagen. Wer so tickt, kann Verluste an der Börse nur schwer ertragen, auch wenn sie ökonomisch noch zu verkraften sind. Dieser Typ wird alles tun, um die Verluste wettzumachen, und dabei immer größere Risiken eingehen. Das kann in eine gefährliche Abwärtsspirale führen. Auch vermeintlich problemlose Anleger sind gefährdet. Nämlich dann, wenn das Zocken mit dem Spielgeld zu gut klappt. Mit steigenden Gewinnen geht nämlich das Gefühl für den Geldwert verloren. Je mehr Geld wir gewinnen, desto mehr wird das Gewinnen zum Selbstzweck. Und dann sind da diejenigen, die wirklich süchtig nach Börse sind. Das Treiben an den Börsen bestimmt ihren kompletten Tagesablauf. Sie zocken mehr oder weniger rund um die Uhr. Sie sind überzeugt, den Markt schlagen zu können. Sie wollen den Triumph genießen, besser zu sein als der traurige Rest der Verlierer.

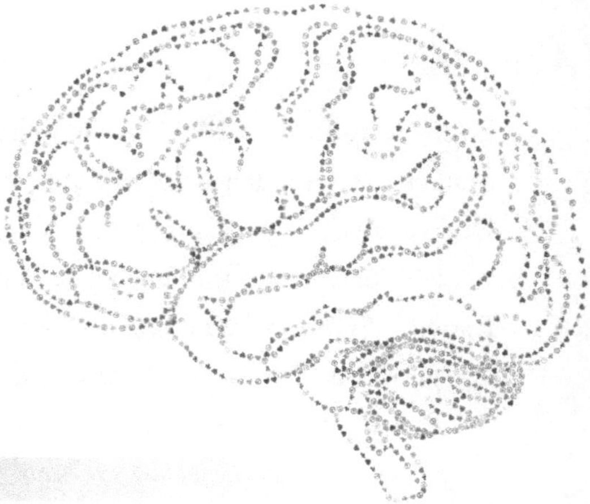

14

Verliebe dich niemals in eine Aktie – aber Anleger haben immer Favoriten

Neben Gier und Panik gibt es noch eine dritte, sehr starke Emotion, die uns mitunter über Fallstricke stolpern lässt: die Liebe! Nicht umsonst lautet eine bekannte Börsenweisheit: »Verliebe dich nie in eine Aktie.« Wenn das nur so einfach wäre. Fragen Sie sich gerade, was denn bitte die Liebe, dieses wunderschöne Gefühl, diese Schmetterlinge im Bauch, der erhöhte Puls, das Dauergrinsen, mit der Börse zu tun haben? Mehr als Sie denken. Haben Sie eine Lieblingsaktie? Sind Sie unglaublich überzeugt von ihr? Freuen Sie sich über sie? Sind Sie total begeistert und sogar ein bisschen verliebt? Ich kann – nein, muss – diese Fragen mit »Ja« beantworten. Meine Lieblingsaktie ist die des Luxuskonzerns Moët Hennessy

Louis Vuitton, kurz: LVMH. Ein tolles Unternehmen mit starken Marken, sehr soliden Bilanzen, aber ich komme ins Schwärmen. Und genau da liegt das Problem.

Liebe macht bekanntlich blind. Wir sind ein bisschen wie im Rausch. Wir übersehen Fehler und Schwächen, beschönigen Dinge. Das gilt für unseren neuen Partner genauso wie für eine Aktie. Wer sich in eine Aktie verliebt – und glauben Sie mir, das geschieht öfter als gedacht –, handelt genau so. Nun wissen wir aus dem wahren Leben, dass die romantische Liebe mitunter flüchtig ist, und nicht selten folgt darauf die Ernüchterung, manchmal auch der große Liebeskummer. Das kann auch an der Börse passieren – und ist dann leider ziemlich teuer. Vor allem, weil Verliebte sich natürlich stark auf das Objekt ihrer Begierde konzentrieren. Übersetzt in die Börsenwelt heißt das: Ihre Lieblingsaktie hat schnell einen zu großen Anteil im Depot. Das gilt auch für eine Lieblingsbranche. Häufig sind unsere Lieblinge übergewichtet. Viele Anleger konzentrieren sich bei ihrer Aktienanlage auf einige wenige Branchen, manchmal sogar eine einzige. Sie scheinen verliebt zu sein, sehen rechts und links nichts anderes mehr als ihre Lieblingsaktie. Das ist ein Fehler. Eines der Geheimnisse des erfolgreichen Investierens ist es, sich niemals in eine Aktie oder eine Branche zu verlieben.

Oft trifft die Verliebtheit auch Branchen und Länder

Experten verwundert die Verliebtheit vieler Börsianer nicht wirklich. Aus psychologischer Sicht lässt sich diese Verzerrung hin zu einer Branche – im Börsensprech »Sector Bias« genannt – leicht erklären. Manche Branchen haben einfach eine höhere Präsenz als andere. Informationen über die Unternehmen sind leichter verfügbar und – ob gefühlt oder wirklich – einfacher zu interpretieren als die Informationen über andere Branchen. »Verfügbarkeitsheuristik« nennen Psychologen das. Beispiel Automobilbranche: Deutschland besitzt im Vergleich zu anderen Ländern eine außergewöhnlich hohe Dichte an Automobilunternehmen – vom Zulieferer bis zum Hersteller –, was unweigerlich zu einer relativ hohen Zahl von Beschäftigten in diesem Bereich führt. Unsere Affinität zum fahrbaren Untersatz ist außerdem weltbekannt. All das führt zu einer intensiven Berichterstattung in allen Medien. Diese leichte Verfügbarkeit vieler verschiedener Informationen über die Autobranche verleitet viele Privatanleger dazu, die globale Bedeutung von BMW oder Daimler zu überschätzen. Früher landeten deshalb sehr häufig Autoaktien in den Depots der Privatanleger. Depotanalysen von Direktbanken und Onlinebrokern haben regelmäßig gezeigt, dass Autoaktien eher übergewichtet waren. Das hat sich in den vergangenen Jahren aber geändert. Die Krise der Branche ist eben auch allgegenwärtig in den Medien. Und zum Glück haben sich viele Anleger »entliebt«, zumindest ein Stück weit. Heute zählen die großen Technologiekonzerne der Wall Street, die »Magnificent Seven«, zu den Lieblingsaktien der Deutschen.

Das verwundert kaum. Sie haben eine gigantische Rally aufs Parkett gelegt und jeder wollte dabei sein, womit die Rally weiter befeuert wurde. Anleger haben ihre Lieblinge. Oder besser ihre Favoriten. Das ist immer wieder zu beobachten, und auch, dass es einige wenige Aktien sind, die einen Index treiben. Oft kommen sie aus derselben oder aus verwandten Branchen. Die Rally der Jahre nach der Coronakrise wurden vor allem von den großen Technologieunternehmen an der New Yorker Wall Street angeführt. Die »Magnificent Seven« hatten teilweise einen Anteil von mehr als

30 Prozent am breiten S&P 500. Google-Mutter Alphabet, Amazon, Apple, der Facebook-Konzern Meta, Microsoft, Nvidia und Tesla liefen so gut, dass sie in einzelnen Jahren auch für mehr als 30 Prozent der Kursgewinne verantwortlich waren. Verrückt, oder? Nur einige wenige Aktien treiben den S&P 500 auf immer neue Rekordstände. Solche Zahlen erwartet man doch eigentlich eher am Risikokapitalmarkt und nicht bei einem breit diversifizierenden Aktienindex. Immerhin sprechen wir bei einem ETF auf den S&P 500 von einem Korb mit 500 Aktien.

Ähnlich fällt übrigens der Blick auf den MSCI World aus. Auch hier dominieren die »Glorreichen Sieben« mit einem Gewicht von mehr als 20 Prozent den Index, der doch die Wertentwicklung von mehr als 1400 Aktien abbildet. Ähnlich sieht es übrigens aus, wenn man sich Länderindizes oder die Börsenbarometer für kleinere und mittlere Unternehmen anschaut. SAP beispielsweise dominiert seit Jahren den Dax. Eine einzige Aktie in einem Index mit 40 Aktien hat 15 Prozent Gewicht. Geschuldet ist das in allen Beispielen der sensationellen Kursentwicklung. Denn die Indizes sind nach Marktkapitalisierung gewichtet. Das Unternehmen, das in Summe seiner Aktien am meisten wert ist, hat den größten Anteil. Und so kommt es zu Klumpenrisiken bei den Lieblingen der Anleger.

Ist das jetzt ein Argument für oder gegen Risikostreuung? Es wäre natürlich klasse, nur die Superstars im Depot zu haben, keine Frage. Nur wer vermag diese immer zu finden? Wir sind ja keine kleinen Buffetts. Und selbst der Superinvestor greift mitunter daneben. Ich halte es da lieber mit John C. Bogle. Der Gründer von Vanguard und Indexfonds-Pionier sagte einst: »Suchen Sie nicht die Nadel im Heuhaufen, kaufen Sie den ganzen Heuhaufen.« Es ist schwierig und oft unmöglich, einzelne überdurchschnittlich rentable Aktien (»die Nadel«) zu identifizieren. Stattdessen ist es sinnvoller, den »Heuhaufen« zu kaufen, also den gesamten Markt, Sektor oder eine Anlageklasse. Und da kommen ETFs und Fonds ins Spiel. Die Wahrscheinlichkeit für eine gute Rendite ist einfach höher, wenn wir breit streuen. Damit legen wir uns zwar auch die Nieten oder unterdurchschnittlichen Aktien ins Depot, aber auf jeden Fall die großen Gewinner. Und unter dem Strich stimmt die Performance.

Aber zurück zum »Sector Bias«: Spannend ist auch der Blick in die Depots einzelner Berufsgruppen. Banker greifen verstärkt zu Finanztiteln, IT-Spezialisten bevorzugen Aktien aus der Software-Branche. Und wenig überraschend favorisiert ein Chemiker oder Biologe andere Branchen als ein Pilot. Doch diese Verliebtheit ist gefährlich. Wenn wir uns zu sehr auf unseren Arbeitsbereich konzentrieren, steigt nicht nur das Risiko in unserem Depot. Wir setzen noch viel mehr aufs Spiel. Wenn die Sicherheit des Arbeitsplatzes, die Chancen auf Lohnerhöhungen und die Höhe des jährlichen Bonus ohnehin von der Branche abhängen, sollten wir bei der Vermögensanlage das Risiko besser streuen und auch auf andere Industriezweige setzen. Stellen Sie sich vor, Ihre Branche und damit Ihr Arbeitgeber gerieten in eine Krise? Sie wären gleich mehrfach betroffen.

Privatanleger neigen zum Klumpenrisiko

Neben unserem Beruf spielen auch unsere Vorlieben und sogar Hobbys eine Rolle. Sind Sie ein Modefan? Dann bilden Sie sich wahrscheinlich ein, sich mit Aktien von Modeherstellern wie Hugo Boss oder LVMH besonders gut auszukennen. Ich persönlich liebe Designer-Handtaschen, vor allem die von Louis Vuitton. So kam ich auf die Aktie, die ich mir dann aber doch genauer angeschaut habe. Wie auch immer: Sind Sie Modefan, dann kennen Sie die aktuellen Trends und die Kollektionen der großen Marken. Sie wissen, was angesagt ist, was ankommt, was eher schräg und untragbar ist. Sind Sie ein Autofreak, dann dürften Sie überzeugt sein, dass Sie die Geschäftsmodelle von BMW, Mercedes oder Porsche bestens kennen. Welches Modell zum Verkaufsschlager wird, sehen Sie auf den ersten Blick. Designsünden erkennen Sie ebenfalls. Und als leidenschaftlicher Fußballfan investieren Sie vielleicht völlig verliebt in die Aktien »Ihres« Vereins, sofern er börsennotiert ist. Im Grunde investieren wir in diesen Fällen getreu dem Motto: »Kaufe nur, was du auch kennst und verstehst.« Das ist übrigens das Motto von Warren Buffett, und da ist natürlich auch etwas dran. Nur streut der Superinvestor über viele Branchen, während Privatanleger zum sogenannten Klumpenrisiko neigen. Der Anteil einzelner Werte oder Branchen im Depot ist schlicht zu hoch. Zumal wir uns auch die Frage stellen sollten, wie genau wir »unser« Unternehmen wirklich kennen oder ob wir uns nicht nur einbilden, es wirklich gut zu kennen und die Aktie bewerten zu können.

Dass wir Aktien nicht nach unseren persönlichen Vorlieben oder Befindlichkeiten aussuchen sollten, müsste uns eigentlich klar sein. Nur machen uns leider regelmäßig unsere Gefühle einen Strich durch die Rechnung. Daher ist es wichtig, einer klaren Anlagestrategie zu folgen, die Fundamentaldaten wie die Bewertung, die Profitabilität und die Preissetzungsmacht eines Unternehmens zu berücksichtigen. Genauso wichtig ist eine klare Exit-Strategie. Wenn die Abwägung von Risiko und Rendite nicht mehr stimmt oder die Investmentidee nicht mehr glaubhaft ist, sollten wir uns von der entsprechenden Aktie trennen. Haben wir uns aber verliebt, wird das nicht ganz so einfach sein. Im Gegenteil!

Wenn wir emotional zu sehr an ein Engagement gebunden sind, spielen wir negative Nachrichten herunter oder deuten sie um. Wer frisch verliebt ist, nimmt schließlich auch keine Fehler beim Partner wahr. Die rosarote Brille setzen wir oft zu spät ab und dann folgt das mehr oder weniger böse Erwachen. Auf die Börse übertragen, haben wir wahrscheinlich Geld verloren, auf jeden Fall aber bessere Chancen verpasst. Und das nur, weil wir uns unser Investment schöngeredet haben. Das Risiko wird kleingeredet. Verluste werden ignoriert, der Turnaround wird herbeigeredet.

Überhaupt sind wir unseren Investments sehr verbunden, selbst dann, wenn wir nicht verliebt sind. Einer Aktie, die in unserem Depot liegt, schreiben wir deshalb auch einen höheren Wert zu, als wir es tun würden, wenn wir sie neutral bewerten würden. »Besitztumseffekt« nennen Psychologen das. Generell schätzen wir den Wert eines Gegenstands, den wir besitzen, höher ein als den eines Gegenstands, wenn wir ihn noch kaufen müssen. Mit der Zeit wächst die emotionale Verbundenheit sogar noch. Mancher Aktionär ist sogar richtig stolz, wenn er etwas über seine Aktie hört oder liest.

Doch es sind nicht nur einzelne Aktien oder Branchen, auf die wir uns zu stark fokussieren. Um den Ertrag unserer Geldanlage zu steigern und das Risiko zu minimieren, sollten wir international investieren. Auch das wissen wir eigentlich, trotzdem besitzen wir zu viele heimische Aktien. Experten bezeichnen diese Heimatliebe als »Home Bias«. Auch diese Heimatverbundenheit bestätigen Auswertungen von Onlinebrokern immer wieder. Der »Home Bias« hat in den vergangenen Jahren aber ein Stück weit abgenommen. Ist es echte Einsicht? Oder liegt es daran, dass Privatanleger die Aktien der großen amerikanischen Internetkonzerne so sehr lieben? In den Top Ten sind aber noch immer mehrere Dax-Konzerne. Bei Aktienfonds sind wir übrigens etwas internationaler unterwegs, wie

Zahlen des Fondsverbands BVI zeigen. Zwar greifen wir auch hier verstärkt zu Produkten, bei denen überwiegend in Deutschland investiert wird. Doch nur gut ein Viertel des investierten Geldes wird in Deutschland-Fonds gesteckt.

Auch ich war früher etwas zu deutsch unterwegs. Das hat sich aber geändert, seit ich stur das chancenorientierte Depot aus meinem Buch *Erfolgreich investieren mit den besten Börsenstrategien* umsetze. Allerdings sieht es in meinem Spielgeld-Depot anders aus: Meine Lieblingsaktie hat einen deutlich zu hohen Anteil, vor allem weil sie in den vergangenen Jahren so gut gelaufen ist. Verkaufen will ich aber nicht, auch nicht teilweise. Die Liebe eben. Sie ist aber bekanntlich eine französische Aktie, hier treibt mich also keine Heimatverliebtheit. Allerdings habe ich gleich mehrere deutsche Einzelaktien im Spielgeld-Depot – ein klarer Fall von »Home Bias«. Heimatverbundenheit ist ja grundsätzlich ein positives Gefühl. Aber bei der Geldanlage kann diese Treue gefährlich werden. Im Spielgeld-Depot ist das aber erlaubt, finde ich. Dort gehe ich bewusst höhere Risiken ein, aber mit geringen Summen.

Das Phänomen des »Home Bias« ist übrigens nicht nur in Deutschland zu beobachten, sondern überall auf der Welt. Die Amerikaner investieren am liebsten an der Wall Street, die Franzosen bevorzugen Aktien französischer Unternehmen, die Schweizer investieren am liebsten in der Alpenrepublik. Allerdings relativiert sich die Heimatliebe, wenn wir uns die Geschäftsmodelle der Unternehmen genauer ansehen. BMW und Mini werden natürlich auch außerhalb der heimischen Grenzen gefahren und auch produziert, die Luxustaschen von Louis Vuitton hängen nicht nur an den Armen von Französinnen und Nestlé-Produkte finden Konsumenten mehr oder weniger überall auf der Welt.

Das ändert aber leider nichts daran, dass wir mit solchen Engagements sehr stark von unserer heimischen Wirtschaft abhängig sind. In Deutschland gilt das vor allem für die mittelgroßen und kleinen Werte im MDax und im SDax. Sie sind das Spiegelbild der deutschen Wirtschaft. Läuft es nicht gut, dann leidet ihr Geschäftsmodell. Das war 2023 und 2024 sehr gut abzulesen an den beiden Nebenwerteindizes. Während sie nachgaben und gar nicht gut liefen, markierte der Dax immer neue Rekorde. Er ist nämlich im Grunde ein sehr internationaler Index. Die Unternehmen der ersten Börsenliga machen gut 80 Prozent ihrer Umsätze im Ausland.

Wer aber Fan von Nebenwerten ist, muss aufpassen. Unsere Heimatliebe bei der Geldanlage kann so groß sein, dass wir objektiv gesehen sogar größere Risiken auf dem Heimatmarkt in Kauf nehmen, anstatt in wesentlich risikoärmere ausländische Papiere zu investieren. Je mehr wir glauben, das Risiko einschätzen zu können, umso unwahrscheinlicher halten wir den tatsächlichen Eintritt des Risikofalls. So viel zum Thema rationales Risikoempfinden. Ein bisschen weniger Liebe schadet sicher nicht. Allzu gleichgültig gegenüber unserer eigenen Strategie sollten wir aber auch nicht sein. Denn Gleichgültigkeit erhöht auch die Gefahr, bei den kleinsten Schwierigkeiten die eigene Strategie über den Haufen zu werfen und die eigenen Aktien, Fonds oder ETFs übereilt zu verkaufen. Wir sollten unsere Strategie und die einzelnen Positionen in unserem Depot schon mögen, eine gewisse Verbundenheit empfinden. Nur bitte verlieben Sie sich nicht. Das wäre dann zu viel des Guten.

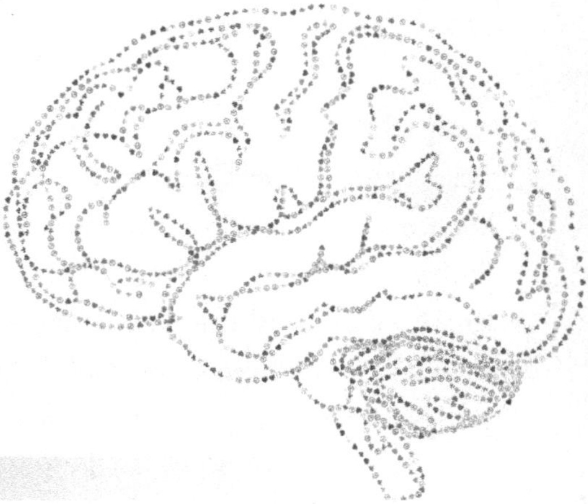

15

Time, not Timing – die Börse ist ein Marathon, kein Sprint

Heftige Kursschwankungen, extreme Abstürze und bittere Verluste, eine heiße Rally und hohe Gewinne – die Börse reagiert auf wirtschaftliche Entwicklungen, manchmal auch auf politische. Sie reagiert auf Konjunkturdaten, auf Zahlen und Nachrichten aus den Unternehmen, auf Branchentrends. Trotzdem erscheint es oft irrational, wie sich die Kurse bewegen. Das liegt daran, dass die Börse erwartete Entwicklungen vorwegnimmt. Einfacher ausgedrückt: An der Börse wird die Zukunft gehandelt. Die Vergangenheit ist längst Geschichte und die Gegenwart auch nur bedingt interessant. Das fühlt sich mitunter komisch an, beispielsweise wenn inmitten der Coronakrise an der Börse eine Rally startet – mit vielen Allzeithochs. Da wird dann viel Hoffnung in den Kursen eingepreist. Manchmal sehen Investoren aber auch so richtig schwarz.

So richtig schlechte Börsenphasen mit heftigen Turbulenzen und vielleicht sogar einem Crash drücken wirklich auf die Stimmung. Dem können wir uns als Börsianerinnen und Börsianer nicht entziehen, Stichwort: »Dispositionseffekt«. Ein Crash ist schmerzhaft. Das wollen wir nicht erleben, dem wollen wir unser Geld auch nicht aussetzen. Zum Glück folgt irgendwann die Erholung, so war es immer und so wird es auch sicher immer sein. Die große Frage ist natürlich, wie lange es dauert, bis sich die Kurse wieder erholt haben. Wochen? Monate? Jahre? Mal sind es Monate, wie nach dem Corona-Crash, viel öfter sind es aber Jahre wie nach dem Internet- und dem Finanzkrisen-Crash.

Schon allein deshalb müssen wir langfristig denken und investieren. Wir brauchen den langen Atem, die Zeit und das Geld, um große Abstürze und auch kleinere Rücksetzer auszusitzen. Das bedeutet auch, dass wir niemals Geld an der Börse investieren sollten, das wir in den kommenden Jahren brauchen. Die Börse ist kein Sprint, sondern ein Marathon. Das besagt auch eine alte Börsenweisheit: »Time, not Timing«. In der Vergangenheit hat sich gezeigt, dass das Verlustrisiko mit der Anlagedauer erheblich abnimmt. Dabei geht es nicht um Monate, sondern um viele Jahre. Dann geht die Gleichung auf, dann punkten Aktien und entwickeln sich besser als andere Anlageklassen. So weit die Theorie, so weit die Statistik.

Statistiken sind natürlich eine ziemlich trockene Kost. Aber mitunter werden sie sensationell gut grafisch aufbereitet. Ein gutes Beispiel ist meine absolute Lieblingsgrafik: Ich bin ein großer Fan des Dax-Rendite-Dreiecks des Deutschen Aktieninstituts. Es zeigt so herrlich plakativ, wie wunderbar Investments in Aktien bei breiter Risikostreuung funktionieren. Das Rendite-Dreieck zeigt die Kurs- und Dividendenentwicklung des Dax über beliebige Zeiträume von bis zu 50 Jahren; und die kann sich wirklich sehen lassen. Schauen Sie sich die Grafik bitte unbedingt im Internet an – sie lässt sich nur in Farbe richtig erfassen, leider nicht in Schwarz-Weiß. Suchbegriffe: Deutsches Aktieninstitut, Dax-Rendite-Dreieck; oder abtippen: https://www.dai.de/rendite-dreiecke/. Es lohnt sich!

Mit der Anlagedauer schwindet das Verlustrisiko

Die Botschaft: Je länger desto grüner. Grün steht für positive Renditen, rot für negative, je satter die Farbe desto größer der Gewinn beziehungsweise Verlust. Das Dreieck zeigt eindrucksvoll, quasi auf den ersten Blick: Je länger der Anlagezeitraum, desto geringer das Verlustrisiko. Besser noch: Desto stetiger und stabiler die Rendite. Ein Beispiel gefällig? Hätten Sie 1996 Dax-Aktien gekauft und bis 2013 gehalten, dann wäre Ihr Aktiendepot durchschnittlich um 7,3 Prozent pro Jahr gewachsen. Klingt klasse, oder? Vor allem wenn Sie bedenken, dass die beiden grauenvollen Crashs – das Platzen der Immobilienblase und die Finanzkrise – in diesen Zeitraum gefallen sind. Hätten Sie noch länger durchgehalten, also bis Ende 2024 und damit inklusive Corona-Crash, dann wären es 7,1 Prozent pro Jahr gewesen. Ich könnte Ihnen unendlich viel mehr Zeiträume auflisten, mal mit Crash, mal ohne.

Die Botschaft ist mehr als deutlich: Mit dem Anlagehorizont sinkt das Verlustrisiko und steigt die Chance. Ich liebe diese Grafik. Wenn es mal wieder richtig knallt an der Börse, so wie im Frühjahr 2020, wenn auch meine Nerven blank liegen, wenn ich doch ein bisschen Angst um mein Vermögen und um meine Altersvorsorge habe, dann schaue ich auf dieses Dreieck. Grün ist ja bekanntlich die Farbe der Hoffnung. Und Grün beruhigt. Glauben Sie mir: Es funktioniert!

Noch besser gefällt mir eigentlich aber die Grafik auf der zweiten Seite des PDFs. Sie zeigt noch eindrucksvoller, wie ein langer Anlagehorizont das Risiko minimiert. Der Chart verdeutlicht, wie sich die Rendite langfristig stabilisiert und die Gefahr sinkt, eine wirklich schlechte Phase zu erwischen. Wer beispielsweise über einen Zeitraum von 20 Jahren in Dax-Aktien investiert hätte, konnte sich über eine durchschnittliche Rendite von 8,5 Prozent im Jahr freuen. Im schlechtesten Fall lag die jährliche Rendite bei 3,3 Prozent, im besten bei 15,2 Prozent (Stand: Ende 2024). Es gibt also de facto kein Verlustrisiko. Anders sieht es bei nur einem Jahr aus: Ein Plus von 84,1 Prozent wäre natürlich phänomenal, ein Minus von 43,9 Prozent aber eine Katastrophe. Mit einem Anlagehorizont von 15 Jahren wären Anleger auf der sicheren Seite gewesen, der schwächste 15-Jahres-Zeitraum lieferte immer noch eine jährliche Rendite von durchschnittlich 2,3 Prozent. Kosten für den Kauf und Verkauf wurden nicht berücksichtigt, belasten die Rendite bei einem so langen Anlagezeitraum aber auch nur minimal.

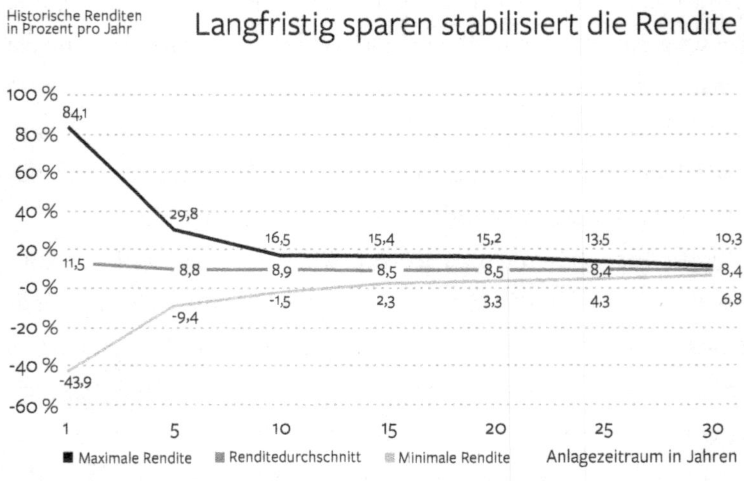

Langfristig investieren stabilisiert die Rendite: Historische Renditen deutscher Aktien in Prozent pro Jahr
(Quelle: https://www.dai.de/fileadmin/user_upload/241231_DAX-Rendite-Dreieck_50_Jahre_Web.pdf)

Auch für andere Indizes wie den MSCI World oder europäische Aktien gibt es solche Rendite-Dreiecke. Ob nun national oder international, die Rendite-Dreiecke zeigen: Langfristig sind Aktien eine verdammt rentable Anlageklasse. Der Faktor Zeit erhöht die Rendite und minimiert das Risiko. Der Blick auf die Rendite-Dreiecke zeigt auch: Es gibt mehr gute bis sehr gute Börsenjahre als schlechte. Es gibt mehr hell- bis dunkelgrüne Jahre, sehr viel mehr sogar als rote in allen möglichen Schattierungen. Aber es gibt auch einige weiße Flecken. Auf Knallrot folgt aber ganz oft auch Dunkelgrün. Denn auf die ganz schlechten Jahre folgen meist die besten. Der Dax hat übrigens nur einmal mehrere Jahre hintereinander im Minus geschlossen, genau genommen waren es die drei Jahre, als die Internetblase Anfang des Jahrtausends geplatzt war. Im Rendite-Dreieck fällt dieser größere rote Fleck sofort ins Auge.

Kurzfristig, also mit Blick auf wenige Wochen oder Monate und auch auf einzelne Jahre, können Aktieninvestments ganz schön riskant sein. Ein geringer Anlagehorizont ist garantiert nichts für schwache Nerven. Dafür ist auch das Jahr 2020 ein ziemlich aussagekräftiges Beispiel. Die Coronakrise hat die Aktienmärkte voll erwischt. Es war der sprichwörtliche »schwarze Schwan«, der da um die Ecke bog. Ein großer Schock. Binnen weniger Wochen rauschten die Kurse in den Keller. Der Dax verlor fast 40 Prozent. Gerade noch hatten wir uns über ein neues Allzeithoch gefreut, das wirklich lange auf sich hatte warten lassen, und dann knallte es. Und zwar richtig! Selbst erfahrene Investoren konnten sich nur noch die Augen reiben. Was für ein Absturz, was für eine Panik.

Andererseits: Wann hatte es das schon mal gegeben, dass die Regierungen rund um den Globus die Weltwirtschaft quasi lahmlegten? Wer hätte sich einen solchen Lockdown ein paar Wochen vorher überhaupt nur vorstellen können? Die Börsen hat das extrem verschreckt, schockiert geradezu. Es herrschte Panik. Das Virus, die wirtschaftlichen Folgen, die gesellschaftlichen Schäden – die Prognosen waren unterirdisch. Kein Wunder, dass der Dax abschmierte. Andere Börsenbarometer hielten sich zwar ein bisschen besser, auch weil andere Volkswirtschaften weniger exportlastig sind, aber im Grunde kannten Aktien weltweit nur eine Richtung: abwärts, schnell und heftig abwärts. Es war der schnellste und heftigste Crash aller Zeiten. Gefühlt und auch statistisch.

Diesen Crash werde ich nie vergessen! Was für ein Drama. Da hat der Blick auf das Rendite-Dreieck schon beruhigt. Ich war im Grunde überzeugt: Auch dieser Crash wird irgendwann enden, auch wenn er einen heftigen finanziellen Schaden hinterlassen hat. Daran habe ich fest geglaubt. Es hat sich trotzdem grauenvoll angefühlt. Und dann der Blick auf das Depot. Puh, was für ein Verlust. Doch stopp! Das stimmt gar nicht. Klar, der Schaden war kurzfristig brutal, aber er war superschnell ausgestanden. Wenn Sie auf das Dax-Rendite-Dreieck schauen, dann sehen Sie »grün«. Kein Scherz! Obwohl der Corona-Crash so grauenvoll war, schaffte es der Dax im Jahresverlauf sogar mit einem Plus über die Zielgerade. Immerhin 3,5 Prozent hat er im Jahr 2020 zugelegt. Das war statistisch zwar ein unterdurchschnittliches Jahr, keine Frage. Aber nach einem solchen Crash ist das ein sensationelles Ergebnis.

Andere Indizes schnitten sogar noch besser ab. Der wichtigste Index S&P 500, der den breiten amerikanischen Markt abbildet, ist im Krisenjahr um fast 15 Prozent gestiegen. Das liegt auch daran, dass er zu 20 Prozent aus Technologieaktien besteht. Denn die liefen in der Krise besser als andere Branchen und danach sowieso besonders gut. Kein Wunder, es war schließlich rund um die Welt alles gefragt, was uns das Leben und Arbeiten im Lockdown einfacher und schöner machen konnte. Noch sensationeller entwickelten sich allerdings die Aktien an der Technologiebörse Nasdaq. Der Nasdaq Composite zündete eine gigantische Kursrakete und stieg um mehr als 40 Prozent. Die wichtigsten Aktienindizes an der Wall Street schlossen am Ende eines turbulenten Börsenjahres sogar auf neuen Rekordhochs. Bei all meinem Optimismus und meinem Hoffen auf eine v-förmige Erholung der Weltwirtschaft und der Aktienkurse: Damit hätte ich im Frühjahr 2020 niemals gerechnet. Niemand wahrscheinlich. Angefühlt hat sich das Börsenjahr auch definitiv anders.

Exponentielles Wachstum nutzen

Es macht Sinn, solche Phasen durchzustehen. Noch mehr Sinn macht es aber, wirklich langfristig in Aktien zu investieren. Denn dann entfaltet die Anlageklasse erst so richtig ihren Rendite-Booster – Experten sprechen von exponentiellem Wachstum. Es fällt uns nur leider so verdammt schwer, langfristig zu denken. Oder um es mit Bestseller-Autor Morgan Housel zu sagen: »Exponentielles Wachstum will uns nicht in den Kopf.« Es läuft unserer Intuition zuwider. Dabei ist exponentielles Wachstum für den langfristigen Vermögensaufbau ein entscheidender Faktor. Es ist im Grunde der Zinseszins-Effekt, den wir beim Sparen erleben, an der Börse nur mit mehr Kraft. Es besteht die Gefahr, dass wir das Potenzial des exponentiellen Wachstums übersehen oder ignorieren. Es fällt uns schwer, es zu verstehen. Die Mathematik dahinter läuft unserer Intuition zuwider. Ist das der Grund für alle die enttäuschenden Investments, die schlechten Strategien und – im positiven Sinne – für den erfolgreichen Vermögensaufbau? Intuitiv ist es die beste Methode, möglichst hohe Renditen einzufahren, um reich zu werden. Womit wir wieder bei Chance und Risiko wären. Was wir intuitiv meinen, kann in der Praxis schnell zu hohen Verlusten oder sogar einem Totalverlust führen. Wer erfolgreich investiert, muss nicht unbedingt extrem hohe Renditen einfahren. Wenn wir ehrlich sind, sehen wir diese Spitzenrenditen doch sowieso nur sporadisch. Jahr für Jahr wiederholen lassen sie sich auch nicht. Erfolgreiches Investieren bedeutet deshalb für mich, relativ gute Renditen zu erwirtschaften und das konstant über einen längeren Zeitraum hinweg. Dann kann sich das exponentielle Wachstum so richtig gut entfalten.

Wenn wir unserem Vermögen aber viele Jahre lang Zeit geben müssen, um an der Börse zu wachsen, dann bedeutet das unweigerlich auch, dass wir viele Kursschwankungen, Turbulenzen, Korrekturen und sogar Crashs überstehen müssen. Dieses Überstehen ist nicht ganz so einfach, denn dabei kommen wieder unsere Emotionen ins Spiel. Außerordentliches Wachstum erreichen und erhalten wir aber nur, wenn wir alle unvorhersehbaren Tiefen und natürlich auch Höhen, von denen es glücklicherweise mehr gibt als Tiefen, überstehen. Das gehört einfach dazu.

Mitunter kommt auch das Leben dazwischen. Vielleicht wollen Sie ein Haus kaufen oder sich selbstständig machen? Oder Sie verlieren Ihren Job, suchen längere Zeit nach einem neuen. Dann wird es schwierig, die Anlagestrategie durchzuhalten. Charlie Munger, der legendäre, kongeniale Partner von Warren Buffett, warnte davor, das exponentielle Wachstum jemals unnötig zu unterbrechen. Wenn es nur so einfach wäre.

Natürlich hat Buffett eine ausgefeilte Strategie. Aber ein Großteil seines Erfolges geht eben auf seinen langen Anlagehorizont zurück. Er ist ein sehr gutes Beispiel für einen Anleger, der langfristig unterwegs ist. Buffett ist seit vielen Jahrzehnten an der Börse aktiv. Schon im Alter von zehn Jahren begann er, Geld zu investieren. Mit gerade mal 30 Jahren besaß er ein Nettovermögen von 1 Million Dollar. Heute steht er auf der Forbes-Liste der reichsten Menschen der Welt in den Top Ten. Nicht umsonst wird der Hochbetagte »Superinvestor« genannt. Buffett hat sehr, sehr oft, aber auch nicht immer einen guten Riecher bei der Auswahl seiner Investments. Was aber noch viel entscheidender ist: Was Buffett von den meisten anderen Anlegern unterscheidet, ist seine beeindruckende Geduld sowie seine kompromisslose Langfrist-Perspektive. Er strebt prinzipiell nicht nach schnellen Gewinnen, sondern denkt in Zeiträumen von Jahrzehnten. Zugegeben: Der über 90-Jährige hat zwar aufgrund seines Alters heute einen begrenzten Anlagehorizont, aber das gilt natürlich nicht für seine börsennotierte Investmentholding Berkshire Hathaway. Seine Lieblingshaltezeit für eine Aktie ist idealerweise ewig. Dadurch kann er maximal vom Zinseszins-Effekt profitieren, durch den sich Gewinne Jahr für Jahr exponentiell vervielfachen. Auch in turbulenten Marktzeiten bleibt Buffett ruhig und nutzt Kurseinbrüche gerne für neue Zukäufe, anstatt in Panik zu verkaufen. Buffett hält viele Aktien seit Jahrzehnten. Der Faktor Zeit ist entscheidend. Buffett wartet lieber jahrelang auf eine außergewöhnliche Gelegenheit, als übereilt in mittelmäßige Geschäfte zu investieren. Sein Ansatz ist deshalb nichts für Ungeduldige oder Spekulanten, sondern erfordert Disziplin und die Fähigkeit, die eigenen Emotionen zu kontrollieren.

Das hat Buffett zum reichsten Investor aller Zeiten gemacht. Aber er ist nicht der beste, es gibt bessere. In einzelnen Jahren, manchmal auch über mehrere Jahre hinweg. Der eine oder andere Hedgefonds-Manager beispielsweise. Aber sehr langfristig kann Buffett niemand das Wasser reichen. Seit 1965 hat er mit Berkshire Hathaway eine durchschnittliche jährliche Rendite von 19,9 Prozent erzielt und damit den breiten amerikanischen Aktienmarkt, den S&P 500, sowie nahezu alle anderen Investoren deutlich hinter sich gelassen. Natürlich gibt es auch Kritik. So lag die Rendite in den vergangenen Jahren nicht mehr ganz auf diesem Niveau. In den vergangenen Jahren war vor allem die großen Technologietitel gefragt. Das waren schon einmal so, nämlich um die Jahrtausendwende; und Buffett war nicht dabei. Am Ende und nach dem großen Crash war Buffetts Strategie dann aber die erfolgreichere. Heute hat aber auch Buffett Tech-Aktien im Portfolio. Apple war lange Zeit die mit Abstand größte Position in seiner Beteiligungsgesellschaft, was der exorbitanten Rally der iPhone-Aktie geschuldet war. Diese Position hat Buffett aber nach und nach etwas abgebaut, um das Klumpenrisiko zu reduzieren.

Aber zurück zu Buffetts Lieblingshaltezeit »ewig«. Schauen Sie doch noch mal auf das Rendite-Dreieck für deutsche Aktien. In den vergangenen 50 Jahren ist der Dax im Schnitt um 8,8 Prozent pro Jahr gestiegen. Was für eine Rendite! Wären wir doch bloß schon investiert gewesen! Wir hätten uns entspannt zurücklehnen und das exponentielle Wachstum genießen können. Erfolgreiches Investieren erscheint so einfach, wenn wir uns einen langfristigen Chart anschauen. Langfristig zu investieren, ist und bleibt der Weg zum Erfolg. Leider ist es nicht immer so einfach, die langfristige Perspektive zu behalten. Uns kommt das Leben dazwischen. Börsenschwankungen werden unweigerlich Gier, Angst, Panik, Unsicherheit oder Zweifel auslösen. Und das müssen wir dann aushalten. Aber das sollten wir auch; es macht wenig Sinn, ständig die Favoriten zu wechseln, immer dem nächsten Trend hinterherzujagen. Erinnern Sie sich an den schlauen Spruch »Hin und Her macht Taschen leer«? Er wird sehr eindrucksvoll durch eine viel beachtete Studie von Brad Barber und Terrance Odean belegt. Die Experten für Behavioral Finance untersuchten von 1991 bis 1996 mehr als 66.000 Konten eines großen amerikanischen Brokerhauses. Das Ergebnis war deutlich: »Trading is hazardous to your wealth«, also »Trading gefährdet Ihren Wohlstand«.[7] Die statistische Untersuchung zeigte, dass diejenigen Investoren, die ihr Depot am häufigsten umschichteten, eine viel geringere Rendite erzielten als die langfristig orientierten Anleger, die keine nennenswerten Veränderungen vornahmen. »Buy-and-Hold«-Anleger mit nur 2 Prozent Umschlag jährlich erzielten eine um 50 Prozent bessere Depotentwicklung als die aktivsten Trader mit 258 Prozent Umschlag pro Jahr. Der hektische Favoritenwechsel brachte sie um ihre Rendite. Clever ist es, wenn Sie Ihrer Strategie treu bleiben. Warum versuchen nur so viele, den Markt zu schlagen. Es wird nicht klappen. Der lange Atem zählt. Eigentlich ganz einfach. Oder um es mit Meisterdetektiv Sherlock Holmes zu sagen: »Die Welt ist voll von offensichtlichen Dingen, die zufällig nie jemand bemerkt.«

Die Medien befeuern das schlechte Image der Börse

Leider betrachten wir die Börse aber viel zu oft viel zu kurzfristig. Das lässt sie dann eben mitunter hochriskant erscheinen. Auch die Medien tragen ihren Teil zu diesem falschen Bild der Aktienmärkte bei. Es geht ständig um die großen Ausreißer nach oben oder nach unten. Wer hat heute am stärksten zugelegt im Dax und wer ist abgestürzt (obwohl es doch »nur« ein Minus von 3 oder 5 Prozent ist)? Es werden Crashs, der Untergang des Finanzsystems, wie wir es kennen, und ganz große Wirtschaftskrisen in reißerischen Überschriften prognostiziert. Der Skandal bekommt natürlich sehr viel mehr Raum und Zeit als die soliden, aber leider langweiligen

Geschäftszahlen. Rekorde können übrigens auch nicht wirklich mithalten mit den Crash-Prognosen. Das dritte Dax-Allzeithoch binnen weniger Tage ist eher ein Ladenhüter. Besser läuft da schon das Versprechen auf dem Cover, die nächste 100-Prozent-Aktie zu verraten oder die besten Fonds der Welt zu küren.

Auch ich bin Journalistin, auch ich weiß um die Wirkung der reißerischen Überschriften. Es geht darum, eine »knackige Zeile« zu liefern. Meine Texte, Analysen und Kommentare sollen schließlich auffallen und möglichst viele Menschen erreichen. Es geht um Auflage, also Abonnements und Einzelverkäufe von Zeitungen und Zeitschriften, Klicks auf den Online-Seiten und mittlerweile auch um Likes auf den Social-Media-Plattformen. Schlechte Nachrichten verkaufen sich leider besser. Ich bin langjährige Onlinerin und weiß, das Wörtchen »Crash« in der Überschrift klickt richtig gut. Auch »Krise«, »Skandal« und »Zocken« sorgen für gute Abrufzahlen. Also wird zugespitzt, was geht. Ein Kursrückgang von mehr als 1 Prozent beim Dax oder S&P 500 ist dann gleich der »Korrekturmodus«. Was für ein Unsinn! Es ist verrückt, aber manche eher langweilige Geschichte, die in der Klick-Statistik vor sich hin dümpelt, nimmt mit einer neuen Krisen-Crash-Skandal-Überschrift richtig Fahrt auf. Das wird in den Newsrooms dieser Republik übrigens mehr oder weniger in Echtzeit gemessen. Achten Sie mal darauf, mitunter klickt man versehentlich dieselbe Geschichte zwei Mal an, weil sie eine neue Headline bekommen hat. Glauben Sie mir, die neue Zeile ist garantiert dramatischer als die alte.

Auch Heldengeschichten kommen an. Jemand hat das große Geld gemacht, mit einer ganz heißen Wette richtig gelegen. Das möchte man lesen; dass Lieschen Müller mit eher langweiligen Fonds vergangene Woche 0,3 Prozent Rendite gemacht hat und seit Jahresbeginn schon 2,5 Prozent im Plus ist, eher nicht. Das ist noch nicht mal Mitte Januar wirklich spannend. Da fesselt der Daytrader, der Aktien nur Minuten, manchmal auch Stunden hält und Dutzende Orders pro Tag aufgibt, viel mehr. Selbst dann, wenn auch er Mitte Januar erst 2,5 Prozent vorn liegt. Aber er liefert einfach die bessere Story, mehr Drama, echten Nervenkitzel. Verrückt, oder? Aber so ticken wir. Wir wollen Infotainment. Das tut dem Image der Börse leider nicht gut. Schon denken wir wieder ans Casino. Inklusive der gängigen Vorurteile: Da wird verdammt viel Geld verbrannt. Die Bank aber gewinnt immer.

Aber das ist nicht richtig. Wer zockt, geht hohe Risiken ein. Das wird mal belohnt, aber noch öfter bestraft. Ich bin definitiv ein Fan davon, sehr, sehr langfristig zu investieren – lieber Marathon als Sprint.

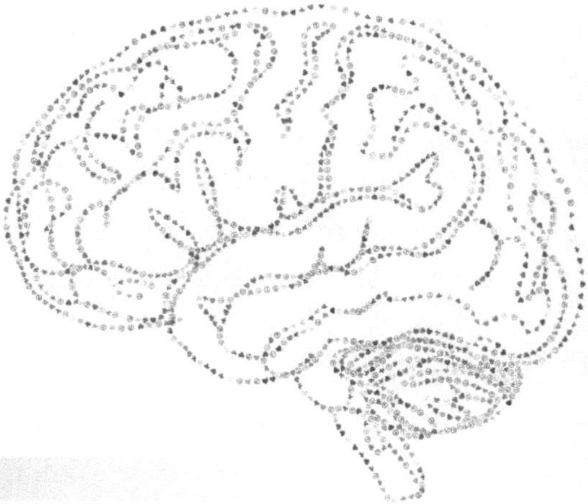

16

Gewinne feiern, Verluste verdrängen? – Fehler sollten wir uns eingestehen

Die Börse – das ist eine Geschichte von großen Gewinnen, aber auch von schmerzhaften Verlusten. Niemand ist immer auf der Gewinnerseite. Wer das behauptet, lügt. Selbst bei einem langen Anlagehorizont und einer hohen Risikostreuung gibt es Phasen, in denen wir Geld verlieren, in denen wir zumindest zeitweise im Minus sind. Langfristig mag unsere Strategie aufgehen, aber kurzfristig gibt es eben auch Kurskorrekturen und Crashs oder einfach maue Börsenphasen. Vor allem aber wer hohe Risiken eingeht und auf Einzelaktien setzt, wird nicht immer auf der Gewinnerseite stehen. Im Gegenteil. Das muss gar nicht immer mit der Auswahl der »falschen« Aktien zusammenhängen, sondern mit unserem

Umgang mit Gewinnen und Verlusten. Dieser Umgang ist unserer Rendite nicht gerade zuträglich, um es vorsichtig zu formulieren.

Es ist ein großer Unterschied, ob wir im Plus oder im Minus sind. Unsere stärkste psychologische Reaktion in Bezug auf Geld erleben wir nämlich genau dann, wenn uns klar wird, dass wir es verlieren könnten. Wir haben eine ausgeprägte Verlustaversion. Sie beeinflusst viele Entscheidungen, bei denen es um Geld geht. Der Gedanke an einen noch so kleinen Verlust wühlt uns emotional mehr auf als die Aussicht auf einen größeren Gewinn. Kahneman und Tversky haben nachgewiesen, dass wir Verluste mehr als doppelt so stark fühlen wie einen Gewinn in vergleichbarer Höhe. Unsere Aversion gegen Verluste haben Forscher immer wieder anhand unserer Gehirnströme nachgemessen.

Aber warum diese Verlustaversion? Und warum ist sie so viel stärker als die Freude über Gewinne in gleicher Höhe? Neurowissenschaftler wie Dean Buonomano[8] haben eine einfache und ziemlich einleuchtende Erklärung: Sie stammt aus einer Zeit, als unsere Vorfahren hauptsächlich damit beschäftigt waren, ausreichend Nahrung zu haben. Damals war die Nahrung, die sie hatten, einfach viel mehr wert als die Aussicht auf weitere Nahrung – Kühlschränke gab es schließlich noch nicht. Zusätzliches Essen war zwar durchaus erwünscht, der Verlust von Lebensmitteln konnte aber katastrophal, sogar tödlich enden. Klingt eigentlich logisch, aber was hat das mit unserer modernen Welt zu tun? Eigentlich nichts mehr. Unser Gehirn hat sich nur leider nicht wirklich weiterentwickelt. Deshalb führt diese Verlustaversion zu schlechten, mitunter auch desaströsen Entscheidungen in puncto Finanzen.

Wir verkaufen beispielsweise die Nieten im Depot nicht, weil wir die Verluste nicht realisieren wollen. Das hat aber seine Grenzen. Irgendwann kapitulieren wir, leider oft viel zu spät. Diese

Kapitulation ist ein wichtiger Teil der »Prospect Theory« von Daniel Kahneman und Amos Tversky.[9] Das Minus können wir nämlich maximal so lange ertragen, bis es existenzgefährdend ist. Dann ziehen wir die Reißleine, lösen unsere Positionen auf, realisieren unsere Verluste und versuchen so zu retten, was noch zu retten ist. Wir kapitulieren. Die Theorie besagt, dass im Falle extremer Verluste, die weit von unserem ursprünglichen Referenzpunkt – in der Regel unserem Einstiegspunkt – entfernt liegen, die Sensitivität für weitere Einbußen schlagartig zunimmt. Konnten wir die Verluste eine Zeit lang ignorieren oder uns schönreden, ist damit jetzt Schluss. Jeden Euro, um den wir weiter in die roten Zahlen rutschen, nehmen wir dann wieder sehr bewusst wahr. Wir suchen nach Strategien, unsere Verluste wettzumachen und zu unserem Einstiegspreis zurückzugelangen. Das kann uns mitunter zu waghalsigen Wetten verleiten. Helfen alle Rettungsstrategien nichts, erreichen wir einen zweiten Referenzpunkt: den Kapitulationspunkt. Wir agieren extrem risikoscheu und steigen aus. Mich erinnert das an mein persönliches Wirecard-Desaster.

Die Sache mit diesen Referenz- oder Ankerpunkten ist spannend. Nach der Theorie von Kahneman und Tversky hat jedes mentale Konto einen eigenen Referenzpunkt – bei Wertpapieren ist das in der Regel der Einstiegskurs, es kann aber auch ein Allzeithoch sein. Wenn wir die Konten nun völlig unabhängig voneinander betrachten, ist es möglich, dass wir je nach Konto ein völlig unterschiedliches Risikoempfinden haben und auch entsprechend agieren. Leider neigen wir auch dazu, kleine Gewinne auf verschiedenen geistigen Konten glattzustellen, um einen vielleicht sogar größeren Verlust auf einem anderen Konto nicht realisieren zu müssen. Wir machen uns etwas vor.

Gewinneraktien verkaufen, Nieten halten

Das hat die blöde Folge, dass wir uns lieber von Gewinneraktien trennen als von den Nieten in unserem Portfolio. Das tut der Gesamtentwicklung unseres Depots leider gar nicht gut. Auch ich habe diesen Fehler immer wieder gemacht. Als ich mich das erste Mal mit diesem Phänomen beschäftigt habe, habe ich nicht nur Besserung gelobt, sondern gleich mehrere langjährige Verlustbringer aus dem Depot geschmissen. Die hatte ich nämlich auch ignoriert, verdrängt, manchmal auch schöngeredet. Wer verkauft schon gerne mit Verlust? Aber dann hatte es auch etwas Befreiendes. Wenn wir eine Aktie verkaufen, erlischt das mentale Konto. Das Geld habe ich dann in einen ETF auf den Dax investiert. Damit habe ich zwar meine Verluste nicht völlig wettgemacht, fuhr aber deutlich besser als mit meinen Nieten im Depot.

Ich habe mir über meinen Umgang mit Gewinnen und Verlusten viele Jahre lang nie wirklich Gedanken gemacht. Über Gewinne habe ich mich gefreut. Über Verluste habe ich mich geärgert, sie dann aber verdrängt oder sie mir schöngeredet. Wird schon wieder! Genau da liegt das Problem. Wir gehen falsch mit Gewinnen und Verlusten um. Wie so oft handeln wir mal wieder irrational und mitunter hochemotional. Es macht ja auch viel mehr Spaß, einen Gewinner zu verkaufen, anstatt einen Verlust zu realisieren. Zu den Kursgewinnen können wir uns selber beglückwünschen; den Verlust quasi in Stein zu meißeln, das tut weh!

Es ist ein weitverbreitetes Phänomen: Wir verlieren unser ursprüngliches Kursziel, wenn wir denn eines hatten, aus den Augen und verkaufen unsere Gewinner-Titel zu früh. An den Nieten im Depot hingegen halten wir fest. Wir haben in der Gewinn- beziehungsweise Verlustzone ein völlig unterschiedliches Risikoverhalten. Einen Gewinn einzustreichen, ist verlockender, als das Papier im Depot zu belassen. Denn schließlich besteht die Gefahr, die bereits erzielten Gewinne wieder zu verlieren und im Zweifelsfall noch mehr. Das wäre natürlich deutlich schlimmer als ein zusätzlicher Gewinn – Verluste nehmen wir eben stärker wahr als Gewinne. Verluste sind psychisch viel schwieriger zu verarbeiten als Gewinne. Unser Gehirn ist seit Jahrhunderten darauf programmiert, uns nicht mehr wegnehmen zu lassen, was wir haben. Anders als bei unseren Vorfahren in der Steinzeit geht es aber nicht mehr ums bloße Überleben. So extrem sind wir an der Börse hoffentlich niemals positioniert. Aber die Muster, die in unserem Gehirn ablaufen, sind dieselben wie in der Steinzeit.

Ist es ein Fehler der Evolution, dass wir noch immer mit einem Steinzeit-Gehirn rumrennen? Diese Frage müssen andere beantworten. Aber wir müssen es als Anleger wissen. Die Finanzmärkte sind hochkomplex, unser Gehirn ist darauf irgendwie nicht richtig eingestellt. Vieles, was vor Jahrhunderten sinnvoll gewesen sein mag, hat heute fatale Folgen: Flucht mag in der Steinzeit beim kleinsten beziehungsweise leisesten Störgeräusch eine gute Entscheidung gewesen sein. Wenn wir als Anlegerinnen oder Anleger aber nervös oder gar panisch werden und völlig übereilt unsere Aktien verkaufen, kann uns das viel Geld kosten. Uns leiten Verlustaversion und das Streben nach Harmonie. Heute führen menschliche Eigenschaften nur leider regelmäßig zu finanziellen Misserfolgen. Ganz ohne unser Bauchgefühl oder unseren Autopiloten im Gehirn wären wir aber auch verloren. Wir wären mit der Informationsflut völlig überfordert. Es gilt also, eine gesunde Mischung zwischen rationalem Denken und Bauchgefühl zu finden.

Falsche Anker, abnehmende Sensitivität

Unser Referenzdenken – der »Anker-Effekt« – macht es auch nicht einfacher.

Einfach ausgedrückt, ist es das Festhalten an einer bestimmten Kursmarke. Das kann der Kurs sein, zu dem wir eingestiegen sind, oder aber ein zwischenzeitliches Allzeithoch. Wir neigen dazu, an solchen Kursmarken einen Ankerpunkt zu setzen. In der Regel wollen wir, dass die Aktie unbedingt (wieder) darüber notiert, damit wir im Plus sind. Es liegt quasi in der Natur des Menschen, in bestimmten Verläufen Muster erkennen zu wollen und sich bewusst oder unbewusst Referenzpunkte zu setzen. Es ist uns ein Bedürfnis, in einem hochkomplexen und informationsreichen Umfeld wie der Börse einfache und schnelle Entscheidungen treffen zu können. Auch dabei hilft das Referenzdenken, bilden wir uns zumindest ein. Denn – Sie ahnen es bereits – das ist eine hochemotionale Angelegenheit.

Wir missachten den starken Wertverfall, das dicke Minus im Depot, und wittern genau darin den großen Lottojackpot. Was für ein Blödsinn! Es gibt Gründe für den Wertverfall. Die wollen wir aber nicht hören oder interpretieren sie sehr fleißig um. Wenn wir uns die Vergangenheit der Aktie anschauen, ergibt das ein gigantisches Gewinnpotenzial, warum auch immer. Uns wird schon ein Grund einfallen, mehrere sogar. Leider gibt es keine Garantie für eine Erholung, dafür, dass der Kurs unseren Anker wieder erreicht. Nur weil ein Wert in der Vergangenheit schon einmal eine bestimmte Kursmarke erreicht hat, heißt das noch lange nicht, dass er das wieder tun wird. Beispiele erspare ich Ihnen! Es werden Ihnen sicherlich einige einfallen. Ein Extrembeispiel für den sogenannten Anker-Effekt: Wir neigen leider dazu, uns an ehemaligen Hochs festzubeißen und sie als Kursziel zu betrachten. Kommt Ihnen das bekannt vor? Mir auf jeden Fall. Die Verlockung, sich einen Referenzpunkt als oft viel zu hochgestecktes Kursziel zu wählen, ist einfach viel zu groß. Genau das wird uns dann in der Praxis zum Verhängnis. Der Anker-Effekt ist ziemlich stark. Selbst wenn wir gewarnt werden, wenn alle Fakten gegen unsere Entscheidung sprechen, eine Aktie weiter zu halten, bleiben wir stur. Der Anker-Effekt ist durch viele Studien belegt.

Und dann gibt es noch ein Problem: Unsere Sensitivität nimmt ab, das gilt für Kursraketen wie für Rohrkrepierer. Weitere Gewinne nehmen wir längst nicht mehr in dem Maße wahr wie den bereits erzielten Profit. Das gilt auch für die Verluste. An einem Rohrkrepierer halten wir länger fest, als es für unsere Rendite gesund ist. Würden wir nämlich verkaufen, wäre die Niederlage unwiderruflich. Das empfinden wir leider als deutlich schmerzhafter als die Aussicht auf weitere Verluste. Behalten wir die Niete im Depot, bleibt außerdem die Chance, unseren Einstandspreis, den Referenzpunkt, doch noch einmal wiederzusehen. Zumindest bilden wir uns das ein. Es besteht aber eben auch die Gefahr, dass der Kurs weiter abrutscht. Hierbei spielt uns unsere Psyche einen weiteren Streich: Unsere Sensitivität nimmt auch ab, wenn es abwärts geht. Neue Verluste fühlen sich längst nicht mehr so unangenehm an wie der erste Verlust in gleicher Höhe. Wenn wir eine Aktie gerade erst gekauft haben und sie 20 Euro ins Minus rutscht, ärgern wir uns. Bei den nächsten 20 Euro, die wir verlieren, ist der Missmut schon deutlich geringer.

Verrückt, oder? Es geht doch immer um dieselbe Summe. Aber so funktioniert unser Gehirn leider. Und deshalb treffen wir die falschen Entscheidungen oder eben gar keine. Börsenpsychologie pur. Ob Gewinn oder Verlust, den ersten Kursausschlag nehmen wir noch sehr deutlich wahr. Einen weiteren in gleicher Höhe bemerken wir schon kaum mehr. Das Phänomen, sich nach Gewinnen risikoscheu, nach Verlusten jedoch risikofreudig zu verhalten, ist weitverbreitet. Es wurde in unzähligen Studien nachgewiesen. Für unseren langfristigen Anlageerfolg ist das natürlich katastrophal.

Geschuldet ist das wieder einmal dem Dispositionseffekt. Er ist übrigens kein Phänomen, unter dem nur Privatanleger leiden. Allerdings ist er bei weniger professionellen Anlegern stärker ausgeprägt, aber auch die institutionellen Investoren können sich von dieser Neigung nicht freimachen. Auch sie agieren im Gewinnbereich eher ungeduldig, aber lassen einen Verlust gerne einmal zu lange laufen. Sie haben noch ein anderes Problem: ihren Vergleichsindex, im Börsen-Neudeutsch »Benchmark« genannt. Ist das beispielsweise der Weltaktienindex MSCI World und steigt dieser stärker, als es der Fonds mit Anlageschwerpunkt globale Aktien tut, dann erzielt der Vermögensverwalter zwar real einen Gewinn, doch relativ einen Verlust. Denn er schneidet schlechter ab als die Benchmark. Gleiches gilt, wenn die Fonds der Wettbewerber sich besser entwickeln. Auch dann fühlt sich der Gewinn unseres Fondsmanagers wie ein Verlust an. Er ist mental auf der Verliererseite.

All das sind typisch menschliche Eigenschaften. Die Angst vor Verlusten oder die abnehmende Sensitivität, mentale Kontenführung und die Abhängigkeit von Referenzpunkten führen je nach Situation systematisch zu wenig rationalen Entscheidungen. Ursprüngliche Ziele verlieren wir aus den Augen. Das gilt für zu früh realisierte Gewinne und zu lange gehaltene Verluste. Beurteilen Sie Situationen künftig auch aus einem anderen Blickwinkel, hinterfragen Sie die Entscheidung, die Sie getroffen haben. Sicherlich können Sie Ihr Verhalten als Anlegerin oder Anleger optimieren.

Wir verhalten uns eben nicht widerspruchsfrei. Das gilt übrigens auch im wahren Leben, nicht nur an der Börse.

Wir wissen so viel, wir können so viel, haben so viele technologische Hilfsmittel; doch viele Verhaltensweisen, die in uns stecken, stammen noch aus der Steinzeit. Unser Gehirn ist noch immer auf das reine Überleben programmiert. Aber nicht auf das Überleben im Hier und Jetzt, sondern auf das Überleben in der Steinzeit. Die Entscheidungen der Privatanleger und sogar institutionellen Investoren werden oft durch Mechanismen gesteuert, die in die Zeit der Höhlenmenschen zurückreichen: Aggression, Flucht, Angriff, Verteidigung, Fressen, Gefressenwerden. Kaum zu glauben, oder? Aber wissenschaftlich belegt. Daniel Kahneman hat den Nobelpreis dafür bekommen, dass er herausgefunden hat, dass bei Finanzentscheidungen oftmals das Stammhirn – das sogenannte Reptilienhirn – aktiviert wird. Kein Wunder, dass die etwas in die Jahre gekommenen Verhaltensmuster mitunter etwas merkwürdige und vor allem suboptimale Ergebnisse liefern.

Greife nie in ein fallendes Messer

Mir fällt dabei mal wieder eine Börsenweisheit ein: »Greife nie in ein fallendes Messer.« Ein Spruch, den auch unsere Steinzeit-Vorfahren abnicken würden. Auf die Börse bezogen, warnt er vor einem mitunter recht waghalsigen Manöver. Wir wollen keine Verluste realisieren oder das Risiko eingehen, noch mehr zu verlieren. Wir hoffen darauf, die angefallenen Verluste wieder wettmachen zu können. Dabei denken wir sogar immer wieder darüber nach, durch weitere Zukäufe den Einstandspreis zu reduzieren – und damit die Verluste. Wir wollen quasi einen neuen Anker setzen. Aber das ist natürlich nur Kosmetik. Vor allem ist das nicht ganz ungefährlich. Genau davor warnt auch die alte Börsenweisheit. Ein Messer aufzufangen, dass im freien Fall ist, ist keine besonders gute Idee. Zu groß ist die Gefahr, in die Klinge zu greifen und sich zu verletzen. Zwar ist eine Aktie kein fallendes Messer. Es wird kein Blut fließen, aber wir könnten weitere schmerzhafte Verluste erleiden. Die Strategie, verlustreiche Aktien zu einem günstigeren Preis nachzukaufen, hat auch psychologische Tücken. Denn im Laufe der Zeit rückt der ursprüngliche Kaufpreis, unser Referenzpunkt, in den Hintergrund. Wir manipulieren ihn im Grunde durch die Nachkäufe.

Wenn wir ursprünglich 50 Aktien zu 10 Euro pro Stück gekauft haben und dann weitere 50 Aktien zu 5 Euro nachkaufen – die Aktie ist um stolze 50 Prozent abgeschmiert –, liegt unser neuer Einstiegspreis bei 7,50 Euro. Damit haben wir unseren Referenzpunkt von 10 auf 7,50 Euro verschoben. Wenn sich die Aktie dann erholt, können wir sie zum Preis von 7,50 Euro bei plus/minus null verkaufen. Das ist zumindest unsere Hoffnung. Dass wir unsere Verliereraktien verkaufen, sobald sie ihren Einstandspreis wieder zu Gesicht bekommen, ist ein weitverbreitetes Phänomen: der Breakeven-Effekt. Wie so oft ignorieren wir dabei aber die Fundamentaldaten. Wir hinterfragen nicht, warum die Aktie sich so stark erholt hat, wir denken nicht über weitere Kurschancen nach – nichts wie raus aus der Aktie, die so viel Ärger gemacht hat. Und wenn sie weiter fällt? Sie in das sprichwörtliche fallende Messer gegriffen haben? Sie ahnen es.

Ist Ihnen schon mal aufgefallen, dass wir den Misserfolg anderer, egal ob im Job oder an der Börse, auf Fehlentscheidungen zurückführen, unsere eigenen Misserfolge aber mit Pech erklären? Wenn wir die Misserfolge anderer beurteilen, dann suchen wir nach einfachen Erklärungen. Wir suchen nach Ursache und Wirkung. In den Kopf des anderen können wir natürlich nicht schauen. Wir wissen nicht, warum er so entschieden hat und nicht anders. Wenn eine Sache schiefgeht, dann muss unser Gegenüber wohl etwas falsch gemacht haben. So denken wir natürlich nicht immer, aber sehr, sehr oft. Geht es um unseren eigenen Misserfolg, dann ist es keine einfache Fehlentscheidung. Wir spinnen mitunter ein äußert kreatives, sogar wildes Narrativ, das nicht nur unsere Entscheidung rechtfertigt und vor allem Pech für unseren Misserfolg verantwortlich macht. Einen Fehler haben wir natürlich nicht gemacht. Entweder sind die anderen schuld oder es war schlicht Pech.

Und ist Ihnen mal aufgefallen, dass auch die Medien dieses Spiel mitmachen? Ja, das tun wir (ich bin schließlich auch Finanzjournalistin). Erfolglose Anleger, die gute Entscheidungen getroffen haben, dann aber schlicht Pech hatten, werden selten auf dem Titelblatt der großen Wirtschaftszeitungen und -magazine gefeiert. Sie werden zerlegt, sie werden kritisiert. Gefeiert werden erfolgreiche Investoren, die gute oder aber auch extrem abenteuerliche Entscheidungen getroffen haben und dabei Glück hatten. Das ist eine gute Schlagzeile. Hohes Risiko, extrem hoher Gewinn, dazu eine Portion Glück – das ist die spannendere Geschichte. Es sei denn, der erfolglose Investor hat viele Privatanleger mit in die Tiefe gerissen. Natürlich versuchen wir alle, aus den Erfolgen und Misserfolgen der anderen zu lernen. Nur leider will unser Gehirn einfach Antworten auf komplexe Fragen, keine Nuancen, die alles noch komplizierter machen. Das macht es schwierig, nachahmenswerte Verhaltensweisen zu identifizieren oder die auf keinen Fall nachahmenswerten herauszufiltern.

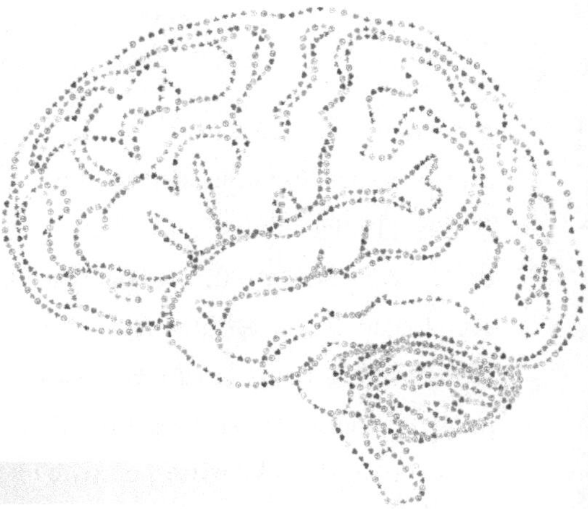

17

Keine Strategie funktioniert immer – aber ohne geht es nicht

Die perfekte Strategie – das wäre so der heilige Gral der Geldanlage. Leider gibt es diese Strategie nicht. Noch nicht einmal Superinvestor Warren Buffett liegt immer richtig. Auch Value-Investoren müssen Durststrecken überstehen. Auch Buffett greift manchmal komplett daneben. Aber unter dem Strich stimmt seine Performance. Und darum muss es gehen. Niemand liegt aber immer richtig, nicht jedes Investment läuft gut. Wie denn auch, wenn es grauenvolle Börsenjahre gibt, in denen fast alles abstürzt?

Aktien mögen langfristig eine durchschnittliche Rendite von bis zu 8 Prozent liefern. Aber es gibt eben sehr gute und extrem schlechte Jahre. Wohl dem, der dann auch sichere Anleihen oder Gold im Depot hatte. Aber auch Anleihen können ordentlich unter die Räder kommen, wie wir es 2022 erlebt haben, als die Notenbanken extrem schnell die Zinsen angehoben haben. Gold lief in den vergangenen Jahren sensationell, eigentlich seit der Finanzkrise. Davor dümpelte der Preis eher vor sich hin.

Ein ständiger Favoritenwechsel, wohl wahr. Trotzdem und gerade deshalb ist es extrem wichtig, eine klar definierte Strategie zu haben. Legen Sie die Quoten fest für Aktien, Anleihen, Gold, andere Rohstoffe, Kryptowährungen. Natürlich werden sich die Anteile im Laufe der Wochen und Monate verschieben. In einem sensationellen Aktienjahr wird der Anteil von Aktien stark steigen, der von Anleihen oder Gold sinken, selbst wenn diese Anlageklassen gar nicht wirklich schlecht laufen. Die Gewichtungen werden sich unweigerlich ändern. Wenn Sie statt einer Gewichtung von 50 Prozent Aktien und 50 Prozent Anleihen dann eine Gewichtung von 52 zu 48 Prozent haben, ist das nicht schlimm. Zu solchen Verschiebungen kommt es binnen weniger Tage, manchmal sind es sogar nur Stunden, wenn es an den Aktienmärkten richtig gut läuft.

Wenn Ihr Aktienanteil aber auf 60, 65 oder 70 Prozent gestiegen ist und der Anleihenanteil entsprechend geringer ausfällt, dann sollten Sie handeln. »Rebalancing« ist angesagt. Damit bringen Sie das Depot wieder in das gewünschte Gleichgewicht. Es gibt zwei Wege, das zu tun: Entweder Sie verkaufen einen Teil der Aktien, nehmen damit also auch Gewinne mit, und kaufen mit diesem Geld Anleihen zu. Oder aber Sie investieren frisches Geld in Anleihen, und zwar so viel, bis Ihre gewünschte Gewichtung wiederhergestellt ist.

Klare Investment-Regeln festlegen

Rebalancing ist psychologisch gar nicht so einfach. Gewinneraktien zu verkaufen, fällt uns bekanntlich nicht ganz so schwer, aber die vermeintlichen Nieten nachzukaufen, schon eher. Aber hier geht es gar nicht um den Umgang mit Gewinnern und Verlierern. Es geht um unsere Strategie. Ohne Rebalancing wird sie nicht funktionieren. Das Depot wird irgendwann ganz anders aussehen, als wir uns das ursprünglich vorgestellt haben. Die Aktienquote wird nicht mehr unserem Risikoprofil entsprechen. Solange es an der Börse sehr gut läuft, kommen wir damit ganz sicher sehr gut klar. Kommt es aber zu einer Korrektur oder gar einem Crash, werden wir unweigerlich kognitive Dissonanzen verspüren und zwar recht heftig. So sehr wir uns über die Gewinne auch freuen, unsere Strategie sollten wir dabei nicht vergessen.

Deshalb ist es so wichtig, das Depot von Zeit zu Zeit zu überprüfen und ein Rebalancing durchzuführen. Ich mache das einmal pro Jahr, immer zwischen Weihnachten und Silvester. Dann habe ich viel Freizeit und kümmere mich gerne mal einen halben Tag um meine Finanzen. Das Depot gehört natürlich dazu. In der Regel ist zwischen den Feiertagen auch nicht viel los an den Märkten. Das macht es einfacher. In stürmischen Zeiten ist so ein Rebalancing etwas nervenaufreibend. Wenn möglich, versuche ich übrigens, die Gewichtungen über Zukäufe zu korrigieren. Das geht natürlich nur, wenn genügend Kapital auf meinem Anlagekonto liegt. Je größer das Depot wird, desto schwieriger wird es natürlich. Dann werden aus ein paar Tausend Euro nämlich schnell Zehntausende, die man investieren müsste.

Das Rebalancing gehört zu meinen ganz klaren Investment-Regeln. Ich halte mich sehr stur daran. Ich habe klar festgelegt, wie groß die einzelnen Bausteine in meinem Depot sein sollen. Jeweils 10 Prozent entfallen auf zwei Anleihe-ETFs, das macht insgesamt 20 Prozent. Der Aktienanteil von 80 Prozent ist auf sechs weitere ETFs verteilt, die je 10 bis 20 Prozent des Depots ausmachen. Das sind Qualitätsaktien, Value à Buffett, Nebenwerte, Dividendenaktien und Titel aus den aufstrebenden Schwellenländern. Insgesamt sind es acht ETFs, was das Rebalancing ein bisschen komplizierter macht. Aber eine gute, alte Excel-Tabelle hilft. Neben dem jährlichen Rebalancing ist eine weitere Regel, dass ich beherzt zukaufe, wenn es mal stärker abwärts geht. Rücksetzer von 20 Prozent sehe ich klar als Kaufgelegenheit. Auch das gehört zu meiner Strategie. Außerdem investiere ich sehr langfristig. Verkauft wird bis auf Weiteres nicht. Aber das wird sich irgendwann ändern, wenn ich älter bin und weniger arbeite. Dann gibt es neue Regeln, vielleicht auch eine neue Gewichtung der Anlageklassen.

Es ist gar nicht so schwierig, zur besseren Anlegerin oder zum besseren Anleger zu werden. Im Grunde geht es doch darum, dass wir unserer Strategie treu bleiben und nicht ständig über emotionale Fallstricke purzeln. Mir hat ein sehr weiser Mann mal einen ziemlich guten Tipp gegeben: Schreib deine Strategie auf und führe ein Anlage-Tagebuch. Definiere feste Regeln für bestimmte Börsenphasen. Lege fest, wann dein regelmäßiges Rebalancing ansteht. Dieser Mann war der beste Freund von André Kostolany und sein Geschäftspartner. Gottfried Heller hatte viele gute Ideen, aber diese war die beste. Ein Tagebuch, wie Sie es sich jetzt vielleicht vorstellen, ist es aber nicht geworden. Meine Strategie steht in meinen Büchern. Die Regeln auch. Weil das alles aber doch ein bisschen langweilig ist, gibt es mein Spielgeld-Depot. Dort ist alles erlaubt, was mir Spaß macht. Mitunter zahle ich Lehrgeld, auch weil ich mal wieder über einen der vielen Fallstricke gestolpert bin. Das passiert. Das wird immer wieder passieren. Wir sind Menschen, keine Roboter.

Raum für Irrtümer

Das ist meine Strategie, Ihre kann ganz anders aussehen. Eine Strategie zu haben, ist aber auf jeden Fall extrem wichtig. Noch wichtiger ist es aber, für den Plan vorzusorgen, dass nicht alles nach Plan läuft. Unsere Strategie muss den Kontakt mit der Wirklichkeit überstehen; und mit unseren Emotionen. Wie heißt es so schön? Die Zukunft ist ungewiss. Bei allem Wissen über die Börse, über Schwankungen, Korrekturen und Crashs, wissen wir eben nicht, wann »es« passiert. Es gibt sie eben, die »schwarzen Schwäne«, völlig unerwartete Ereignisse, die alles durcheinanderwirbeln, auch und vor allem an der Börse. Beispiele gefällig? Die Anschläge vom 11. September, der Dotcom-Crash, das Platzen der Immobilienblase oder die Coronakrise – nichts davon hätte man erwarten können. Selbst die beste Strategie wird in solchen Phasen auf eine harte Probe gestellt.

Deshalb müssen wir uns überlegen, wie wir in chaotischen Zeiten – und das sind Crashs – reagieren wollen, was zu unserer Strategie passt. Das fängt mit dem Anlagehorizont an, der lang genug sein muss, um auf eine Erholung zu warten (und das exponentielle Wachstum zu erleben). Wir brauchen Regeln, ob wir in stürmischen Phasen Gewinne mitnehmen wollen. Dann könnten wir über Stop-Loss-Kurse nachdenken, die wir aber natürlich regelmäßig nachziehen sollten, wenn es stärker aufwärts gegangen ist. Eine Regel kann aber auch sein, bei Kursrücksetzern um einen bestimmten Prozentsatz beherzt nachzukaufen. Das ist psychologisch natürlich nicht so einfach, deshalb ist es gut, wenn wir diese Regel in ruhigen Zeiten zu Papier gebracht haben und sie dann in stürmischen, emotional aufgeladenen Phasen stur umsetzen können. Gut wird sich das trotzdem nicht anfühlen, mitten in die Turbulenzen hinein zu kaufen. Glauben Sie mir! Ich habe es inmitten der schlimmsten Coronawirren schließlich getan. Ich konnte nicht wissen, dass der Spuk eine Woche später, nach insgesamt nur vier Wochen Crash, vorbei sein würde. Ich musste zum Glück nur einige wenige Börsentage ertragen, in denen es schnell immer weiter abwärts ging. Es hat sich grauenvoll angefühlt, das war kein schönes Gefühl. Aber ich bin stur geblieben, entgegen meinem Bauchgefühl. Einfach war das nicht. Aber: Ich habe meine Emotionen kontrolliert. Und genau darum geht es schließlich, denn abschalten werden wir sie niemals können.

Wir sollten bei unserer Strategie auch Raum für Irrtümer lassen. Wer wie ich auf eine Kombination mehrerer sehr breit streuender ETFs setzt, braucht das vielleicht nicht. Aber wer stärker auf Einzelaktien setzt oder auf speziellere Themen- und Branchen-ETFs, der muss sein Depot öfter überprüfen und die einzelnen Positionen hinterfragen. Kein Anleger und keine Anlegerin kann immer richtig liegen, selbst ein Warren Buffett tut das nicht. Fehler und Irrtümer müssen wir uns eingestehen und sie korrigieren. Auch dafür sollten wir ein paar Regeln aufstellen. Warum und mit welcher Erwartungshaltung haben wir investiert? Wie lange geben wir einer Position? Wie stark dürfen zwischenzeitliche Rücksetzer ausfallen, die es ja immer geben kann? Anders gesagt: Was können wir an Verlusten, auch wenn sie nicht realisiert sind, ertragen? Gibt es bestimmte Kennzahlen, die für uns entscheidend sind? Je klarer wir unsere Strategie formulieren und die Regeln für den Ausstieg oder eben das Nachkaufen, desto besser. Es hilft uns, unsere Emotionen zu kontrollieren.

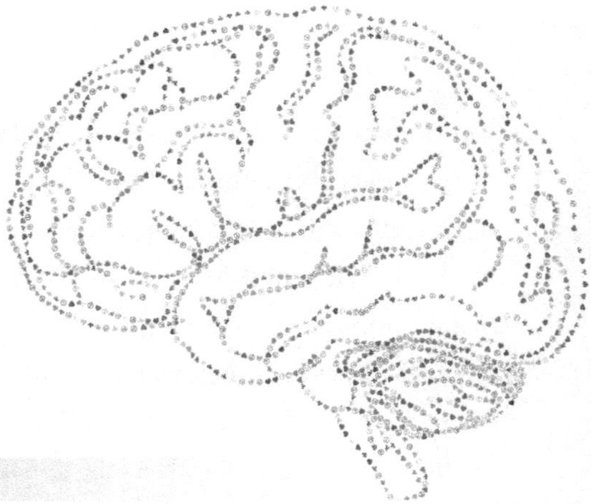

18

Sichere Häfen gibt es (leider) nicht – warum Gold, Sparbuch, Bundesanleihen und Immobilien nicht ohne Risiko sind

Dass die sicherheitsverliebten deutschen Sparer nach Anlageklassen suchen, die vermeintlich risikolos sind, ist wenig überraschend. Wenn eine solche Risikoklasse dann auch noch den Ruf hat, ein »sicherer Hafen« in stürmischen Zeiten zu sein: Perfekt! Kein Wunder also, dass die Deutschen Gold geradezu lieben. Oder Immobilien. Supersichere Staatsanleihen auch. Und natürlich das gute alte Sparbuch. Ich muss Sie leider enttäuschen oder vielleicht auch bestätigen: Es gibt keine supersichere Geldanlage, also auch keinen absolut sicheren Hafen. Keine dieser Anlageklassen funktioniert immer, leider. Sie mögen grundsätzlich Ruhe ins

Depot oder Ihren gesamten Vermögensmix bringen, aber leider ist keine Anlageklasse immer supersicher.

Fangen wir mit dem Gold an. Wenn die Welt gefühlt untergeht, wenn die Wirtschaft in eine tiefe Krise stürzt und die Aktienkurse massiv einbrechen, soll das gelbe Edelmetall Anleger retten. Klingt gut, aber so einfach ist es leider nicht. Jede Anlageklasse birgt Risiken, auch Gold. Es gibt immer Risiken, mal sind sie größer, mal kleiner. Sie verändern sich auch, je nachdem, wie das wirtschaftliche, politische und manchmal auch emotionale Umfeld so ist. Das ist bei Gold nicht anders als bei Aktien oder Anleihen.

Kann ich Gold deshalb so wenig abgewinnen? Ich bin eigentlich kein Goldfan, war ich nie. Ich trage sogar lieber Silberschmuck. Gold als Anlageklasse – das war sehr, sehr lange nichts für mich. Es wirft keine regelmäßigen Erträge ab, denn es gibt weder eine Dividende wie bei Aktien noch einen Zinskupon wie bei Anleihen. Die Rendite geht einzig auf die Preisentwicklung zurück. Noch dazu ist Gold eine hochemotionale Anlageklasse. Es gilt natürlich als sicherer Hafen. Das stimmt grundsätzlich auch: Wenn die Unsicherheit, ob nun geopolitisch oder wirtschaftlich oder beides, am größten ist, dann fliehen Anleger geradezu in das gelbe Edelmetall. Wenn die Börsen crashen, ist Gold normalerweise gefragt. Eben weil es als sichere Geldanlage gilt. Aber auch der Goldpreis kann schwanken. Auch der Goldpreis kann mal empfindlich fallen. Und das auch in Krisenzeiten! Das vergessen viele Goldfans oft.

Gold als Versicherung für den Krisenfall

Das gelbe Edelmetall gilt quasi als eine Versicherung für den Krisenfall. Nur: Was ist, wenn diese Versicherung im Schadensfall nicht zahlt? Das passiert öfter, als Sie vielleicht denken. Im März 2020, inmitten des Corona-Crashs an der Börse, war das nämlich so. Damals brach der Preis sehr stark ein. Hat das Image damit Kratzer bekommen? Ist es ein Mythos, dass das gelbe Edelmetall ein sicherer Hafen ist? So weit würde ich nicht gehen.

Aber in der Coronakrise war Gold kein besonders sicherer Hafen. Als die Pandemie ausbrach und die Krise die Finanzmärkte erfasste, war Gold ab Februar 2020 zwar als Krisenwährung erst mal sehr gefragt. Der Preis für eine Feinunze stieg Anfang März auf mehr als 1700 Dollar an – der höchste Stand seit Dezember 2012. Wer aber glaubte, dass der Goldpreis in Krisenzeiten immer weiter steigt, und vielleicht seine Goldposition noch aufgestockt hat, konnte sich wenige Tage später nur noch wundern. Denn ab dem 9. März 2020 kannte der Goldpreis wochenlang nur noch eine Richtung: abwärts. Mitten in der Krise brach er sehr stark ein. In nur sechs Handelstagen ging es von über 1700 Dollar auf etwa 1450 Dollar nach unten. Fast schon reflexartig stellten sich Experten, Investoren und vor allem die Medien die Frage: Hat das Edelmetall den Status als sicherer Hafen verloren? Denn es war nicht das erste Mal, dass der Preis für das gelbe Edelmetall in einer heftigen Krise einbrach und als Versicherung gegen Krisen nicht taugte.

Auch in der Finanzkrise 2008/2009 zeigte sich, dass der Goldpreis bei heftigen Turbulenzen an den Märkten durchaus unter Druck geraten kann. Als die US-Investmentbank Lehman Brothers im September 2008 zusammenbrach, legte der Preis für das Edelmetall erst einmal deutlich zu. Doch als die Kurse an den Aktienmärkten immer weiter abstürzten, gab der Preis schließlich auch nach. Gold brach im Oktober 2008 in nur zwei Wochen um mehr als 25 Prozent ein. Mitten in der Krise kriegte auch Gold die Krise. Verkehrte Welt? Nicht ganz. Ab Ende des Monats startete eine fulminante Goldrally. Der sichere Hafen funktionierte wieder.

Warum aber der zwischenzeitliche Ausverkauf von Gold in Krisenzeiten? Das dürfte mehrere Gründe haben. Zum einen verkaufen institutionelle Investoren wie Pensionskassen, Versicherungen oder Stiftungen bei heftigen Einbrüchen an anderen Märkten solche Anlageklassen und Depotpositionen, bei denen sie noch Gewinne realisieren können. Damit stopfen sie dann Löcher, die sich in anderen Anlageklassen aufgetan haben. In solchen Zeiten ist Liquidität Trumpf, vor allem bei Institutionellen. Oder anders formuliert: Sie »vergolden«, was sich noch vergolden lässt. Zum anderen können sogenannte Portfolio-Effekte dazu führen, dass Vermögensgegenstände verkauft werden, die sich in einer schwachen Börsenphase gut schlagen. Brechen beispielsweise die Aktienkurse stark ein, sinkt auch die Aktienquote des Depots, während die Goldquote steigt. Um die Balance der Quoten wiederherzustellen, muss dann Gold verkauft werden – Rebalancing in Krisenzeiten. Für Institutionelle ein Muss.

In den vergangenen Jahren haben wir eine sportliche Goldrally erlebt. Geopolitische Krisen, der Krieg Russlands gegen die Ukraine – da war Gold als sicherer Hafen gefragt. Noch stärker wurde die Goldrally aber sicherlich von den Goldkäufen der weltweiten Zentralbanken angeheizt. Sie wollen ihre Abhängigkeit von amerikanischen Staatsanleihen und dem Dollar als Währungsreserve reduzieren und schichten stattdessen in Gold um. Abgesehen davon, dass die Nachfrage hoch bleiben dürfte, sind die Notenbanken auch recht treue, weil langfristige Investoren. Sie neigen nicht zu vorschnellen Verkäufen – die Nachfrage ist also nachhaltig. In den vergangenen Jahren kauften Zentralbanken insgesamt jährlich rund 1000 Tonnen Gold und somit doppelt so viel wie in den zehn Jahren zuvor. Auch europäische Länder wie Polen gehören zu den Goldkäufern.

Gold zu besitzen, das hat sich in jüngster Vergangenheit wirklich gelohnt – nicht nur als sicherer Hafen. Im Jahr 2024 hat der Goldpreis 26,35 Prozent zugelegt, im Jahr 2023 immerhin 13,11 Prozent. 2022 und 2021 waren eher maue Goldjahre, aber 2020 legte das gelbe Edelmetall eine stattliche Performance von 25 Prozent und im Jahr zuvor von gut 18 Prozent auf das Parkett. Gold wird in Dollar gehandelt, deshalb müssen wir als Anleger im Euro-Raum auch auf den Goldpreis in Euro schauen. Je nachdem, wie Euro und Dollar sich entwickeln, läuft es mal besser und mal schlechter für uns. Im Jahr 2024 hat der Euro für eine satte Zusatzrendite gesorgt: Der Goldpreis in Euro legte sogar 24 Prozent zu, fast 8 Prozent mehr als in Dollar. 2020 war es genau andersherum: Euro-Anleger machten »nur« knapp 14 Prozent Rendite, die Dollar-Anleger 25 Prozent. Unter dem Strich kann sich die Performance aber in beiden Währungen mehr als sehen lassen. Es war eine richtige Goldrally.

Ich habe mir das lange von der Seitenlinie angeschaut. Im Frühjahr 2025 bin ich dann auch eingestiegen, mit einer kleineren Summe allerdings. Mein Goldinvestment liegt in meinem Spielgeld-Depot. Warum ich doch gekauft habe? Ich könnte jetzt viele Zeilen über politische und wirtschaftliche Unsicherheit, über die Handelspolitik von US-Präsident Donald Trump und die damals angekündigten (wenn auch noch wenig konkreten) Importzölle und die Gefahren für die Weltwirtschaft schreiben. Aber ehrlich gesagt war es die pure Gier, die mich hat kaufen lassen. Ich wollte ein Stück vom Kuchen abhaben, weil ich überzeugt war, dass die Rally weitergeht. Auch weil die Notenbanken weltweit ihre Goldbestände weiter ausbauen. Ich bin nach wie vor nicht überzeugt von Gold als absolut sicherem Hafen, von Gold als Anlageklasse überhaupt. Aber die Überzeugung, dass die Rally weitergeht, hat mich dann doch einsteigen lassen. Ich bilde mir natürlich gerne ein, dass ich verdammt gute Argumente hatte, dass alles für weitere steigende Notierungen spricht, aber am Ende war es doch die Gier. Ich habe Gold nicht als Beimischung, nicht als sicheren Hafen gekauft, mir geht es um die Rendite. Und zwar um die mittelfristige. Sobald mein Gewinn nach einem Jahr steuerfrei ist, bin ich raus – so weit der Plan.

Ist Gold nun ein sicherer Hafen oder nicht? Wie bei jeder anderen Anlageklasse gibt es auch bei Goldinvestments Chancen und Risiken, auch wenn das gelbe Edelmetall bei seinen Anhängern als absolut krisensicher gilt. Welche Chancen und Risiken gibt es also? Welche Vor- und Nachteile hat Gold als Anlageklasse? Sie müssen letztendlich selber entscheiden, ob Gold eine Anlageklasse für Sie ist. Zuerst zu den Vorteilen. Fakt ist, dass Gold einen guten Schutz vor Inflation ist. In einer Krise können Anleger mit dem Edelmetall sogar Kursgewinne erzielen, auch wenn das nicht garantiert ist. Natürlich stimmt es auch, dass Gold in fast allen Kulturen der Erde als Tauschmittel akzeptiert wird, und das seit Tausenden von Jahren. Durch die Schmuckindustrie besteht zudem ein realer Goldbedarf. Immer wieder gibt es große Storys in den Medien, wenn in Indien die Hochzeitssaison beginnt. Völlig verrückt, denn das treibt den Goldpreis eher nicht. Aber es stimmt natürlich: Die Nachfrage kommt somit nicht nur von Investoren. Allerdings frage ich mich immer, wie groß die Nachfrage der Schmuckindustrie in Krisenzeiten noch ist. Gönnen wir unseren Lieben und uns selbst dann wirklich schönen Schmuck oder halten wir das Geld lieber zusammen? Richtig ist auch, dass die weltweiten Goldreserven im Gegensatz zu Papiergeld endlich sind. Auch steuerlich haben Investments in das gelbe Edelmetall einen Vorteil: Gold ist in Form von Barren und Münzen von der Umsatz- und Abgeltungssteuer befreit.

Ich persönlich mag es trotzdem nicht als Anlageklasse; an Ohren, Hals, Handgelenken und Fingern darf es gerne ab und zu golden strahlen. Aber bei der Geldanlage überwiegen für mich einfach die Nachteile. Was aber nicht heißt, dass es nicht Zeiten in meinem Börsianerinnen-Leben gab, in denen ich mich nicht geärgert hätte, dass ich kein Gold im Depot hatte. Mittlerweile bin ich ja auch mit einer kleinen Summe investiert – einfach, um dabei zu sein beim großen Goldrausch an der Börse. Grundsätzlich bin ich aber nicht überzeugt von Gold als Beimischung; und meine Position ist auch kein Baustein meiner langfristigen Strategie, sondern ist im Spielgeld-Depot gelandet. Bei allen Argumenten für Gold sehe ich noch einige gewichtige Nachteile. Der wichtigste: Kapital, das in Gold steckt, arbeitet nicht. Das Edelmetall ist kein produktives Gut. Es erwirtschaftet nichts, folglich schüttet es auch nichts aus. Rendite gibt es einzig in Form von Kursgewinnen. Das ist bei Aktien ganz anders. Unternehmen wirtschaften, sie machen im Idealfall Gewinne.

Der Goldpreis steigt nur, wenn sich genügend Käufer finden, die bereit sind, höhere Preise zu zahlen. Aus welchem Grund auch immer. Der Barren, der in ihrem Tresor liegt, ist morgen noch derselbe Barren wie heute. Unternehmen entwickeln sich weiter, produzieren, verdienen Geld. Gold aber liegt nutzlos rum. Trotzdem lieben viele deutsche Privatanleger das gelbe Edelmetall. Seit Jahrtausenden erliegen die Menschen der Faszination des Goldes. Es ist ein Zeichen von Reichtum. Es verspricht Sicherheit. Seit jeher ranken sich Mythen und Legenden um das Edelmetall. Vielleicht liegt es daran, dass es auch als Anlageklasse so große Strahlkraft hat. Vielleicht liegt es daran, dass bei keiner anderen Anlageklasse die Emotionen derart hochkochen. Ich habe das in meiner Zeit als Online-Redakteurin erleben müssen. Sobald es in einem meiner Artikel um Gold ging, egal ob die zitierten Experten pro oder contra Gold argumentierten, die Kommentare waren immer sehr hitzig. Das ist bis heute auf Social Media oder in Internetforen nicht anders. Es scheint nur zwei Lager zu geben: Die einen lieben, ja glorifizieren Gold und lassen nichts darauf kommen, die anderen hassen es. Hass ist ein ziemlich hartes Wort, eine heftige Reaktion. Aber die Aussagen sind auch extrem.

Keine Zinsen, keine Dividende, dafür aber jede Menge Nervenkitzel? Auch Gold hat ein Kursrisiko und unterliegt Schwankungen. Zum Kursrisiko kommt dann noch das Währungsrisiko hinzu. Denn Gold wird in US-Dollar gehandelt. Wertet der Dollar stark gegenüber dem Euro ab, entsteht bei Wiederverkauf des Goldes ein Nachteil für Investoren. Das haben wir im ersten Halbjahr 2025 erlebt, als der Dollar immer schwächer wurde. Das hat einen Großteil der Kursgewinne wieder schwinden lassen. Aber das betraf nicht nur Gold, sondern eben auch US-Aktien in den Depots europäischer Anleger. So ehrlich muss man sein. Es kann natürlich auch andersherum laufen – kein Risiko ohne Chance, keine Chance ohne Risiko. Ein weiterer Nachteil von Goldinvestments sind Lagerung und Verwahrung des Goldes. In physischer Form, also als Münzen oder Barren, ist es wirklich etwas unpraktisch. Denn Tresor oder Schließfach kosten Geld.

Ob es sinnvoll ist, in Gold zu investieren, müssen Sie selbst entscheiden. Wägen Sie die Vor- und Nachteile ab, wie bei jeder anderen Anlageklasse auch. Wenn Sie Angst vor einem Währungscrash haben und einen Totalverlust Ihrer anderen Anlagen befürchten, sollten Sie einen Teil Ihres Vermögens in physischem Gold anlegen. Eine Investition in Edelmetalle sollten Sie immer als Versicherung für Krisenzeiten ansehen und nicht als Renditebringer. Aber vergessen Sie nicht: Dass die Versicherung im Fall der Fälle auch leistet, ist nicht garantiert. Wie hoch der Goldanteil in ihrem Depot sein sollte, ist sehr individuell und hängt mit Ihrer Risikoneigung zusammen. Experten empfehlen, 5 bis 10 Prozent des Depotwertes in

Gold anzulegen. Manche gehen sogar weiter und würden 25 Prozent in das gelbe Edelmetall stecken, aber das sind dann echte Goldfans.

Gold ist eine Anlageklasse wie jede andere auch. Es mag in turbulenten Zeiten für Ruhe im Depot sorgen, aber ein großer Ausverkauf an den Finanzmärkten geht auch an dem gelben Edelmetall nicht vorbei. Ganz so sicher ist dieser sichere Hafen dann doch nicht. Grundsätzlich ist eine Beimischung aber sinnvoll, wenn man sich gegen allzu große Schwankungen absichern will. Vor allem aber ist Gold eine hochemotionale Anlageklasse.

Bitcoin ist ganz sicher nicht das neue Gold

Apropos hochemotionale Anlageklasse: Ein Thema, das viele Anlegerinnen und Anleger geradezu elektrisiert, sind Kryptowährungen wie Bitcoin oder Ethereum. Extrem viel Phantasie, extreme Kursgewinne, leider auch üble Kursschwankungen, dann die Goldgräberstimmung – faszinierend, oder? Doch für den langfristigen Vermögensaufbau sind sie nicht geeignet. Das ist zumindest meine Meinung, die aber nicht alle teilen. Dass der Bitcoin als das neue Gold, als sicherer Hafen, gefeiert wurde? Völliger Irrsinn! Schauen Sie sich nur den Chart der vergangenen Jahre an. Ich bin überzeugt: Es fehlt einfach ein stabiles Fundament, denn im Grunde steckt bei aller Faszination nichts hinter den Kryptos. Sie sind zwar äußerst populär und auch schon seit 2009 auf dem Markt, aber eine solide Anlageklasse, ein Baustein für den langfristigen Vermögensaufbau? Nein! Zumindest noch nicht.

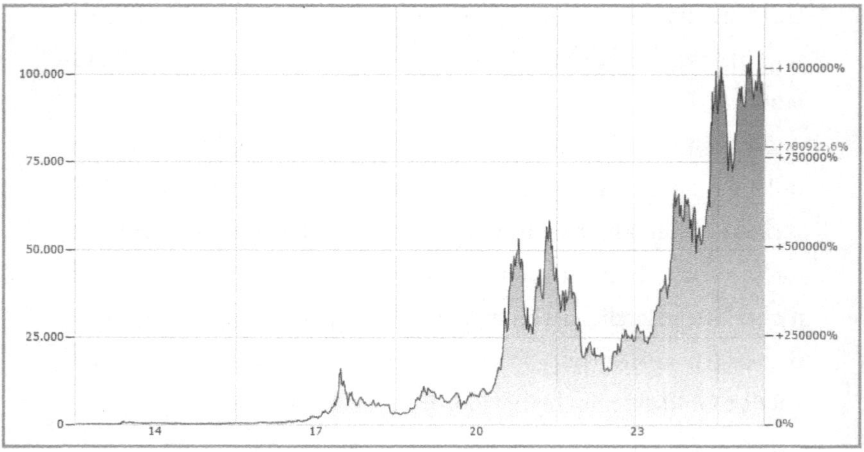

Bitcoin: Die Schwankungen sind extrem
(*Quelle: finanzen.net*)

Aber was nicht ist, kann ja noch kommen. Denn immer mehr institutionelle Anleger entdecken Kryptowährungen als Beimischung im Depot. Dass sich Kryptos wie der Bitcoin in den vergangenen Jahren als eigene Anlageklasse am Finanzmarkt etabliert haben, darüber sind sich Investoren und Analysten mittlerweile einig. Die digitalen Münzen werden längst auch von Profis an etablierten Handelsplätzen gehandelt. Auch viele Notenbanken rund um den Globus arbeiten an einer eigenen Digitalwährung, die dann natürlich staatlich reguliert würde. Noch sind Bitcoin, Ether & Co. aber vor allem extrem riskante Investments. Wenn es denn unbedingt sein muss, dann sollten Kryptowährungen in einer langfristigen Strategie nur beigemischt werden; und zwar zu einem sehr kleinen Anteil. Oder Sie packen Bitcoin und Co. in Ihr »Spielgeld-Depot«, denn da gehören sie hin. Die vermeintlich hohen Chancen mögen Sie anlocken, aber vergessen Sie nie: Keine Chance ohne Risiko. Und desto höher die Chance, desto höher ist auch das Risiko.

Ich persönlich habe zwei kleinere Positionen in Bitcoin und Ether. Mich hat mal wieder die Gier gepackt, ich wollte dann doch dabei sein. Es hat einfach in meinen Fingern gejuckt, trotzdem halte ich Kryptos weiterhin für Zockerei. Aber manchmal will ich eben auch ein bisschen zocken! Ehrlich gesagt, finde ich es sehr spannend, was da passiert. Im Frühjahr und Sommer 2025 war es vor allem Trumps Krypto-Offensive, die die Kurse befeuerte und Großinvestoren anlockte. Mit den Kursgewinnen war die Marktkapitalisierung aller Cyber-Devisen im Sommer 2025 nun auf mehr als 4 Billionen Dollar angestiegen. Damit sind sie gemeinsam fast so viel wert wie der KI-Gigant Nvidia, der mit einer Bewertung von 4,41 Billionen Dollar zu dieser Zeit das wertvollste Unternehmen der Welt war. Medien schrieben von einem »neuen Superzyklus«.

Viele positive Faktoren begünstigten das Umfeld für Digitalwährungen – und legten die Grundlage dafür, dass die Rally weitergehen könnte. Am Kryptomarkt herrscht Goldgräberstimmung. Hoffentlich ist es keine Blase, die sich da aufbläht. Die große Nachfrage nach Krypto-Investments kommt auch an der klassischen Börse an. Immer mehr Krypto-Unternehmen drängen aufs Parkett. Über börsengehandelte Indexfonds (ETFs) können Anleger in den USA längst auch an der Börse in Bitcoin oder Ether investieren, in Deutschland ging das über Exchange Traded Notes (ETNs) sogar schon länger. Nur hat das weniger Schlagzeilen gemacht. Wie auch immer, ich bin ein wenig angefixt, gehe das Risiko aber sehr bewusst ein. Für mich sind Kryptos weiterhin eine waghalsige Spekulation, aber ich will dabei sein.

Der Bitcoin ist aber ganz bestimmt kein »sicherer Hafen«. Auch wenn es immer wieder Experten gibt, die die Kryptowährung als Ersatz für Gold und als neuen sicheren Hafen bezeichnen. So ein Unsinn! Der Bitcoin ist das Gegenteil von einem sicheren Hafen.

Spätestens in der Coronakrise sollte klar geworden sein, dass die Kryptowährung kein Zufluchtsort für Anleger auf der Suche nach Sicherheit ist. Als es nämlich an der Börse richtig krachte, stürzte auch der Bitcoin-Kurs um stolze 50 Prozent ab.

Immobilien sind auch kein Allheilmittel

Über einen weiteren sicheren Hafen haben Sie schon einiges gelesen, genau genommen über eine große Krise, die Immobilienkrise. Sie löste 2008 die Finanzkrise aus. Das war zwar ursprünglich eine US-amerikanische Krise, die ihre Schockwellen um die Welt schickte. Aber eine deutlich kleinere Immobilienkrise haben wir auch hierzulande erlebt, als die Europäische Zentralbank die Zinsen extrem schnell und ziemlich heftig erhöhte. Plötzlich waren da viel weniger Käufer. Genauer: Weniger potenzielle Käufer konnten oder wollten Immobilien zu den neuen Konditionen finanzieren. In den Jahren zuvor hatte die Zinspolitik der EZB zu einer Rally am Immobilienmarkt geführt. Wenn geliehenes Geld fast nichts mehr kostet, wenn es Baufinanzierungen fast zum Nulltarif gibt, dann können sich ganz neue Käuferschichten plötzlich ein Haus oder eine Wohnung leisten. Mehr Nachfrage bedeutet aber auch steigende Preise. Sie sehen auch hier: Angebot und Nachfrage bestimmen den Preis. Und dieser Preis kann schwanken.

Nur nehmen wir diese Schwankungen nicht wirklich wahr, was psychologisch natürlich von Vorteil ist. Wir können uns vormachen, ein Investment in »Beton und Steine« wäre supersicher. Aber wissen wir wirklich, was unsere Immobilie wert ist? Auch diese Preise schwanken, nur können wir den Preis nicht in Echtzeit abrufen. Alle Anlageklassen bieten Chancen und Risiken. Letztere blenden wir grundsätzlich gerne aus. Im Fall von Immobilien: Leerstand, Mietnomaden, fallende Mieten, fallende Preise, staatliche Vorgaben. Ich will das hier nicht weiter vertiefen. Aber bedenken Sie bitte, auch diese Anlageklasse birgt Risiken. Supersicher würde ich andere definieren.

Supersichere Anleihen sind nicht immer ein sicherer Hafen

Mein persönlicher sicherer Hafen sind Staats- und Unternehmensanleihen mit guter bis sehr guter Bonität. Doch auch dieser sichere Hafen funktioniert nicht immer. Diese Erfahrung mussten wir im Renten-Crash 2022 im Eilverfahren machen. Steigende Zinsen bedeuten sinkende Kurse. Die Rendite passt sich an den Marktzins an. Neue Anleihen haben dann den geringeren Zinskupon begeben, die Rendite alter Anleihen mit deutlichen höheren Zinskupons passt sich an. Ihre Kurse fallen. Natürlich ist das Geld nicht weg, die Anleihen fallen nicht aus. Wer »Buy-and-Hold«-Anleger ist, für den zählt die errechnete Rendite beim Kauf. Wer aber wie ich ETFs gekauft hat, sieht diese Verwerfungen schon. Für mich sind supersichere Anleihen immer noch ein Ruhekissen im Depot, aber es gab eben auch mal Monate, in denen es vorbei war mit der Ruhe.

Dass Spareinlagen nicht mehr bringen – Stichwort: negativer Realzins –, hatten wir ja bereits. Auch das ist ein trügerischer sicherer Hafen, der eigentlich nicht wirklich funktioniert. Natürlich gibt es hier keine Kursschwankungen, aber mit Vermögensaufbau hat das nichts zu tun. Im Gegenteil. Bei allen anderen »sicheren Häfen« – aber bitte ohne Kryptos – sind die Schwankungen sicherlich deutlich geringer als bei Aktien, die langfristigen Renditen aber auch. Machen Sie sich also nichts vor. Es ist eine trügerische Sicherheit. Beruhigend natürlich. Und das tut gut. Aber schauen Sie bitte genauer hin, hinterfragen Sie Ihre Strategie und vor allem die Emotionen, die Sie vielleicht beim Blick auf die sicheren Häfen in die Irre führen.

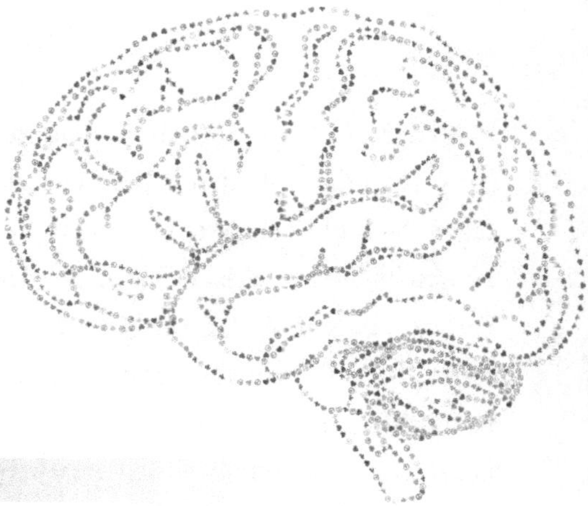

19

So werden wir bessere Anleger – nicht komplett rational, aber kontrolliert

Einer, der erkannt hatte, wie emotional wir bei der Geldanlage agieren, war André Kostolany. »Die Börse reagiert gerade mal zu 10 Prozent auf Fakten«, sagte der Börsenaltmeister einst. »Alles andere ist Psychologie.« Kostolanys einfache Formel lautet also: Stolze 90 Prozent der Börse sind Emotionen. Wenn es um so etwas Wichtiges geht wie um unser Geld, unsere finanzielle Zukunft: Agieren wir da also weitgehend unüberlegt, zumindest aber wenig logisch? Leider ja. Zumindest kurzfristig. Deshalb schwanken die Märkte auch immer wieder so extrem. Oder überspitzt gefragt: Sind die Märkte ein Tummelplatz für Psychopathen? Ganz so schlimm ist es natürlich nicht. Langfristig setzen sich zum Glück die Fakten durch! Der gesunde Menschenverstand hoffentlich auch.

Sich Kostolanys Spruch ab und zu ins Gedächtnis zu rufen, kann sicherlich nicht schaden. Gerade an den wilderen Börsentagen. Sich überhaupt ein bisschen stärker mit Börsenpsychologie zu beschäftigen, wäre auch gut. Seit ich das tue, bin ich auf jeden Fall eine bessere Anlegerin geworden. Natürlich handle auch ich nicht absolut rational, aber deutlich rationaler als früher. Natürlich fühle ich mich unwohl, wenn es an der Börse knallt. Diese kognitive Dissonanz kann ich aber heute viel, viel besser ertragen. Erstens, weil ich mir darüber bewusst bin, was da gerade in meinem Kopf oder Bauch passiert. Und zweitens, weil ich heute klare Regeln für solche Phasen habe. Schön ist das natürlich trotzdem nicht und es fühlt sich auch nicht gut an, in eine Korrektur oder in einen Crash hinein zu kaufen. Aber so lautet meine Regel, und bisher bin ich damit auch ziemlich gut gefahren, meinem unguten Baugefühl zum Trotz.

Vergessen Sie bitte niemals: Wenn wir ein paar einfache Grundregeln beachten, dann ist Vermögensaufbau mit Aktien gar nicht so riskant. Wir brauchen eine Strategie. Ohne wird die Geldanlage nämlich wirklich zum Glücksspiel. Wichtig ist, dass wir unser Risiko breit streuen, über viele Einzeltitel, Branchen, Länder und Kontinente. Am einfachsten und günstigsten geht das mit Investmentfonds und börsengehandelten Indexfonds. Mit ihnen setzen wir auf Dutzende, manchmal Hunderte Aktien oder auch Anleihen. Außerdem sollten wir unbedingt langfristig investieren. Denn die Zeit ist unsere wichtigste Verbündete. Schauen Sie von Zeit zu Zeit auf das Rendite-Dreieck des DAI, es beruhigt ungemein. Es ist Wellness für die Anleger- und Anlegerinnen-Seele. Wir sollten unserer Strategie treu bleiben. Was aber nicht heißt, dass wir sie nicht von Zeit zu Zeit hinterfragen, überprüfen und gegebenenfalls nachjustieren müssten. Wir sollten die Ruhe bewahren, wenn es an der Börse mal wieder heiß hergeht. Wir sollten uns nicht von heißen Wetten und Gewinnversprechen locken lassen. Wenn wir diese Grundregeln befolgen, dann ist die Börse definitiv kein Casino.

Erst denken, dann ordern!

Auch wenn die ganz heißen Wetten manchmal einfach zu verlockend sind. Wenn mich die Gier packt, dann versuche ich heute, die Ruhe zu bewahren. Ich hinterfrage meine waghalsige Anlageidee. Erst denken, dann ordern! Oft entscheide ich mich dann dagegen. Ganz blöd fühlt es sich dann übrigens an, wenn die Wette aufgegangen wäre. Warum habe ich mich nicht schon vor Jahren getraut, einen kleinen Betrag in Bitcoin zu investieren? All die vertanen Chancen – es lohnt sich nicht, ihnen nachzutrauern. Hinterher ist man immer schlauer. Manchmal lasse ich die Gier aber auch sehr bewusst zu. Ich erlaube mir dann, gierig zu sein, auch wenn das wie im Fall Wirecard schiefgehen kann. Solche Risiken gehe ich aber mit Bedacht ein, weshalb ich nur kleine Summen investiere und die Positionen in meinem Spielgeld-Depot landen. Natürlich ärgere ich mich schwarz, wenn ich einen Totalverlust erleide. Da spielt es keine Rolle, wie groß oder klein die Position war. Überhaupt fühlen sich Verluste natürlich nie gut an. Und ich erwische mich auch dabei, dass ich mir manche Nieten im Spielgeld-Depot schönrede oder sie gleich ganz ignoriere. Meine Lieblingsaktie hingegen himmle ich von Zeit zu Zeit an. Es wäre allerdings schon schön, wenn sie demnächst mal wieder ihr Allzeithoch erreichen würde – mein persönlicher Anker lässt grüßen.

Vielleicht sollte ich meinen Umgang mit Gewinnen und Verlusten doch noch mal überdenken. Spielgeld hin oder her. Die Tatsache, dass Verluste schwerer wiegen als Gewinne, hat Folgen für unser Risikoverhalten. Wir mögen keine Unsicherheit, wir wollen die Kontrolle behalten. Also lieber mit Gewinn verkaufen als das Risiko eines Kursrückgangs in Kauf nehmen. Ist Ihnen das auch schon passiert? Ich fühle mich auf jeden Fall ertappt. Es ist ja auch nur verständlich, dass Anlegerinnen und Anleger auf Faustregeln zurückgreifen. Anders können wir doch die Flut der auf uns einströmenden Informationen gar nicht sichten, ordnen und bewerten. Das gilt übrigens nicht nur für die Finanzmärkte, sondern eigentlich für alle Lebensbereiche. Wir können nur begrenzt rational denken und entscheiden, allein schon deshalb, weil wir niemals in der Lage sein werden, alle verfügbaren Informationen zu verarbeiten. Das ist einfach nicht möglich. Wir sind keine Roboter, sondern menschliche Wesen. Deshalb müssen wir uns auf vertraute Muster verlassen, in Schubladen und Schablonen denken. Diese Muster sind von unseren Erfahrungen geprägt – und damit oft hochemotional. Aber wie so oft im Leben ist Selbsterkenntnis der erste Schritt zur Besserung. Wir werden immer wieder Fehler an der Börse machen, das gehört einfach dazu. Doch wenn wir unsere Emotionen erkennen, noch einmal in Ruhe nachdenken und erst dann unsere Order aufgeben, werden diese Fehler hoffentlich weniger.

Realistische Ziele statt utopischer Renditeerwartungen

Versuchen Sie gar nicht erst, strikt rational zu sein. Versuchen Sie lieber, meistens vernünftig zu handeln. Denken Sie immer daran: Sie sind kein Roboter, sondern ein Mensch – emotional und unvollkommen. Diese Einsicht spielt bei der Geldanlage eine große

Rolle und ist der erste Schritt auf dem Weg zum Erfolg. Dazu gehört übrigens auch, dass unsere Ziele realistisch sind. Das erhöht die Chance ungemein, langfristig dabeizubleiben – und darauf kommt es schließlich an. Was bringt es, uns völlig utopische Ziele zu setzen, wenn wir sensationelle Renditen erwarten? Wir werden immer nur enttäuscht sein, frustriert, weil sie nicht zu erreichen sind. Ob wir mit dieser Haltung unserer Strategie treu bleiben können, auch wenn sie noch so gut ist? Ich wage es zu bezweifeln.

Die Wissenschaft sucht nach mathematisch optimalen Investmentstrategien. Aber wollen wir Menschen die überhaupt? Können wir damit umgehen? Oder suchen wir nicht vielmehr nach einer Strategie, die uns nachts ruhig schlafen lässt? Nicht umsonst heißt eines meiner Bücher *Wie wirklich jeder entspannt reich werden kann* – die Betonung liegt auf dem Wörtchen »entspannt«. In diesem Buch räume ich mit *15 Ausreden, die nicht mehr zählen* (so auch die Unterzeile) aus. Dazu zählen auch viele falsche Glaubenssätze und Vorurteile und eben die Psychologie. Je mehr wir über die Börse wissen, desto entspannter sind wir hoffentlich. Mein erster Crash war wirklich mein schlimmster, aber ich habe auch die Erholung erlebt. Genau das beruhigt mich heute ein Stück weit, auch wenn ein Crash noch immer eher üble Emotionen weckt.

Trotzdem habe ich natürlich dieses Störgefühl, wenn die Märkte korrigieren, und erst recht, wenn sie abstürzen. Kognitive Dissonanz ist nichts Angenehmes. Wir fühlen uns nicht wohl damit. Korrekturen sind nur leider gar nicht so selten an den Aktienmärkten. Sie passieren immer wieder, mehrmals im Jahr sogar. Oft sind sie schnell ausgestanden. Aber eben nicht immer. Mitunter fahren die Aktienkurse ganz schön Achterbahn, und das ist dann nicht mehr so einfach auszuhalten. Auch wenn es kein Crash ist, fühlt sich das nicht gut an. Das geht auch mir nicht anders. Natürlich fasziniert mich das Auf und Ab an der Börse, nicht nur als Finanzjournalistin. Aber wenn der Wert des eigenen Depots allzu heftig schwankt, ist es schnell vorbei mit der Faszination. Mir helfen sehr klare Investmentregeln, die ich vor Jahren für mich festgeschrieben habe, die Nerven zu bewahren. Ich habe diese Regeln nicht nur festgeschrieben, sondern aufgeschrieben. Zur Not kann ich nachlesen, was ich zu tun und vor allem zu lassen habe. Das hilft ungemein, wenn man nervös wird.

Treue und ein bisschen Sturheit zahlen sich aus

Bleiben Sie Ihrer Strategie und Ihren Investments treu. Es macht wenig Sinn, ständig die Favoriten zu wechseln, jedem Trend gierig hinterherzulaufen oder sich von kleinsten Schwankungen verunsichern zu lassen. Erinnern Sie sich an Warren Buffetts Anlagehorizont und das exponentielle Wachstum. Nur wenige Variablen unserer Geldanlage korrelieren so sehr mit der Rendite wie unsere persönliche Einstellung. Denn nichts anderes ist es doch, wenn wir unserer Strategie in guten und vor allem schlechten Zeiten treu bleiben. Je unbeirrbarer oder auch sturer wir unserer Strategie treu bleiben, desto höher sollte die Gesamtrendite ausfallen. Wir sollten auch nie vergessen, dass es mehr gute als schlechte Börsentage gibt, dass die historisch besten Börsentage auf die allerschlechtesten folgen. Auch das ist Psychologie. Apropos historisch: Die Wahrscheinlichkeit, an den US-Börsen Geld zu verdienen, liegt bei einer Anlagedauer von einem Tag bei 50 Prozent. Hätten Sie ein Jahr investiert, wären es schon 68 Prozent, bei einem Anlagehorizont von zehn Jahren 88 Prozent und von 20 Jahren 100 Prozent. Das Risiko schwindet also mit der Anlagedauer – auch an der Wall Street. Das

Rendite-Dreieck für den Dax zeigt ja auch eindrucksvoll, dass wir ab einer Anlagedauer von 13 Jahren zu keiner Zeit in den vergangenen 50 Jahren im Minus gelegen hätten.

Wenn die Kurse kräftig schwanken, wenn vielleicht sogar Panik ausbricht, seien Sie mutig, vielleicht auch ein kleines bisschen gierig, aber bitte nicht zu waghalsig. Mut oder Waghalsigkeit? – Das ist ein schmaler Grat. Wirklich beurteilen kann man das nur im Nachhinein. Die Frage, was Glück, was Können und was Risiko oder eben eine Kombination daraus ist, gehört zu den kniffligsten bei der Geldanlage. Es gibt viele Beispiele für inspirierend wagemutige Entscheidungen, aber ebenso viele für verrückte bis riskante Investments. Wir neigen dazu, Extrem-Beispiele zu betrachten. Aber das kann gefährlich sein. Die Medien berichten über Spitzenmanager, Milliardäre und eben spektakulär Gescheiterte. Aber was haben diese Menschen mit uns und unserem Leben zu tun? Die Komplexität der oft hochgebauschten Geschichten über die Superreichen und die Gescheiterten lässt sich kaum auf andere Situationen übertragen. Schon gar nicht auf unser Leben. Je drastischer, verrückter oder dramatischer eine Geschichte ist, desto unwahrscheinlicher ist es, dass sich daraus Lektionen für unser Leben ziehen lassen. Mal abgesehen davon, dass das Ganze möglicherweise auch ein Ergebnis einer extrem glücklichen oder eben extrem unglücklichen Fügung war. Wir lernen viel mehr, wenn wir uns allgemeine Muster anschauen. Das ist zwar deutlich langweiliger, weniger unterhaltsam, aber sicherlich nützlicher.

Apropos Medien: Lassen Sie sich nicht verrückt machen von allzu reißerischen Schlagzeilen, von den Warnungen der Crash-Propheten. Vorsicht auch vor all den selbst ernannten Experten im Internet. Auf Social Media tummeln sich viele sogenannte Finfluencer, die wenig bis gar keine Ahnung haben oder aber die Börse wirklich mit einem Casino verwechseln. Sie versprechen sensationelle Renditen und sprechen vor allem eine Emotion an: die Gier. Hinterfragen Sie immer das Ziel dieser Personen, wer da Absender und wer Empfänger ist und wer an welcher Stelle damit Geld verdient. Es gibt viele seriöse Quellen im Internet. Am Ende ist es auch immer eine Frage des Vertrauens. Ich mag es ein bisschen weniger aufgeregt, weniger reißerisch. An den Märkten ist auch so genug los. Manchmal wünscht man sich gerade dann ein paar beruhigende Worte. Die können von Freunden und Familie kommen, auch von einem Finanzberater. Tauschen Sie sich aus, sprechen Sie über Ihre Emotionen bei der Geldanlage. Auch das hilft. Wichtig ist, dass wir erkennen, wenn wir mal wieder hochemotional sind. Nur wer seine Emotionen erkennt, kann sie kontrollieren. Diese Kontrolle mag sich dann auch wieder irgendwie komisch anfühlen. Das Handeln gegen die eigene Gefühlslage ist extrem schwierig.

Wir gestehen uns Fehler nur sehr ungern ein. Es gibt so viele Gründe, warum wir gehandelt haben, wie wir eben gehandelt haben. Zur Not werden Nachrichten eben umgedeutet oder gleich ganz ignoriert – Stichwort selektive Wahrnehmung. Doch das führt ins Verderben. Internetforen zum Thema Börse beispielsweise sind voll von Menschen, die weitgehend Zugang zu den gleichen Informationen haben, aber völlig entgegengesetzte Ansichten vertreten. Einige haben gekauft und suchen nach Gründen, die ihre Entscheidung untermauern, andere haben verkauft und wollen eine Bestätigung, dass sie das Richtige getan haben. Lange nach der ursprünglichen Analyse, die einer Kaufentscheidung zugrunde lag, halten viele Investoren daran fest, selbst wenn sich die Rahmenbedingungen verändert haben. Klingt verrückt? Haben Sie noch nie versucht, eine Anlageentscheidung vor sich selbst zu rechtfertigen, obwohl Sie im Grunde wussten, dass Sie einen Fehler gemacht haben?

Ich ertappe mich ab und zu dabei. Das Gehirn funktioniert eben nicht wie ein Taschenrechner, und Menschen sind nicht rational. Entscheidend für unser Handeln sind unsere subjektiven Erfahrungen. Wenn wir das wissen und akzeptieren, sind wir schon auf dem richtigen Weg und können einige Fehler vermeiden. Vergessen Sie nie: »Beim Denken ans Vermögen leidet oft das Denkvermögen.«

Alte Börsenweisheiten in einer neuen Welt

Ich bin Historikerin, ich mag alte Geschichten, möchte daraus lernen. Und ich bin überzeugt, dass das auch geht. Geht es allerdings um Wirtschaft und Börse, kann uns die Vergangenheit auch in die Irre führen. Die Welt ist heute eine andere als vor 25, 50 oder 100 Jahren, auch die Börsenwelt. Heute hat jeder Anleger sein Depot quasi in der Tasche, wir können via App jederzeit handeln, egal, wo auf der Welt wir sind – nur das Internet muss funktionieren. Apropos: Vor 50 Jahren gab es praktisch keine Technologieaktien. Auch die Marktliquidität ist heute eine andere als vor 50 oder gar 100 Jahren. Unternehmen müssen heute anders berichten, jeder Anleger kommt quasi in Echtzeit an die Daten. Auch die Wirtschaftszyklen sind viel kürzer.

Trotzdem gibt es alte Börsenweisheiten, die noch immer stimmen, wenn wir sie auch ein wenig an die Gegenwart anpassen müssen. »Time, not Timing« stimmt ganz sicher immer noch und muss nicht angepasst werden. Das gilt sicher auch für Buffetts Spruch von Gier und Angst. Und der größte Feind des Anlegers schaut ihm auch noch immer jeden Morgen aus dem Spiegel entgegen. Wobei die Bezeichnung »Feind« schon etwas hart ist. Aber es stimmt natürlich, dass wir uns oft selbst im Weg stehen. Wer überreagiert, trifft selten die richtigen Entscheidungen. Wer panisch seine Strategie über Bord wirft, weil die Aktienkurse korrigieren, steht nach ein paar Wochen, wenn alles vorbei ist, sprichwörtlich neben dem Parkett. Und steigt dann zu höheren Kursen wieder ein. Das ist uns allen schon passiert. Mal war es eine Einzelaktie, mal ein breit streuender ETF. Beim nächsten Mal vermeiden wir diese Fehler hoffentlich. Es wird immer wieder emotionale Fallstricke geben, aber Sie stolpern hoffentlich deutlich seltener darüber.

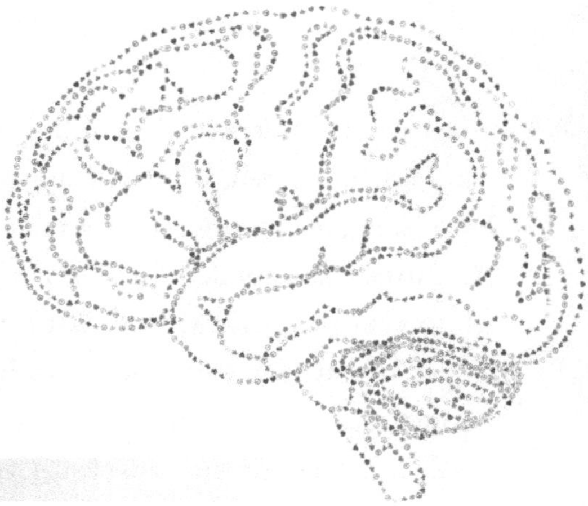

20

Weg mit alten Vorurteilen – Geld macht doch glücklich!

Ein Gefühl darf in einem Buch über Psychologie nicht fehlen: das Glück. Womit wir unweigerlich bei der Frage sind, ob Geld glücklich macht. Es gibt viele psychologische Untersuchungen über unsere Beziehung zu Geld. Für manche ist Geld wie eine Droge, für andere nur ein Werkzeug. Fakt ist: Geld hilft uns, unsere Ziele zu erreichen. Es ermöglicht uns, das zu bekommen, was wir haben möchten. Aber macht es auch glücklich? Werkzeug oder Droge? Am Ende ist es wohl beides für uns. Mal regiert Geld über den Verstand und mal der Verstand über das Geld. Geld beeinflusst unsere Gefühle, unser Verhalten und unsere Meinung.

Mir ist Geld wichtig! Aber nicht, weil ich unbedingt reich werden und gigantische Summen anhäufen will. Für mich bedeutet Geld Freiheit. Oder um es mit Charlie Munger, dem verstorbenen kongenialen Partner von Warren Buffett, zu sagen: »Ich hatte nie vor, reich zu werden. Ich wollte nur unabhängig werden.« Diese Unabhängigkeit war und ist auch mein Ziel. Es war fast schon eine Art Luxus, mich mit dem Gedanken selbstständig zu machen, dass ich mir auch ein paar Monate, fast ein Jahr lang ohne Einkünfte leisten konnte. Ich hätte meinen Lebensstil nicht einschränken müssen. Das Tagesgeldkonto war genau für diesen Fall prall gefüllt. »Wahrer Erfolg bedeutet, aus dem Hamsterrad auszusteigen und das zu tun, was dem inneren Frieden dient«, schreibt der Finanzmathematiker und Bestseller-Autor Nassim Nicholas Taleb. Wohl wahr. Für mich war das die Selbstständigkeit. Das Geld habe ich gar nicht gebraucht, aber es hat mich enorm beruhigt. Ein Gefühl finanzieller Freiheit. Dass mein langfristiger Vermögensaufbau gut läuft, ganz unaufgeregt, in klaren Bahnen – das gehört auch zu diesem Gefühl. Mich macht das glücklich.

Was in unserem Gehirn abläuft, wenn wir glücklich sind, ist gut erforscht. Auch zur Frage, ob Geld glücklich macht, gibt es viel Forschung, noch mehr Literatur und ganz unterschiedliche Meinungen. Es gibt Menschen, die glauben fest daran, es mache sie glücklicher, wenn sie immer reicher werden. Ich glaube, es ist eher die wachsende finanzielle Freiheit und die zunehmende finanzielle Unabhängigkeit, die uns glücklicher machen. Der größte Reichtum ist wahrscheinlich, jeden Tag tun und lassen zu können, was man gerade möchte. Was nicht zwingend heißt, dass wir nicht mehr arbeiten und nur noch unserem Freizeitvergnügen nachgehen. Aber zurück zum Glück und zum Geld. Mit dem Glück ist es eine komplizierte Sache, weil jeder etwas anderes darunter versteht. Eines haben aber alle Definitionen gemeinsam: Wir möchten selbstbestimmt leben. Selbstbestimmung ist ein universaler Glücksbringer und unschätzbar wertvoll. Für Bestseller-Autor Morgan Housel ist Selbstbestimmung »die höchste Dividende, die Reichtum abwirft«. Schön formuliert, oder?

Niemand will fremdbestimmt leben

Zu tun und zu lassen, was man will? Herrlich. Aber fremdbestimmt etwas zu tun, was man eigentlich liebt, kann sich genauso anfühlen, als ob man etwas macht, was man hasst. Psychologen haben natürlich auch für dieses Gefühl die passende Bezeichnung: Reaktanz. Wir möchten das Gefühl haben, selbst zu entscheiden. Versucht jemand, uns zu etwas zu bewegen, fühlen wir uns irgendwie fremdbestimmt, fast schon gegängelt. Wir haben plötzlich das Gefühl, dass über unseren Kopf hinweg entschieden wird. Und schon lehnen wir ab oder tun etwas anderes. Und das selbst, wenn wir der Sache eigentlich ursprünglich ganz offen gegenübergestanden haben oder es sich um etwas handelt, was wir eigentlich lieben. Wir wollen eben nicht gedrängt werden, wir wollen nicht, dass über uns entschieden wird. Die Freiheit zu haben, jederzeit »Nein« sagen zu können, ist ein tolles Gefühl. Zu wissen, dass es auch ohne den aktuellen Partner, den aktuellen Job oder was auch immer geht, weil wir die nötigen finanziellen Mittel haben, entspannt ungemein. Es ist sicherlich ein Stück Glück, auch wenn eine Trennung vom Partner oder eine Kündigung im Job auch immer mit negativen Gefühlen verbunden sind. Aber wir sind frei, weil wir es uns leisten können. Oft können wir überhaupt nur deshalb eine solche Entscheidung treffen.

Nach diesen Gedanken ist die Antwort eigentlich klar: Geld macht glücklich. Andererseits gibt es unzählige Geschichten über Menschen, die plötzlich zu hohem Reichtum gekommen sind, aber damit nicht wirklich glücklich oder auch nicht nur ein bisschen glücklicher geworden sind. Denken Sie nur an all die Lottomillionäre, deren Reichtum vergänglich war und deren Freunde sich mitunter eher als Schmarotzer entpuppten. Auch von reichen Erben, die überhaupt nicht mit den Millionen umgehen können, liest man. Mitunter ist eine Erbschaft aber auch mit einer so großen Verantwortung verbunden, etwa für ein Unternehmen mit vielen Angestellten, dass sie eher belastet denn glücklich macht. Aber was ist mit jemandem, der nach und nach immer mehr Vermögen aufbaut? Mit jemandem, der Karriere macht und mit den Jahren immer mehr verdient? Macht Geld dann glücklich?

Es gibt unglaublich viel Forschung zu diesem Thema. Häufig war das Ergebnis, dass Geld nicht unbedingt mehr Lebensglück bedeutet. Die beiden Forscher Daniel Kahneman und Matthew Killingsworth kamen aber jüngst zu einem anderen Ergebnis. Man kann gar nicht genug Geld verdienen, das Plus auf dem Konto steigert das Glücksempfinden, meistens zumindest. Je mehr Geld, umso mehr Glück – diese Korrelation besteht bis zu einem Jahreseinkommen von 500.000 Dollar. Damit hat sich Kahneman übrigens scheinbar selbst widersprochen. Gemeinsam mit dem Nobelpreisträger Angus Deaton kam er in einer Studie aus dem Jahr 2010 doch eigentlich zu dem Ergebnis, dass das Lebensglück nur bis zu einem Einkommen von 75.000 Dollar ansteigt. Zwölf Jahre später ist es nun anders, die Summe deutlich höher? So einfach ist es natürlich nicht.

Sorgenfrei, zufrieden, glücklich

Die ältere Studie belegt, dass mit einem Einkommen von 75.000 Euro alle negativen Effekte von »zu wenig Geld« wegfallen. Mit dieser

Summe lässt sich ein angenehmes Leben ohne finanzielle Sorgen führen. Alles darüber hinaus wäre Luxus. Doch größere Wohnungen, Reisen an exotische Orte oder teure Hobbys machen die Menschen nicht glücklich. Das wage ich zwar ein Stück weit zu bezweifeln, aber das war der Forschungsstand im Jahr 2010. Die neue Studie nun besagt, dass mehr Luxus das Glücksempfinden bei den meisten Menschen eben doch steigert. Die Ergebnisse kurz zusammengefasst: Bei der überwiegenden Anzahl der Befragten stiegen die Glückswerte an bis zu einem Einkommen von 500.000 Dollar. Wobei die 30 Prozent der Glücklichsten mehr als 100.000 Dollar verdienten. Bei denen, die weniger oder sogar sehr viel weniger verdienten, stieg das Glück besonders stark an, wenn sie plötzlich mehr Geld verdienten. Das wiederum deckt sich mit der älteren Studie. Wenn existenzielle Sorgen verschwinden, macht das eben glücklich. Es gab also eine ziemlich große Gruppe der »glücklichen Besserverdiener«. Aber keine Regel ohne Ausnahme, und von denen gab es einige. Es gab auch eine Gruppe von etwa 15 Prozent, deren Wohlbefinden nicht weiter steigt, wenn ihr Einkommen 100.000 Dollar erreicht hat. Das lag aber nicht daran, dass sie grundsätzlich mit sehr wenig zufrieden gewesen wären. Sie waren einfach notorisch unglücklich, was ganz verschiedene Gründe haben konnte – eine verschmähte Liebe, der Tod eines Angehörigen oder sogar Depressionen. »Wenn man reich und unglücklich ist, hilft mehr Geld auch nicht«, kommentierte Killingsworth.[10]

Ob Geld nun glücklich macht oder nicht, lässt sich also nicht pauschal beantworten. Vielleicht können wir uns darauf einigen, dass Geld zufriedener macht? Sorgloser auf jeden Fall. Kein Geld zu haben, macht aber definitiv unglücklich und ziemlich unzufrieden. Wer will schon arm sein, sich zumindest ständig über Geld Sorgen machen müssen und Angst vor Altersarmut haben? Mich macht Geld auf jeden Fall glücklich, es ist gut, finanziell unabhängig zu sein. Mein langfristiger Vermögensaufbau hilft mir dabei. Dass die Börse meine große Leidenschaft ist, macht es natürlich einfacher. Ich muss mich nicht quälen, wenn ich mich um meine Finanzen kümmere. Aufschieberitis ist mir völlig fremd, zumindest wenn es um Gelddinge geht. Ich beschäftige mich extrem gerne mit Aktien, Anlagestrategien und eben Börsenpsychologie. Es ist spannend, zu beobachten, wie emotional die anderen handeln. Und wenn ich mich dann selbst immer mal wieder dabei ertappe, dass ich viel zu gierig, ängstlich, verliebt und völlig irrational handle, dann fällt mir wieder Grahams »Spiegel« ein. Selbsterkenntnis, der Blick in den sprichwörtlichen Spiegel, macht uns zu besseren Anlegerinnen und Anlegern.

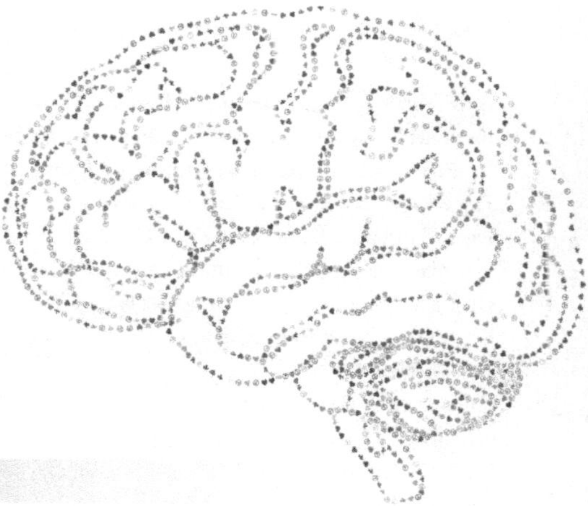

21

Literatur und Quellen

Literatur

Buonomano, Dean: *Brain Bugs: Die Denkfehler unseres Gehirns*. Hogrefe 2012.
Hagstrom, Robert G.: *Buffett, Newton, Darwin: Warum Anleger von Physik, Biologie und Co. profitieren*. Börsenbuchverlag 2014.
Hammond, Claudia: *Erst denken, dann zahlen. Die Psychologie des Geldes und wie wir sie nutzen können*. Klett-Cotta 2017.
Hammond, Claudia: *Time Warped: Unlocking the Mysteries of Time Perception*. Harper Perennial 2013.
Housel, Morgan: *Über die Psychologie des Geldes. Lektionen über Reichtum, Gier und Glück*. Finanzbuch Verlag 2021.
Kostolany, André: *Die Kunst, über Geld nachzudenken*. Ullstein 2015.
Schwarzer, Jessica: *Wie wirklich jeder entspannt reich werden kann. 15 Ausreden, die nicht mehr zählen*. Finanzbuch Verlag 2021.
Stock, Christin; Goldberg, Joachim: *Genial einfach entscheiden: Besser denken, handeln und investieren im täglichen Entscheidungsdschungel*. Finanzbuch Verlag 2013.
Richard H. Thaler: *Nudge: Wie man kluge Entscheidungen anstößt*. Ullstein 2024.
de la Vega, José: *Verwirrung der Verwirrungen*. Börsenbuchverlag 1994.

Quellen

Anna Dreber / Finanzkrise 2008
Atwood, Joan D.: »Couples and Money: The Last Taboo«, *American Journal of Family Therapy*, 2012.

Barber, Brad M.; Odean, Terrance: »Trading Is Hazardous to Your Wealth: The Common Stock Investment Performance of Individual Investors«, *The Journal of Finance*, April 2000.
De Martino, Benedetto u. a.: »Amygdala Damage Eliminates Monetary Loss Aversion«, *Proceedings of the National Academy of Sciences*, 2010.
Elger, Christina; Falk, Armin u. a.: »Social Comparison Affects Reward-Related Brain Activity in the Human Ventral Striatum«, *Science*, November 2007.
Griffiths, Mark: »Financial Trading as a Form of Gambling«, *Gaming Business Affiliate*, 2013.
Kahneman, Daniel; Tversky, Amos: »Prospect Theory: An Analysis of Decision unter Risk«, *Econometrica*, 1979.
Kahneman, Daniel; Tversky, Amos: »Loss Aversion and Riskless Choice: A Reference Dependent Model«, *Quarterly Journal of Economics*, 1991.
Killingsworth, Matthew A.; Kahneman, David: »Income and emotional well-being: A conflict resolved«, University of Virginia, 2022.
Lau, Sing: »Money: What It Means to Children and Adults«, *Social Behavior and Personality*, 1998.
Malmendier, Ulrike; Nagel, Stefan: »Depression Babies: Do Macroeconomic Experiences Affect Risk-Taking?«, Berkeley/Stanford, 2009.
Vohs, Kathleen; Mead, Nicole; Goode Miranda: »The Psychological Consequences of Money«, *Science*, November 2006.
Westerhoff, Nikolas: »Hauptsache mehr!«, *Gehirn & Geist*, Dezember 2008.

Anmerkungen

1 Atwood, Joan D.: »Couples and Money: The Last Taboo«, *American Journal of Family Therapy*, 2012.
2 Hammond, Claudia: *Time Warped: Unlocking the Mysteries of Time Perception*, Harper Perennial 2013.
3 Griffiths, Mark: »Financial Trading as a Form of Gambling«, *Gaming Business Affiliate*, 2013.
4 Hagstrom, Robert G.: *Buffett, Newton, Darwin: Warum Anleger von Physik, Biologie und Co. profitieren*. Börsenbuchverlag 2014.
5 Kahneman, Daniel; Tversky, Amos: »Loss Aversion and Riskless Choice: A Reference Dependent Model«, *Quarterly Journal of Economics*, 1991.
6 Westerhoff, Nikolas: »Hauptsache mehr!«, *Gehirn & Geist*, Dezember 2008, S. 66–68.
7 Barber, Brad M.; Odean, Terrance: »Trading Is Hazardous to Your Wealth: The Common Stock Investment Performance of Individual Investors«, *The Journal of Finance*, April 2000.
8 Buonomano, Dean: *Brain Bugs: Die Denkfehler unseres Gehirns*. Hogrefe 2012.
9 Kahneman, Daniel; Tversky, Amos: »Prospect Theory: An Analysis of Decision unter Risk«, *Econometrica*, 1979.
10 Killingsworth, Matthew A.; Kahneman, David: »Income and emotional well-being: A conflict resolved«, University of Virginia, 2022.